"十二五"职业教育国家规划教材
经全国职业教育教材审定委员会审定

旅游职业道德

（第二版）

主　编　魏　凯　狄保荣

副主编　曹常玲　宿翠萍　宁顺颖

参　编　王伟亚　张琳琳　陶　喆

中国旅游出版社

修订说明

　　《旅游职业道德》由中国旅游出版社于2011年9月初版。本书以理论与实践的有机融合和行业背景而具有鲜明特色，经过几个学期的使用，为广大高职院校认可，获得学生和行业人士的好评。

　　随着旅游行业的快速发展，本教材内容有必要做与时俱进的调整，以及时反映旅游行业的新情况、新发展，体现旅游行业的新思想、新观念、新需要；同时，体现出新的教育方式方法、增加新的教学手段，适应学校教学改革的需要。通过修订工作，可以进一步完善原有的教材内容，丰富教材特色，运用案例分析、名言警句、故事讲述等方式，让学生更直观地感受旅游行业职业道德的要求，更加切合教育教学的实际需要，使本书成为一本优秀的教材。

　　本次调整，主要从三个方面进行修改和完善：第一，进一步优化教材内容。在上一版的基础上，结合各院校的反馈意见，根据旅游业发展的实际，增加了自觉遵守旅游公共道德等新的内容；删去了上一版中表述容易出现歧义的内容。第二，进一步丰富了教材体例。本教材的内容具有一定的抽象性，需要通过更多的案例和情境分析来分散教学难点，因此，本次修订中进一步丰富了编写体例和结构，如根据教材内容，增加了漫画表现。使学生在进行抽象的理论学习的过程中能够通过漫画、故事、案例、名言警句等通俗易懂的形式来进行学习，掌握要领。第三，增加了电子课件。

　　"旅游职业道德"是旅游管理及相关专业的必修课。旅游行业迫切需要高素质的具有良好品行的新型专业服务人才来适应行业发展。作为教育重要组成部分的职业教育，以培养行业应用型人才为己任，抓好职业道德的培养，将使学生更好地服务于行业企业，同时在职业规划和发展空间上，更具有竞争力、适应力和上升力的有效保障。

目录
CONTENTS

道德概述

　　道德作为规范人们行为的准则，代表着社会的正面价值取向，起着引导、促进人们向善的作用。因为有了道德的力量，我们的社会才变得温馨和谐。

　　本章内容揭示了道德的内涵与本质，并通过道德与政治、道德与法律、道德与文化、道德与宗教、道德与文艺不同意识形态之间的比较与联系，表明了在规范人们行为和实现社会和谐中，道德的作用是无法取代的；明确了道德的功能和社会作用；通过对不同历史时期道德的内容与特征的分析，证明了一个道德沦丧的社会是没有希望的，社会主义社会的道德规范是我们必须长期践行的。

学习目标　　　　　　　　　　　　　　　　　　　　　》》

知识目标

1. 理解道德的内涵。
2. 明确道德的重要意义。
3. 掌握道德的基本要求。

能力与情感目标

1. 能正确理解道德的本质。
2. 能运用道德的功能和作用来指导自己的行为。
3. 能努力提高自身的道德修养，传承中华民族传统美德的精华。

名言荟萃　🔍搜索

夫君子之行，静以修身，俭以养德，非淡泊无以明志，非宁静无以致远。

——诸葛亮

君子之修身也，内正其身，外正其容。

——欧阳修

人在智慧上应当是明豁的，道德上应该是清白的，身体上应该是清洁的。

——契诃夫

凡是与虚伪相矛盾的东西都是极其重要而且有价值的。

——高尔基

性情的修养，不是为别人，而是为自己增强生活能力。

——池田大作

案 例

乐羊子妻

　　战国时的乐羊子，一天在路上拾到一块金子，他高兴极了，回到家里马上交给妻子。谁知妻子却瞪了他一眼，说："有志向的人不喝盗泉的水，廉洁的人不受别人怜悯而轻蔑的施舍。而你在路上拾到别人丢失的金子，却是那样高兴，我不觉得这种贪财求利的品行是高尚的！"乐羊子很惭愧，立即把金子丢到野外去。后来，他在妻子的鼓励下，去远方求学。一年过后，乐羊子回家了。正在织布的妻子问："你已经学到很多知识了吗？"乐羊子说："不，我在外面游学久了，很想你和母亲呀！"妻子很生气，立即操起一把剪刀，把没织完的绸子剪断了，然后说："你知道吗？这绸子是用蚕丝在织布机上织成的。一根丝虽然很细很细，但只要不断地织，就能由一丝织成一寸，由一寸积累成一尺，由一尺积累成一丈，由一丈积累成一匹。现在，你出外游学，每天学到一些新鲜知识，逐步培养出了美好的品德。如果半途而废，和剪断的绸子有什么不同呢？"乐羊子听了这番朴素而又生动的话，很受启发，他继续外出学习，整整7年没有回家。在这7年中，乐羊子的妻子起早贪黑地辛勤劳动来养活婆婆，而用织成的布匹换来的只是粗茶淡饭，勉强糊口。一天，别人家的鸡误入了她家的菜园子，婆婆因为好长时间没有吃到荤菜了，捉到鸡二话没说就把它宰了煮来吃。媳妇知道这鸡是别人家的，就哭了起来，一口也不吃。婆婆奇怪地问："难得有鸡吃，你还哭啥呀？"媳妇不责怪婆婆贪图小利，反而自责道："媳妇不孝，不能挣来钱换好吃的，使得咱家的饭中有外人的鸡肉啊！"婆婆听了，很是惭愧，就丢弃鸡肉不再吃，以后也不再占别人的便宜。7年后，乐羊子回家了，这时候，他已经成为一个道德高尚而且学识渊博、足智多谋的人了。他于公元408年被魏文侯拜为大将，辅佐魏文侯一举收复了中山国。

　　——资料来源：韦明辉.道德经智慧新解［M］.北京：地震出版社，2007.

案 例 分 析

　　你认为乐羊子的妻子身上具有哪些道德品质？这些道德品质对当今社会人们的生产活动是否还具有重要意义？

第一节　道德的起源和本质

在中国古代文化中，"道德"一词可以追溯到先秦思想家老子所著的《道德经》一书。老子说："道生之，德畜之，物形之，势成之。是以万物莫不尊道而贵德。道之尊，德之贵，夫莫之命而常自然。"其中，"道"是指自然运行与人世共通的真理，而"德"是指人世的德行、品行、王道。在当时"道"与"德"是两个概念，并无"道德"一词。"道""德"二字连用始于《荀子·劝学篇》："故学至乎礼而止矣，夫是之谓道德之极。"

相关链接 | 🔍搜索

黄香的孝行

东汉时有个人，姓黄名香，字文强。在他9岁的时候，母亲便病故了。虽然黄香只有9岁，但他已深深懂得孝的道理。黄香每天都非常思念去世的母亲，常潸然泪下，乡里的人看到他思母的情景，都称赞他是个孝子。失去了母亲的黄香，把全部的孝心都倾注于父亲身上，家中大大小小的事情都亲自动手去做，一心一意服侍父亲。三伏盛夏，酷热难当，每天只要吃过晚餐，就可以看到邻居们搬出椅子，坐在屋外乘凉聊天。小孩子这时总是会趁机要求大人们说故事，要不就是追逐着在夜幕下玩耍。但是在这么多人中，却永远找不到黄香的影子。原来细心的小黄香，担心劳累一天的父亲因天太热，睡不好觉，正拿着扇子在床边扇枕席。左手扇累了换右手，右手酸了再换左手。就这样一下又一下地扇着，一直扇到席子已经暑气全消，黄香才会去请父亲上床睡觉。一夜、两夜……整整一个夏天都这样。过了秋天，隆冬来临，每到晚上整个屋子就冷得像冰窖一般，要是碰上下雪的日子，就更难受了。但是孝顺的黄香，仍然有办法让父亲每天晚上睡得舒舒服服。只要天一黑，黄香就会钻进父亲冰冷的被窝里，用自己的身体把被子弄得暖烘烘的，然后再请父亲去睡，这样父亲就可以免去寒冷之苦了。日复一日，年复一年。黄香的孝行传遍了左邻右舍，传遍了全县，也传遍了全国。

——资料来源：孝感网，http://www.xgrb.cn

一、伦理学史上的争论

神启论把道德起源归结于神秘的天启和神的意志；理念论伦理学认为道德起源于至高的理念和精神；教育论、环境论和社会关系论所指的外在条件和外部的事物已是属人的事物和条件，这些思想已具有了唯物主义的萌芽和倾向；先天论认为，道德属于人生而有之的东西；本能论认为，道德属于人的本能和本性；人性论认为，道德属于人类自然的天性，人的自然本性、本能决定共同的人性，决定社会本质的共同的东西，因而也决定道德的根本层次。所以道德的产生和形成都是与人的自然本性密切相关的，人的本性不仅决定了道德的产生，而且决定了道德发展的总趋势。道德正是为了满足人们的本能欲求和自然感觉而产生的一种工具性的方式。需要论认为，道德是人根据自己的生存发展需要，自己为自己立法的产物。道德作为人类社会的重要成果源于人的需要。人类社会产生了道德，就是因为道德满足了人类的某种需要；人类通过各种对世界的掌握方式来满足自身的各种需要，以实现对自己的肯定和发展。而道德作为人类理性的结晶，不是为表达个人的偏爱和欲求，而是表现出了人们的共同愿望和需要。

从道德发生的历史看，道德产生于人们调节社会群体内部各种关系以维护一定社会秩序以及个人自我肯定、自我发展的需要。这通过千百年来客观存在的道德协调性因素和进取性因素就可以证明。

二、道德的起源

经济关系决定道德的产生是唯物史观的基本观点。归根结底，道德的根源是经济关系。一方面，说明决定道德产生的要素都是在经济关系的不同作用下产生的；另一方面，从根本上来理解经济是道德的根源，可以避免对经济决定道德这一观点产生简单的、机械的理解。道德的产生最终只能从经济关系中找到根源，经济关系是道德产生的根本原因。

劳动实践是道德产生的动因。首先，劳动实践是人的创造性的体现。其次，经济关系对道德的决定作用是通过劳动实践来体现的，劳动实践是道德产生的根本动力。另外，劳动实践的创造推动了道德的产生。

伦理关系是道德产生的前提。道德是对利益的调节，而利益关系和矛盾是存在于广泛的社会关系中的。没有社会关系就不会有人与人、人与社会之间的利益冲突，也就不会有道德的发生。只有在伦理关系中，在人与人的交往中，才存在调节和规范的问题。将道德视为社会关系中的社会分工，是道德作为一种社会现象发生的关键。

人的生存与发展需要是道德产生的诱因。首先，人类生存的需要是道德发生的直接原因。为了调节人们的利益需要，最初便形成了一些最简单的行为规范和准则，以缓和利益冲突和矛盾。其次，随着生产力水平的提高，当人的生存需要不再是社会利益的主要矛盾时，由人的发展需要所引发的矛盾冲突就会成为道德所要调节的主要内容。

意识水平是道德产生的主观条件。人类的意识是在实践中产生的，但一经产生就具有了相对独立性。这种独立性一方面表现在它使社会实践中存在的经济关系、社会关系服从于人的需要；另一方面表现在意识由不自觉到自觉的过程中所形成的能动作用。

三、什么是道德

在西方古代文化中，"道德"（Morality）一词起源于拉丁语"Mores"，意为风俗和习惯。《论语·学而》载："其为人也孝弟，而好犯上者，鲜矣；不好犯上，而好作乱者，未之有也。君子务本，本立而道生。"钱穆先生的注解是："本者，仁也。道者，即人道，其本在心。"可见，"道"是人关于世界的看法，应属于世界观的范畴。

在我国的文物古迹中，"道"与"德"单用较多、较早，连用较少、较晚。"道"字在古汉语中从"道"，从"行"，可能与"行"字相通，表示人人涉足四通八达的街道或道路。引申开来，在先秦思想史上，"道"主要是指一种普遍的最高原则。"德"字在《卜辞》中为"值"或"惪"，与"得"字相通。许慎认为"外得于人，内得于己"即为得。所以，德，也就是人们对最高原则有所得。"道"与"德"连用，始于春秋战国时的《管子》《庄子》《荀子》诸书。荀况在《荀子·劝学篇》中说"故学至乎礼而止矣，夫是之谓道德之极"；在《正论》中说"道德纯备、智慧甚明"，等等。荀况不但将"道"与"德"二字连用，而且赋予了它特定的意义，即指人们在各种伦常关系中表现的道德境界、道德品质和调整这种关系的原则和规范。

究竟什么是道德？可以从质和量两个方面来考察：从质的规定性来看，所谓道德，就是在人类社会现实生活中，由经济关系所决定，用善恶标准去评价，依靠社会舆论、内心信念和传统习惯来维持的一类社会现象。它属于社会上层建筑和社会意识形态。从量的规定性来看，道德是相当广泛的，有时指道德规范或道德意识，有时指道德品质，有时指道德教育、道德修养，有时又指道德原则。

相关链接 | 🔍搜索

仲由负米

仲由是春秋时期鲁国人，字子路。他从小家境贫寒，非常节俭，经常吃一般的野菜，营养很不好。仲由觉得自己吃野菜没关系，但怕父母营养不够，身体不好，很是担心。

家里没有米，为了让父母吃到米，他必须到百里之外才能买到米，再背着米赶回家里，奉养双亲。百里之外是非常远的路程，也许有人可以做到一次两次，可是一年四季经常如此，就极其不易。然而仲由却甘之如饴。为了能让父母吃到米，不论寒风烈日，他都不辞辛劳地跑到百里之外买米，再背回家。

冬天，冰天雪地，天气非常寒冷，仲由顶着鹅毛大雪，踏着河面上的冰，一步一滑地往前走，脚被冻僵了，抱着米袋的双手实在冻得不行，便停下来，放在嘴边暖暖，然后继续赶路。夏天，烈日炎炎，汗流浃背，仲由都不停下来歇息一会儿，只为了能早点回家给父母做可口的饭菜；遇到大雨时，仲由就把米袋藏在自己的衣服里，宁愿淋湿自己也不让大雨淋到米袋；刮风就更不在话下。如此的艰辛，持之以恒，实在是极其不容易的。

后来仲由的父母双双过世，他南下到了楚国，楚王聘他当官，给他很优厚的待遇。一出门就有上百辆的马车跟随，每年给的俸禄非常多，所吃的饭菜很丰盛，每天山珍海味不断，过着富足的生活。但他并没有因为物质条件好而感到欢喜，反而时常感叹，因为他的父母已经不在了。他是多么希望父母能在世和他一起过好生活，可是父母已经不在了，即使他再想负米百里奉养双亲，都不可能了。

尽孝并不是用物质来衡量的，而是要看你对父母是不是发自内心的诚敬。孝无贵贱之分，上至皇帝下至百姓，只要有孝心，在任何情形之下，不计千辛万苦，你都能曲承亲意，尽力去做到。

我们能孝敬父母、孝养父母的时间是一日一日地递减。如果不能及时行孝，会徒留终身的遗憾；如果没有办法把握与父母相聚的时间来孝养他们，等到你想要来报答亲恩的时候，为时已晚。但愿我们在父母健在的时候，能及时孝养，不要等到追悔莫及的时候，才思亲、痛亲之不在。

——资料来源：豆丁网，http://www.docin.com

四、道德的本质

（一）道德是一种社会意识形态，它由社会经济关系所决定

道德和其他社会意识形态一样，都是由一定的社会经济基础决定的，并为一定的社会经济基础服务。有什么样的经济关系，就必然会有什么样的道德意识和道德行为。原始社会，人们的经济关系是以个人尚未成熟、尚未脱掉同其他人的自然血缘联系的脐带为基础的，所以，与之相适应的道德，便是同风俗习惯浑然一体的淳朴道德。人类进入私有制社会以后，形成了不同阶级的阶级道德，而且随着私有制具体历史形态的改变，阶级道德也不断更换着它的社会内容和阶级实质。道德是一种特殊的社会意识形态，受着社会关系特别是经济关系的制约。社会经济关系对道德的决定作用具体表现在以下几个方面：

（1）**社会经济结构的性质直接决定各种道德体系的性质。**自有人类以来，社会经济结构有两种最基本的类型：一种是以生产资料公有制为基础和核心的社会经济结构；另一种是以生产资料私有制为基础和核心的社会经济结构。与此相适应，并由此决定了社会伦理体系也相应划分为不同的历史类型：原始社会的道德是同风俗习惯浑然一体的淳朴道德；生产资料私有制社会，形成了不同阶级的阶级道德；生产资料公有制社会，将最终形成作为全人类道德的共产主义道德。

（2）**社会经济关系所表现出来的利益，直接决定着道德的基本原则和主要规范。**伦理的基本原则和主要规范，都是从利益中引申出来的。各种社会的伦理体系如何处理个人利益和整体利益之间的关系，决定了它的基本原则和主要规范；利益

决定伦理原则和规范所适用的范围。

（3）在阶级社会中，人们在同一经济结构中的不同地位和不同利益，也决定着各种道德体系的阶级属性、社会地位和彼此间的矛盾斗争。在阶级社会中，各种不同伦理体系之间的对立和斗争，从根本上说，是由当时社会生产关系体系内的矛盾和冲突所决定的。道德领域内的对立和斗争，首先是为了经济利益而进行的；各个阶级在生产关系体系中的地位，决定着他们在伦理体系中的社会地位；人类公共生活规则的命运，受当时经济关系领域状况的制约。

（4）经济关系的变化必然引起道德的变化。在人类历史上，一切伦理体系的兴衰起落、进退消长，归根结底，都是起源于社会经济结构状况的。社会经济结构的根本变革，迟早会导致社会或阶级的伦理体系进行新旧更替；同一经济结构内部的某些重大变化，也会引起相应伦理体系内部的某些变化。

（二）社会生产力和科学技术是道德发展的源泉

按照唯物主义历史观，社会上层建筑和社会意识形态是由生产关系决定的，而生产关系又是由生产力决定的。在这个意义上，生产力无疑是整个意识形态发展和变革的最原始的动因。但是生产力和科学技术水平不能成为判断社会道德情况的直接标准。生产力和科学技术水平，是人在对自然的认识、支配和改造自然方面所具有的能力及其实现的程度。而一个社会的道德水平，表明的是这个社会的成员，在个人与他人的关系上所采取的态度和所达到的境界。需要指出的是，强调社会经济条件对道德的决定作用，并不是否认其他社会因素对道德观念及其发展变化的制约和影响，并没有否定道德的相对独立性及其对社会生活的作用。

（三）道德是特殊的调节规范体系

首先，道德规范是一种非制度化的规范，道德规范不同于政治规范、法律规范。其次，道德规范没有也不使用强制性手段为自己开辟道路，教育、宣传等都是道德规范转化为人们实际行为的重要手段。最后，道德规范是一种内化的规范，内化的道德规范也就是良心。

> **相关链接** 🔍搜索
>
> ### "微尘"的力量
>
> "微尘"起初是青岛一位数次捐款不留姓名的普通市民；后来，扩散成一个爱心群体；再后来，扩展成一个关爱他人的爱心符号。以"微尘"命名的募捐箱、徽章，走进青岛的大街小巷，成为青岛一个体现爱心的公益品牌。
>
> 青岛市红十字会的工作人员在翻阅了捐款记录后惊讶地发现，早在2004年，一位神秘女士就已经使用"微尘"的名字多次大额捐款："非典"疫情暴发时期捐款2万元，新疆喀什地震捐款5万元，为白血病儿童捐款1万元，为湖南灾区捐款5万元……当人们正在努力寻找"微尘"时，一个又一个"微尘"出现了。
>
> 截至目前，青岛市红十字会收到的上千笔捐款中，很多捐助者都署名"微尘"；每一双充满善意的援助之手，每一张不同模样的面孔，都记录下一个共同的名字——"微尘"。
>
> ——资料来源：青岛新闻网，http://caijing.qingdaonews.com

（四）道德是一种实践精神

道德是社会意识，是一种思想关系，因此它是一种精神。但道德作为精神又不同于科学、艺术等其他精神，而是一种以指导行为为目的、以形成人们正确的行为方式为内容的精神，因此它具有实践性。道德作为实践精神是一种价值，是道德主体的需要同满足这种需要的对象之间的价值关系。道德作为实践精神不仅是价值，而且是实现价值的行动，是有目的的活动。目的性是人类活动的最基本特征，也是人类精神能够进入实践的主要依据。道德源于现实，又超越现实，它是理想与现实的统一体。道德作为实践精神，以其理想性、目的性指引人们的行为，将理想转化为现实。学习伦理学不仅仅在于掌握相关的理论知识，更在于将这些理论知识应用于实践。我们需要将它们诉诸理智、情感，更要诉诸行动，自觉修养，成为一个道德高尚的人。

第二节　道德与其他意识形态的关系

一、道德与政治的关系

在社会生活中，除了经济活动之外，最重要的就是政治活动。因此，道德与政治之间有着最直接的关系，二者既相互联系又相互区别，在反映和调节人们社会生活的过程中发挥着重要的作用。主要表现在：

（一）道德与政治相互联系

（1）政治制度和道德类型互动互进。一定社会的政治制度的确立总是有相应的道德基础，而一定历史时期的道德类型的形成又总是为一定的政治制度服务的。反映某种社会经济关系和阶级利益关系的国家政治制度的形式一旦确定，这个社会的道德关系也就随之确立。

（2）政治思想和道德观念相互渗透。在历史上，伦理学与政治学密切相关。从西方思想史来看，正义的伦理道德思想贯穿着整个古希腊政治思想发展的始终，并且影响到现代。就中国而言，政治与道德从来就是相互渗透、相得益彰的。

（3）个人政治觉悟与道德品质相辅相成。一般来说，社会政治觉悟高的人，道德境界往往比较高。道德境界高的人，社会政治觉悟也往往会比较高，两者相得益彰，相辅相成。

（二）道德与政治相互区别

（1）两者的调节对象和研究内容不同。政治主要反映的是社会关系中的阶级关系，因此，其调节对象既包括对抗性阶级之间的关系，也包括非对抗性阶级之间的关系，还包括国家之间、民族之间的关系；其研究的中心问题是社会各阶级、阶层在国家中的地位和作用问题。

（2）两者对经济关系的反映程度和作用方式不同。政治不是分散地、个别地表现出人们之间的经济关系，而是最集中、最直接地反映着各阶级的经济利益。而道德对社会经济关系的反映就不那么直接和集中，而是凭借舆论、教育和示范，诉之于人们的良心和觉悟，以唤起人们的责任感和义务感。并且，道德没有类似政治那样强有力的机构和设施，因而对社会经济关系的干预往往不是强制性的。

（3）**两者的历史发展过程和趋势不同。**道德和政治在长期的历史发展中，各自经历了不同的形成、发展和演化的过程，并且有着不同的发展趋势和归宿。政治是阶级社会的产物，随着阶级的产生而产生，也必将随着阶级的消亡而消亡。而道德则与人类社会共存亡，只要有人类社会，就会有道德。

二、道德与法律的关系

道德与法律同属社会行为规范，两者在反映社会生活、调节社会关系等方面，既相互联系又相互区别，有着十分密切的关系。主要表现在：

（一）道德与法律相互联系

（1）**两者在内容上相互渗透、相互包容。**一方面，法律中包含道德，这主要反映在法律的产生、法律的制定、法律的执行等过程中。在法律条文中，有许多内容来源于道德规范。另一方面，道德规范也会具有法律上的内容和具有类似法律的效力，如我国道德规范中的爱国主义就具有法律内涵，一个人不爱国要受到道德的谴责，严重的有损国家民族尊严的行为，则要受到法律的制裁。从某种角度上讲，法律是道德的深化和条理化，具有强制性；道德是法律的基础和习俗化，具有自律性。

（2）**两者在功能上相互补充、相互依托。**在阶级社会，道德与法律是统治阶级维护统治的"左右手"。如果仅有道德的感化和劝诫，而无法律的强制手段为后盾，那么，是无法制裁已经发生的违法行为的；如果仅有法律的强制而无道德的感化和劝诫，又无法防范尚未发生的违法行为。两种情况是：要么无法可依，只有道德戒律；要么因道德水准普遍低下，而不能自觉守法。其结果必然导致社会秩序的混乱。

（二）道德与法律相互区别

（1）**两者借以维持的社会力量不同。**法律是由国家制定并由国家强制力保证实施的具有普遍效力的行为规范体系，因而，法律对人们行为的约束具有强制性。而道德主要依靠社会舆论、传统习惯、内心信念以及教育、示范，来引导和规范人们的行为，因此从本质上说并不是外在的强制；即使构成一定的外在强制作用，也要通过内在的自觉来实现。

（2）两者对社会关系的作用方式和范围不同。法律侧重于惩治和追究既往，而道德侧重于抑恶扬善和防患于未然。就调节范围而言，道德涉及社会生活的一切领域，其作用的范围要比法律广泛得多，而法律所要调节的只是人们某些特定的行为。一般来说，法律所要调节的范围，也是道德所要调节的范围，而道德所要调节的范围，则不全属于法律调节的范围，如公共场所的举止文明问题，不是法律调节的范围，但可以进行道德干预。

（3）两者表现的具体形式不同。法律有着具体的、规范的表现形式，是由国家制定或认可的，一般有各种正式的文字记载，是一种成文的表达方式；法律的制定颁布和修改废止都要通过一定的法定程序。而道德体现在人们的意识和信念中，一般没有特定的表现形式，由人们提倡或反对来决定其兴衰，不必通过行政命令或法定程序。

（4）两者的社会要求不同。道德对人们的行为要求比法律高得多。法律要求人们"必须做什么"，而道德倡导人们"应该做什么"，其中包含着许多预期的成分和理想的内容。因此，在某种意义上说，道德的社会价值比法律大得多。一般来说，符合道德的行为是不违反法律的行为，而守法的行为不一定是道德的行为。

（5）两者的产生条件和发展趋势不同。法律主要是反映统治阶级的利益和意志，而道德却不同，不同阶级有不同的道德。同时，法律与政治一样，是阶级社会特有的现象，有其产生、发展、消亡的过程；而道德则贯穿于整个人类社会的始终。法律会消亡，而道德是永存的。

案例

案例两则

（一）

《论语》中有一个小故事：一天，鲁哀公问孔子，要做些什么事才能使百姓服从？孔子答道："举直错诸枉"，百姓就会服从，"举枉错诸直"，百姓就不服从。这里"直"指正直的贤人，"枉"指奸佞的小人。孔子的意思是说，举贤臣，远小人，就能得到老百姓的拥护，反之亦然。孔子还说过："举直错诸枉，能使枉者直。"即重用了正直的人，就能使一些不那么正派的人受到触动和教育，从而也变得正直起来。

——资料来源：中国孔子网，http://www.chinakongzi.org

（二）

智利人非常讲文明，讲礼貌，有道德。智利人不分男女老少，待人接物都十分讲究礼仪，这已成为一种社会风尚。智利人在公共场合很少大声喧哗，唯恐影响他人。在阔大的超级市场、在华丽的百货大楼，购物者熙熙攘攘，但整个商店几乎鸦雀无声。顾客在商品柜前走来走去，认真挑选商品。售货员有时走上前悄声说一句："我能帮您什么忙吗？"顾客若需要帮忙，售货员会热情介绍商品。有时，售货员笔直地静立一旁，随时等候顾客的召唤；顾客只需向售货员打个手势，售货员便会疾步走向顾客，和蔼可亲地给顾客做参谋。

在智利的商店里不会听到顾客或售货员大声喧闹，更不用说吵架了。在电影院也是如此，智利多数电影院都是从早到晚连续反复放同一部电影，观众可以随时走进影院观看。因此，在放映时经常有人走动；引座员用手电随时把顾客引到座位上，但影院里除银幕上的声音之外，绝无嘈杂声。人们若要说话，也是悄声耳语，生怕打搅别人。总之，不管你走进银行营业厅，还是走进机关或企业的办公室，都听不到喧哗。在公众场合，文明安静，习以为常。

——资料来源：中国评论新闻网，http://www.chinareviewnews.com

案 例 分 析

结合以上两则案例，思考：维护社会秩序，道德与法律哪一个更重要？

三、道德与文化的关系

（一）文化的含义

文化是一个解释人类行为和人类历史的含义甚广的词语，它甚至比"社会"一词还要包含更多的东西。因此，千百年来人们对究竟什么是文化形成了种种不同的看法。在西方，最先把文化作为一个专门性术语来使用的是 19 世纪的英国人类学家泰勒。他在《原始文化》一书中指出："文化是一种复合体，它包括知识、信仰、艺术、道德、法律、风俗以及其余从社会上学得的能力和习惯。"在中国，古籍《周礼》中"观乎人文以化成天下"就含有"文化"的意思；汉朝刘向的《说苑》有"文化不改，然后加诛"的话，这里的"文化"实际上是文治教化的意思，与"武功"相对而言；近代思想家梁启超在《什么是文化》一文中指出"文化者，人类心能所开释出来之有价值的共业也"；蔡元培在《何谓文化》的讲演中，指称"文化是人生发展的状况"，并指出这种人生发展的状况包括衣食住行、医疗卫生、政治、经济、道德、教育、科学等；梁漱溟在《东西文化及其哲学》一书中认为，文化乃是"生活的样法"，这种人类生活的样法分为精神生活、物质生活和社会生活三方面的内容；胡适在《我们对于西洋近代文明的态度》一文中称"文化是文明所形成的生活的方式"。

（二）道德与文化的关系

（1）文化对道德的影响作用。首先，文化能够造就人的道德心理和道德人格。人类道德生活中的正义感、羞耻感、荣誉感、良心和人格观念，都不是天生的，而是社会的熏陶和文化的产物。其次，文化氛围能影响到社会的道德规范。一个社会形成什么样的道德原则和规范，往往受到文化背景和文化环境的制约。最后，文化改造人的习气和气质，使人成为真正意义上的人，从而也促进着道德的进化和完善。人只有在创造文化的活动中才能成为真正意义上的人，也只有在文化活动中，才能获得真正的自由。

（2）道德对文化的支撑作用。首先，在内容上，在人类文化的形成、发展过程中，熔铸了人类的伦理精神、道德实践精神、人格力量和价值目标。其次，在功能上，道德的评价职能和价值取向可以激励或抑制某一文化层面的发展。最后，在道德与人的关系上，道德是人的本质力量的一种展示；人要在复杂的文化和社会背景中决定自己的行动，就必须借助伦理来调节自己。

四、道德与宗教的关系

在社会意识形态中，道德与宗教之间的关系具有特殊性。历史上，人们对道德与宗教的关系认识不一。中世纪的经院哲学家认为，道德从属于宗教，道德上的善以信仰上帝为标准。近代资产阶级启蒙思想家认为，宗教并不能取代道德，宗教与道德是对立的，道德是从人与人的关系中产生的，与神完全没有关系。马克思主义认为，宗教是自然力量与社会力量在人们头脑中虚幻的、歪曲的反映。在现实生活中，它们既相互联系又相互区别。主要表现在：

（一）道德与宗教相互联系

（1）宗教道德化。在阶级社会里，统治阶级出于维护自己统治秩序的需要，总是利用宗教，通过神的启示，把宗教教规、戒律和惩恶扬善、追求理想天国的训条转化为世俗的道德规范，使道德依附于宗教。

（2）世俗道德宗教化。统治阶级为了欺骗人民，往往给道德披上神奇的宗教外衣，使宗教俨然成为道德的监护者。在人类历史上，道德与宗教的联系和结合显然是一种暂时的现象，随着社会的发展和科技的进步，道德会逐渐摆脱宗教的束缚。

（二）道德与宗教相互区别

（1）反映生活的方式不同：必然与超然。道德反映历史的必然性和现实的人与人之间的关系，并赋予这种历史必然性和现实的人际关系以正当和善的意义，以此推动社会进步；而宗教总是把现实的客观必然性转换成超人类的、超尘世的、虚幻的异己力量。

（2）调节生活的力量不同：理性与神性。道德是依托社会舆论、传统习惯、内心信念等现实的力量来引导、勉励、规劝和激发人们遵守某种秩序，它主要诉诸人类的理性自觉；而宗教则是借助于某种神秘的力量来"启迪"或恫吓人们，从而确立某种信仰，它主要诉诸人们的盲从与无知。

（3）铸造灵魂的手段不同：自律与他律。道德是人们认识自我、肯定自我、实现自我的社会工具，它遵从人们的内心信念，主张躬自厚而薄责于人；而宗教则借助人们畏神崇教的心理，以一种精神压迫的方式和神秘的外在力量进行一种外在的强制。正如马克思所说："道德的基础是人类精神的自律，而宗教的基础则是人类精神的他律。"

五、道德与文艺的关系

在现实生活中，道德与文艺往往体现着一个民族、一个国家的文明程度，两者的关系常常表现为善与美的关系。因此，道德与文艺之间既相互联系又相互区别，有着密不可分的关系。主要表现在：

（一）道德与文艺相互联系

（1）道德对文艺的影响。文艺对人们的道德情感、道德品质具有感化和教育的作用。文艺总是通过典型形象向人们显示生活中什么样的人和事是善的、美的，什么样的人和事是恶的、丑的，从而激发人们心灵中的是非感、荣辱感、羞耻感和神圣感，促使人们在社会生活中自觉抑恶扬善，养成高尚的道德情操和良好的道德品质。

（2）道德对文艺的影响与作用。一方面，一定社会的道德生活和人们的道德精神面貌是文艺创作的重要源泉，离开现实的道德生活，文艺创作就失去了对象和动力。另一方面，文艺创作者自身的道德意识、道德品质对文艺创作也有重要的影响；一名文艺工作者，无论他是否意识到，他的文艺作品总会被打上个人的道德意识、道德品质和道德情感的烙印。

（二）道德与文艺相互区别

（1）两者反映社会现实的范围不同。道德主要从人与他人、人与社会的伦理关系上反映社会现实；而文艺除了反映人们的道德关系外，还要反映其他诸如阶级、政治、法律等社会关系，因而比道德反映的社会生活面要广泛得多。

（2）两者反映现实的方法和作用的方式不同。文艺更多地借助形象思维的形式来反映和再现社会生活；它强调以情动人、陶冶情感、净化心灵，给人以美的享受。而道德则主要通过范畴、规范、原则等抽象的逻辑思维形式来反映和再现社会生活；它强调以理服人，主张通过逻辑的力量，给人以理性自觉，从而帮助人们树立正确的价值观，指导人们进行正确的行为选择，养成高尚的道德品质。

第三节 道德的功能和作用

一、道德的功能

所谓道德的功能，是指在揭示道德结构的基础上所展现出来的，道德对人自身生存、发展和完善的功效及其意义。如果说道德结构表征着道德内部诸要素的有机整合及其关系相互转换的脉络、过程与发展趋势，那么道德功能则表征着道德诸要素相互作用的机制及其表现出来的功效、能量与力度。

（一）道德的认识功能

道德能够运用善恶、荣辱、义务、良心等特有的道德概念和范畴反映社会现象，尤其是反映人类的道德实践活动和道德关系，从中揭示出其内在规律，为人们进行道德选择提供指南。虽然其他社会意识形态诸如法律、政治、宗教、文艺也具有反映社会现实的认识功能，但道德的认识功能与它们相比，有其自身的特点。

（1）在道德认识中交织着理性与感性因素。与其他社会意识形态不同，道德的认识功能不仅在于向人们提供关于客体本身的知识，反映社会现实生活的内在矛盾及其运动规律，预测社会现实状况的未来走向，而且能为人们指出周围环境对其生存与发展的价值，引导人们按照向善避恶的原则去积极创造完美社会关系和自身完美的人格。在这当中，情感发挥着重要的作用，因为人们往往凭借道德上的好恶感情选择自己的行为，对社会现象进行谴责或赞许，并反映造成这种现象的经济关系和社会制度的落后或先进。当然，要想正确反映社会现实，光靠情感因素是不够的，还必须依靠理性认识，形成清晰的概念和理论体系，因为善必须以真为前提，假与丑是不可分的。而在道德认识中不仅有情感因素的存在，更有理智对情感的控制。

（2）在道德认识中存在自觉和直觉两种形式。自觉形式是指人们基于对一定社会的道德原则和规范的深刻理解，在实践过程中主动依据这些道德原则和规范去行事，自愿履行道德义务。所谓直觉形式，是指人们基于一定的道德常识，仅凭对一定社会道德原则和规范的直观感受去支配自己的行为，被动或盲目地履行道德义务。比如，一名大学生在公共汽车上主动让座位给老人，这是一种自觉，源于他对"尊老爱幼"有深刻的理解；但是，如果是一名小朋友让座，因为他对道德规范还没有比较深入的了解，而全是由于老师、家长每天在身边教育的结果，至于为什么要让座，则全然不知，这就是一种直觉行为。在社会生活中，作为道德活动的主体，人们一方面凭借社会普遍接受的道德准则与自身道德经验的直觉感知，来观察、分析、评价自己及周围所发生的一切道德现象；另一方面，通过自身的道德实践和理论学习来深化对道德原则和规范的理解，将其凝结为内心命令、信念和理想，使直觉的道德认识上升到自觉的道德认识，从而提高其实践的主动性与自觉性。

（3）在道德认识中包含着现有和应有两种评价方式。现有评价方式是指道德作为一种判断和认识，首先是对社会现实状况的反映，并根据一定社会现有的道德原则和规范来评判社会道德现象。应有评价方式是指人们从一定的理想原则出发，对未来社会发展前景以及现实中人们行为所应达到一定境界的某种预见。道德认识除了反映现实之外，还有对现实应当怎样设想以及对未来应如何勾画，具有极强的预见性。这种预见性主要表现在：一个社会的变革往往是从对这个社会或其中某些现象进行道义上的谴责开始的。人们运用两种评价方式，通过对社会道德现象的"现有"善恶评价而表明"应有"的价值取向，道德往往以道德要求、道德理想的形式反映出社会变革的大致方向和未来社会的一般轮廓。尽管道德评价的两种方式在论证的严谨性、预测的准确性上不能与科学相比，但其可靠性依然存在，其作用是科学所不能代替的。因为科学对新社会的预见和论证的课题往往要由道德预见来提供，一旦"这种或那种经济事实评价为不公正的，那就证明这个事实本身已经过时了"。

（二）道德的调节功能

道德的调节功能，是指道德具有通过评价方式来指导和纠正人们的行为和实际活动，以协调人际关系、维护社会秩序的能力。调节功能是道德的最主要功能，与其他社会意识形态相比，具有其自身特点。

（1）调节范围的广泛性和调节对象的特殊性。道德不仅调节人与人之间的关系，而且调节人与自然以及人与自身的关系。在原始社会里，社会关系完全靠道德来调节，此时期的道德往往与风俗习惯结合在一起，对人们的行为有强大的约束力。随着社会的发展，社会关系日益复杂，出现了政治关系、法律关系、经济关系等社会关系。尽管如此，伦理关系依然存在，道德调节的范围虽然没有原始社会那样广泛，但仍渗透到社会生活的各个领域，并产生相应的约束与激励机制。从调节对象来看，在现实生活中与利益有关的一切关系和活动，尤其是涉及个人对他人、对社会利益态度的关系和活动，是其调节对象，这与其他社会意识形态所调节的对象有很大的不同。

（2）道德调节尺度的独特性。法律是以"必须怎样"的法律准则为调节尺度；而道德以"应当怎样"的道德准则为调节尺度，既包括对当时全体社会成员和全体当事人必须达到的最基本、最起码的要求，也包括非基本、更高层次的要求。也就是说，不论人们的社会身份、社会地位和道德觉悟有多大差别，在道德面前都只有一个要求——"合道德性"，只做一种裁决——"合道德性"（善）和"不合道德性"（恶）。

（3）调节方式的多样性。道德调节人们的关系和活动，并不像法律那样，诉诸国家机器和惩罚手段，其方式灵活多样。从道德调节的强制程度来看，道德调节可以分为自律调节与他律调节；从调节的手段来看，道德调节可以分为社会舆论调节、传统习惯调节和内心信念调节。

案　例

践行信念好村官

沈浩是安徽省财政厅派驻小岗村的选派干部。他带领村民办工业、兴商贸、科学种田，以市场经济的头脑发展种植、养殖和高效农业，发展农家乐生态旅游。2006年，小岗村跻身2005年度"全国十大名村"。2007年年初，小岗被授予安徽省乡村旅游示范点称号。2006年年底，沈浩任职三年届满即将离开，小岗村村民们在挽留沈浩的申请书上按满了鲜红的手印，请求沈浩带领他们再干三年；沈浩留下来了，又是三年的默默苦干。2009年，任期又将届满，186名小岗村村民又在挽留沈浩的申请书上按下红手印，这一次上天让村民们的愿望落空了，2009年11月6日，沈浩在小岗村临时租住的房屋内去世，年仅46岁。这一次，沈浩永远留在了小岗村。

——资料来源：网易，http://news.163.com

 **案 例 分 析**

如何看待案例中沈浩的事迹？谈谈你的感想。

（三）道德的教育和激励功能

（1）**道德的教育功能**。道德是社会教育和自我教育的重要手段，因而具有教育的功能。道德的教育功能是指道德通过评价、命令、指导、示范等方式和途径，运用塑造理想人格和典型榜样等手段，来培养人们的道德信念、道德情感和道德品质。由于任何人的道德信念和道德品质都不是天生的，任何人自我调节和干预社会道德生活的能力的形成都不是一次完成的，也不是一经形成就一劳永逸的，这就决定了道德教育的特殊性。教育者在教育过程中，一方面要根据一定社会或阶级的道德要求对受教育者进行系统的灌输，使其形成相应的道德认知；另一方面，要充分调动受教育者作为道德主体的积极性，把对人的严格要求和对人的个性、愿望的尊重相结合。受教育者改变和完善自己、改变和完善社会的热情，使其自觉地将外在的道德知识变成内在的道德情感、道德信念，把社会的客观要求变成自己的内在要求。因此，就个人人格塑造而言，道德教育决定着个人的发展方向和精神面貌。

（2）**道德的激励功能**。道德的激励功能是指道德具有激发人们的内在积极性和主动性，促进人们自我肯定、自我发展、自我完善，使社会关系进一步人道化的功能。在社会生活中，道德不仅包括人们"现有"的行为规范，也包含"应有"的行为规范。如果"应有"的行为规范在一定程度上反映了社会发展的客观必然性，那么，就能引导和激发人们的历史主动性和社会积极性，从而达到调节社会整体和个人关系的目标。道德激励功能的实现机制可以分为两类：一是指道德的激励功能的外在社会机制，主要由道德理想、道德榜样和道德监督三个要素构成；二是指道德激励功能的内在心理机制，主要由成就感、认同感和荣誉感三个要素构成。道德激励功能的社会机制是实现道德激励功能的外在保障，心理机制是实现道德激励功能的内在基础。

二、道德的社会作用

道德的社会作用，简单地说，是指道德的能动作用。具体来说，是指道德作为上层建筑和社会意识形态对其赖以产生的经济基础以及社会生产力和科学技术的反作用。

（1）马克思主义道德观。马克思主义伦理学充分肯定道德对社会经济关系的重大能动作用，认为某种道德一经形成，就会对产生它的社会经济关系发生这样或那样的影响。当一种新的经济关系发展起来，并力图取代旧的生产关系时，由这种新的经济关系所产生的道德，一方面会以其特有的善恶标准，从道义上为产生它的经济关系作辩护，论证它的合理性和正义性；另一方面又会以自己的善恶标准去评价、谴责和否定与之相对立的社会关系，以加速其灭亡，从而唤起人们为消灭旧的经济关系、建立和发展新的经济关系而斗争。当这种新的关系取得了统治地位并建立了相应的政治制度之后，由它产生的道德便会形成完整的规范体系，将人们的行为尽可能地予以巩固和发展。同时，新道德还必须与遗留下来的旧的经济关系和政治制度相适应的传统心理和旧道德进行反复较量，消除其对新的经济关系及其政治制度巩固和发展所起的阻碍甚至破坏作用。我们现在提倡的社会主义道德就是巩固和发展社会主义经济基础的道德。

（2）道德的社会作用具有不同的性质。道德反作用于经济关系是社会普遍的现象，但在作用的性质上却有进步与反动、革命与保守之分。一般来说，凡是符合历史发展规律和社会前进方向、有利于解放和发展生产力的道德，其作用便是进步与革命的；相反，凡是违背历史发展规律和社会前进方向、阻碍和束缚生产力的道德，其作用便是反动或保守的。

（3）道德对其他社会意识形态有重大影响。道德作为一种特殊的社会意识形态，同其他社会意识形态既相互区别又相互联系、相互作用。在阶级社会中，统治阶级总是赋予它的政治和法律以道德的外观，力图让它们深入到人们的道德意识形态中，以便获取"道义"上的支持。所以道德对政治和法律起着重要的辅助作用。当然，如果社会道德风尚沦丧，对其他意识形态则会产生不良的影响。

（4）道德是影响社会生产力发展和科技进步的重要精神动力。人是生产力中最活跃的因素，是进行物质生产的主体。生产工具的改进和劳动对象的扩大是由参加生产的人来实现的，而人的活动总是要受一定思想，尤其是道德观念的支配。人的道德面貌和精神状态直接影响人们的劳动态度、工作效率和生产积极性。在科技发展中，高尚的道德是科技人员协作攻关的凝聚力，能激发科技人员的劳动热情和为真理而献身的勇气。纵观整个科技发展史，那些致力于改革生产工具、在科学技术上做出重要贡献的人，一般都具有为人类服务的高尚道德品质和道德理想。相反，没落和腐朽的道德不仅不能推动生产力发展和社会进步，反而会成为障碍；少数别有用心者不是利用科技为人类造福，而是为了实现个人的私利，甚至为了个人私利而不惜损害他人、国家以及人类社会的利益。因此，我们既要发挥进步道德对生产力发展和科技进步的推动作用，又要消除落后腐朽道德的消极作用，为培养和提高全民族思想道德觉悟提供强大的精神武器。

相关链接 🔍 搜索

光明心生

萨布利亚·坦贝肯，1970 年出生于德国，12 岁时双目失明，为"盲文无国界"组织的创始人。她在波恩大学求学期间发现藏文还没有盲文，便借鉴其他语种盲文的开发经验，在世界上第一个开发出藏盲文。1997 年，萨布利亚到中国西藏旅行，她骑马穿越西藏各地，发现盲童少有接受教育的机会，因而萌生了创办西藏盲童学校的想法。2000 年 11 月，萨布利亚与西藏残联合作建立的盲人康复及职业培训中心正式运作。到目前为止，已有 96 名盲童在这里接受了日常生活技能培训和藏、汉、英三种语言的盲文基础教育，以及按摩、电脑、手工编织、做奶酪、美术等职业技能培训。一般经过两年的专门培训，这些孩子都可以进入常规学校学习。一些盲童转入常规学校后，成绩非常优秀。她为西藏盲人的教育和康复事业做出了巨大贡献，获得中国政府颁发的 2006 年度"友谊奖"。

第四节　道德的历史发展

在人类历史上，在社会发展的不同历史阶段和历史条件下，相继出现过不同的道德类型，主要有原始社会的道德、奴隶社会的道德、封建社会的道德、资本主义社会的道德和社会主义社会的道德。不同类型的道德源于不同的社会物质生活条件，具有不同的内容和特征，而且都是人类道德发展过程中的必经阶段。

一、原始社会的道德

（一）原始社会道德的主要内容

原始社会的道德是人类社会道德发展的开端。在原始社会，生产工具十分简陋，生产力极其低下，氏族集体成为最重要的天然生产力。人们共同占有和使用生产资料，以平等的身份协作劳动，没有剩余物品，没有私人财产，当然也就没有阶级。

（1）**维护氏族、部落的共同利益**。在原始社会，人们必须依靠氏族和部落的群体力量才能生存下去，这就决定了原始社会人们的个人利益和集体利益的完全一致性，个人在感情、思想和行动上始终是无条件服从氏族、部落的。因此，氏族和部落成员的共同利益成为评价人们一切思想和行为的天然标尺。

（2）**共同劳动、团结互助**。原始人在斗争实践中，逐步认识到个人的能力极为有限，必须结成集体，共同劳动，团结互助，才能获取物质生活资料，维持个人、氏族和部落的生存。

（3）**维护氏族内部的自由与平等**。在原始社会，生产资料公有制和集体劳动形式，决定了每一个人都以平等的身份出现在氏族集体中，酋长或部落的首领也只是一些才能出众的领导者，他们和其他氏族成员的地位是完全平等的。在原始社会里人与人之间没有贫富、贵贱之分，人与人之间是平等的、自由的关系。这种关系不仅表现在氏族首领和普通成员之间、男女之间的地位平等，也表现为人们享受权利和履行义务的平等，还表现在人们选举权和被选举权的平等。

（二）原始社会道德的基本特征

（1）**淳朴性和野蛮性共存**。在原始社会，人们的意识还处于原始状态，社会意识并未分化为各种独立的形式。虽然在当时，宗教、道德、艺术等社会意识在劳动发展到一定阶段上已经萌芽，然而由于脑力劳动与体力劳动还没有分离，人的意识还没有从氏族统一认识中分离出来，表现出一定的淳朴性。但原始社会道德也有其粗野残暴的一面，最突出地表现为氏族复仇、食人之风和血缘群婚。

（2）**直观性和狭隘性共存**。由于原始人的思维能力、语言能力和自我意识低下，他们的道德观念是没有经过理性思考的，是在感性实践中、在典型示范和直接传授中形成的，表现出直观性。与这种直观性同时存在的是它的狭隘性。原始道德只是在氏族、部落的范围内才有意义，这种狭隘性突出地表现为部落、氏族之间的冲突与复仇。

（3）**自发性与外在性共存**。原始社会的道德浸润着大量的自发因素，它萌芽于人类早期劳动和简单交往，形成于社会分工出现之际。在生产实践中，由于共同劳动、彼此协作，相互间发生了各种联系和关联，产生了个人利益与整体利益的矛盾。此时，就出现了调节个人利益与整体利益的要求，因而原始社会道德的发生表现出自发性。

原始社会道德作为人类最早的道德类型，我们既不能将其理想化、全盘肯定，也不能采取历史虚无主义的态度全盘否定，应以辩证的、科学的态度去评价它的社会历史地位。一方面，原始人以维护氏族整体利益为核心，以诚实、刚强、勇敢、团结等为美德，为人类道德的发展奠定了良好的基础；另一方面，他们有些习俗和行为却是野蛮的，是文明社会必须坚决否定的。

二、奴隶社会的道德

奴隶社会是在原始社会的基础上发展起来的人类历史上的第一个阶级社会。奴隶社会的生产关系是生产资料奴隶主占有制，奴隶主不仅占有生产资料，而且占有奴隶。

（1）**维护奴隶对奴隶主的绝对服从和人身依附关系**。在奴隶社会，奴隶与奴隶主的关系是绝对服从关系。奴隶主对奴隶的奴役、买卖、虐待，以致任意杀戮被认为是合乎道德的。如我国周朝孝王时，一个奴隶仅值60文；至于以活奴隶殉葬，更是当时普遍流行的风气。

（2）**鄙视劳动和劳动者**。在奴隶社会，奴隶主自己不从事劳动，而把全部社会劳动的重担都压在奴隶身上。在奴隶主眼中，劳动只是奴隶的事情，而劳动又是最卑贱的事。

（3）**男尊女卑，男主女从**。在奴隶社会，妇女被看作男子的附属品，歧视、压迫妇女成为社会的普遍现象。在日常生活中，妇女只能同妇女交往，不能同男子交往；丈夫对妻子不忠是合法的，而妻子对丈夫不忠则要受到严厉惩罚。在我国古代，孔子曾把女人与小人归为一类。

奴隶社会的奴隶也有自己的道德。奴隶的道德是在反抗奴隶主阶级的长期斗争中逐步形成的，保存和发扬了原始社会淳朴高尚的道德，如顽强、勇敢、团结互助、热爱劳动等。

三、封建社会的道德

封建社会的道德是在封建社会生产方式的基础上形成和发展起来的，相对于奴隶社会来讲，是社会的一大进步。在封建社会，占统治地位的道德是地主阶级的道德，它的主要内容是：

（1）**维护封建宗法等级制度**。封建社会是一个等级森严的社会，它把统治阶级和被统治阶级的关系用等级制度固定下来，整个社会被分成若干等级。在封建社会的中国，主要有天子、诸侯、卿、大夫、士、庶民等。这种宗法等级制度把社会的所有人都纳入统一的等级体系中，并要求每个人都必须逐级服从，最终服从于最高的等级——天子（皇帝）。

（2）**忠孝**。所谓忠，就是要求臣对君主（皇帝）、诸侯对国王、农民对地主尽忠，要绝对服从，所有人都要忠于、服从国王的命令。孝，是指儿子对父亲要绝对服从。封建地主阶级往往把"忠"与"孝"结合起来，作为整个封建道德的两根支柱。我国历代统治者都十分重视忠孝两全，并把它们作为"修身""齐家""治国""平天下"之本。

（3）**男尊女卑**。在封建社会，妇女被压在宗法等级社会的底层，她们除了要受神权、族权、政权的支配外，还要受到夫权的束缚。我国汉代董仲舒提出"三纲"，将"夫为妻纲"与"君为臣纲""父为子纲"并列。宋朝统治者又提出"三从"（在家从父，出嫁从夫，夫死从子）、"四德"（妇德——一切言论都要符合忠孝节义；妇言——说话要小心谨慎；妇容——打扮要整洁；妇功——做好家务，服侍好公婆、丈夫），并将其作为评价妇女行为的唯一标准，其核心思想，就是要求妻子绝对忠于丈夫，为丈夫牺牲自己，从而维持男子对妇女的统治地位。

（4）**轻视体力劳动，轻视劳动者**。在封建社会，由于地主占有生产资料，他们依靠土地收缴地租，不劳而获，坐享其成。因此，在封建地主阶级眼中，劳动是可耻的，是下等人——农民的事情。他们极力倡导"万般皆下品，唯有读书高"等思想，鼓励统治阶级成员走"学而优则仕"之路。

与封建地主阶级道德相对应，农民阶级的道德是在反抗地主阶级的压迫和剥削、冲破封建道德束缚的基础上形成的。在斗争中，农民提出了"均贫富，等贵贱""杀富济贫"等绝对平均主义的道德原则和规范，形成了勤劳俭朴、团结互助等美德，这对无产阶级道德的形成有重要影响。但是，受到小农经济的限制，农民的道德容易受到封建地主阶级道德的影响，含有不少消极因素。

四、资本主义社会的道德

在资本主义社会，由于生产资料被资本家私人占有，工人一无所有，除了出卖自己的劳动力外，别无他路；而资本家可以凭借手中的生产资料，压迫、剥削无产者，无偿占有工人创造的剩余价值。这种生产关系决定了资本主义社会的道德有如下内容：

（1）**个人主义与利己主义**。资本主义私有制是资产阶级个人主义、利己主义的基础，在此基础上产生的个人主义与利己主义是维护生产资料资本主义私人占有最有力的思想武器和基本原则。当然，个人主义、利己主义价值原则的提出，对于人们摆脱宗教禁欲主义、封建蒙昧主义和专制主义的束缚有进步的意义，尤其是个人主义在激发道德主体的个体自觉、捍卫个性的尊严与独立，合理利己主义在调动劳动者积极性和创造性等方面具有积极的作用；但是也容易导致极端利己主义和享乐主义，使人变成自己本能和欲望的奴隶，变成只为个人利益而活着的动物。

（2）**自由、平等、博爱**。自由、平等、博爱是资产阶级在反对封建制度的斗争中提出的。它否定了封建的人身依附关系，肯定了人身自由；否定了等级、特权，肯定了平等；否定了非人道主义，肯定了人道主义、人间博爱，因而这种理论在当时对动员群众、组织群众参加反封建斗争，推动资本主义社会发展起到了积极作用，标志着道德发展进入了一个新的阶段。但是，资产阶级的自由、平等、博爱，是从资产阶级的个人主义、利己主义出发的，因此，在现实生活中必然表现出流于形式和虚伪性。在资本主义社会，自由只意味着资本家购买和剥削工人劳动力的自由，劳动者却没有不出卖劳动力的自由；平等只是货币所有者和劳动力所有者在交换市场上形式上的平等，而实质上他们之间仍是剥削与被剥削的关系；博爱则是资本家对工人假惺惺的慈善和救助，实质上却是以榨干工人的血汗为目的。

（3）**拜金主义、金钱万能**。在资本主义社会，人与人之间的关系变成了赤裸裸的金钱关系，变成了冷酷无情的"现金交易"，一切都可以作为商品，一切都可以买卖。资产阶级道德作为对封建道德的变革和发展，在历史上曾发挥了积极的作用。一方面，它无情地冲击了封建社会墨守成规的劳动方法、与世隔绝的民族文化，促进了人们之间的社会交往，推动了生产力的发展，使人类的道德文明前进了一步。另一方面，资本主义的高速发展也给人类带来了更多的道德难题，如由于精神空虚引发的精神病、家庭解体甚至犯罪、吸毒等一系列的社会问题。

五、社会主义社会的基本道德规范

2001 年 9 月 20 日，党中央印发《公民道德建设实施纲要》，提出"在全社会大力倡导'爱国守法、明礼诚信、团结友善、勤俭自强、敬业奉献'的基本道德规范"。这 20 个字的基本道德规范，既继承了中华民族传统美德的精华，包含了我们党领导人民在长期革命斗争和建设中形成的优良传统道德建设的内容，又从社会主义初级阶段广大人民群众的一般道德水准出发加以倡导制定，符合社会主义市场经济的需要，具有鲜明的时代特色。

相关链接 🔍搜索

大孝至爱——谢延信侍奉亡妻家人 33 年

谢延信原名刘延信。32 年前，他新婚一年的妻子生下女儿后不幸去世，他主动承担起照料前妻父母和呆傻妻弟的责任。为使老人放心，他改姓为谢。1979 年，岳父突患卒中，全身瘫痪。全家一老、一瘫、一傻、一幼，生活的重担全部压在谢延信的身上。为照顾岳父一家，谢延信狠下心把 5 岁的女儿送回滑县老家，自己在焦作伺候老人。岳父瘫痪在床 18 年，他精心护理，端屎端尿，洗澡按摩，18 年老人没有得过褥疮。为省钱给两位老人看病，他四处打零工，经常挖野菜、捡菜叶，连水果也没舍得给自己买过。岳母患有肺气肿、胃溃疡，丧失了劳动能力；内弟先天呆傻；在岳父去世后，谢延信对他们的照顾更是尽心竭力。他以不放弃照顾前妻一家人为组建新家庭的前提条件，多次拒绝组建新的家庭，直到丧妻 10 年后才与志同道合的谢粉香组成新的家庭。2003 年，谢延信因脑出血落下了反应迟钝、行动不便的后遗症，他便让妻子来焦作共同照顾前妻一家。

谢延信同志对家庭的责任感同样表现在工作中。

资料来源：中国文明网，http://www.ccslfxx.com/neirong.asp?id=144

无论是做掘进工还是值守瓦斯泵房，他总是立足岗位、忠于职守、兢兢业业，精心干好每一项工作。从谢延信同志的身上我们不仅看到了他爱老敬老、大孝至爱的高尚情操，重诚守诺、无私奉献的优秀品质，还感受到了他热爱生活、迎难而上的坚强毅力和爱岗敬业、忠于职守的崇高精神。

——资料来源：新华网，http://news.xinhuanet.com

（1）**爱国守法**。爱国守法指的是爱国主义和遵纪守法。爱国主义是一个古老而又永恒的主题，是人类千百年来培养起来的对自己祖国的一种最深厚的感情。爱国主义就是对这种深厚感情的深刻认识和理性总结。在我国现阶段，爱国主义主要表现为以振兴中华为己任，提高民族自尊心、自信心和自豪感，以热爱祖国、报效人民为最大光荣，以损害祖国利益、民族尊严为最大耻辱，献身于改革开放和社会主义现代化事业，献身于促进祖国统一的事业。遵纪守法就是要求遵守所属组织的纪律和社会主义法律，这是每个公民应尽的义务，也是社会主义道德的起码要求。依法治国是中国共产党领导人民治理国家的基本方略；在社会主义社会中，法律是人民意志的集中体现，法律的宗旨是维护社会上绝大多数人的根本利益。

（2）**明礼诚信**。明礼诚信指的是文明礼貌和诚实守信。文明礼貌，就是要倡导文明的礼仪、礼节、礼貌，是建设社会主义道德文明的一项重要内容和任务。在社会主义社会，讲究礼仪、礼节、礼貌，就是要求人们待人谦让有礼，落落大方，友爱互尊，文雅守纪等。每个公民都应养成文明的礼仪、礼节和礼貌的习惯。诚实守信，就是要求人们忠诚老实，有信无欺，说老实话，办老实事，做老实人，尊重和忠实于自己的职业，把实事求是、襟怀坦白、言行一致、表里如一作为自己的行动准则。诚信是一切道德的基础和根本，是人之所以为人的最重要的品德。一个信用缺失、道德沦丧的国度，其社会安定和经济发展也必将受到影响。

相关链接　🔍搜索

国王的花种

从前有一位受人爱戴的国王，把国家治理得井井有条。国王年龄大了，但膝下并无子女，他决定在全国范围内挑选一个孩子收为义子，培养成为未来的国王。国王选子的标准很独特，给孩子们每人发一些花种，宣布谁如果用这些种子培育出最美丽的花朵，那么谁就能成为他的义子。

孩子们领回种子后，开始精心地培育花种。但是，10天过去了，半个月过去了，花盆里的种子连芽都没冒出来，更别说开花了。

献花的日子到了，无数个穿着漂亮的孩子涌上街头，他们各自捧着开满鲜花的花盆，用期盼的目光看着缓缓巡视的国王。国王环视着争奇斗艳的花朵与漂亮的孩子们，并没有像大家想象中的那样高兴。忽然，国王看见端着空花盆的雄日，他无精打采地站在那里。国王把他叫到跟前，问他："你为什么端着空花盆呢？"雄日抽噎着，他把自己如何精心侍弄但花种怎么也不发芽的经过说了一遍。没想到国王的脸上却露出了最开心的笑容，他把雄日抱了起来，高声说："孩子，我找的就是你！""为什么会这样？"大家不解地问国王。国王说："我发下的花种全是煮过的，根本不可能发芽开花。"捧着鲜花的孩子都低下了头，他们全部播下了另外的种子。

——资料来源：韦明辉主编. 道德经智慧新解［M］. 北京：地震出版社，2007.

（3）**团结友善**。"团结就是力量""一个篱笆三个桩，一个好汉三个帮""天时不如地利，地利不如人和"。加强团结，友好相处，已经成为社会主义社会道德建设的一个重要内容。要注意团结同志，互相帮助，互相理解，相互支持，这是保证自己胜任工作、心情愉快、取得成功的必要条件。处理与其他同志的关系时，要多看别人的长处，多找自己的短处，严于律己，宽以待人。在工作、生活中，即使有了矛盾，也要与人为善，虚怀若谷，宽容大度，不纠缠于个人恩怨，通过批评与自我批评解决矛盾，共同维护同志之间的团结，共同创造和谐向上的工作气氛，同心同德干事业。

（4）**勤俭自强**。勤俭自强指的是勤劳节俭和自主自强。"历览前贤国与家，成由勤俭败于奢。"我们应视勤俭为美德，勤勤俭俭干事业。我国人口多，底子薄，人均资源少，综合国力还不强，人民仍不富裕，部分群众生活还比较困难。要想彻底改变这种情况，全国人民必须脚踏实地、勤劳节俭，继承和发扬艰苦奋斗的优良传统。当然，提倡勤劳节俭、艰苦奋斗，并不是反对提高生活水平，也不是要求人们都去做不食人间烟火的"苦行僧"，而是反对奢侈享乐之风。"奢靡之始，危亡之渐。"其实，每个社会成员必须有正当的物质和精神享受，如果失去这种享受，就会失去对美好未来的追求，也必然失去或减少为祖国现代化建设建功立业的动力与源泉。但是，人要追求正当享受，就必须付出巨大努力，进行艰苦创业。

（5）**敬业奉献**。敬业奉献指的是爱岗敬业和奉献社会。即安心本职工作，热爱本职工作，对本职工作一丝不苟并且愿为本职工作奉献青春和才华。无论从事的是什么样的工作，都要充分认识自己岗位的重要性；无论现在的岗位是自己选择的还是组织安排的，都要有乐观敬业的精神。即使一生默默无闻，也要无怨无悔，一如既往地热爱自己的岗位和工作。爱岗敬业不仅表现于对本职工作的挚爱，而且表现于对待本职工作的认真负责、勤奋努力、不断进取。爱岗敬业、奉献社会反映的不仅是一种主动积极的工作态度，也是一个社会文明程度的重要标志，更是我国社会主义道德和共产主义道德的客观要求。因此，每个公民都要强化这种忠于职守、爱岗敬业的精神，使之成为自己的内在要求。否则，就容易把自己从事的职业和工作作为牟取个人私利的工具和手段；那么，在工作中就会套上无形的枷锁，最终将一事无成。只有树立起爱岗敬业、奉献社会的精神，培养自己对工作岗位的深厚感情，乐于为人民服务，在工作中才会有所建树。

用生命铸就师魂

2005年3月31日中午，江苏省金坛市城南小学组织学生去观看革命传统教育影片。中午12点10分，二年级一班班主任殷雪梅站在斑马线中央，护送学生过马路。突然，一辆汽车疾驶而来，冲向孩子们，殷雪梅见状张开双臂，奋力将6名学生推向路旁，而自己却被车子撞出很远。学生们得救了，殷雪梅却倒在了血泊之中。据交警部门确认，肇事车的时速为120公里/小时，殷雪梅被撞出有25米之远。有关部门从南京、上海、深圳请来了医学专家，先后为殷雪梅输血1万多毫升，但终因伤势过重，5天后殷雪梅老师不幸以身殉职，享年52岁。

——资料来源：新华网，http://www.he.xinhuanet.com

上述大力倡导的基本道德规范，是每个公民都应该自觉遵守的。应以基本道德规范作为自己的基本行为准则；社会的各个方面都应该对其进行大力倡导，使基本道德规范成为人们在社会生活中遵守的基本准则。让我们一起从基本道德规范做起，为建设与社会主义市场经济体制相适应的社会主义道德大厦做出自己的贡献。

复习与思考

一、简答题

1. 什么是道德?

2. 道德的本质是什么?

3. 道德具有哪些特点?

4. 简述道德与法律的关系。

5. 简述道德与文化的关系。

6. 道德的功能和作用是什么?

7. 简述资本主义社会的道德。

8. 社会主义社会的基本道德规范是什么?

二、案例分析

最心疼学生的谭老师走了

2008 年 5 月 13 日晚上 11 点 50 分,救护车的鸣笛声响彻汉旺镇——中国地震应急搜救中心的救援人员在德阳市东汽中学坍塌的教学楼里连续救出了 4 名学生。"我外甥女是高二 (1) 班的学生,要不是有他们老师在上面护着,这 4 个娃儿一个也活不了!"被救女生刘红丽的舅舅对记者说。"哪个老师呢?""唉……他可是个大好人,大英雄噢!"说着,刘红丽舅舅的眼圈红了。他告诉记者,那是一位男老师,快 50 岁了。14 日一早,设在学校操场上的临时停尸场上,记者从工作人员手中的遗体登记册里查到了这位英雄教师的名字——谭千秋。他的遗体是 13 日晚上 10 点 12 分从废墟中被扒出来的。"我们发现他的时候,他双臂张开着趴在课桌上,身下死死地护着 4 个学生,4 个学生都活了!"一位救援人员向记者描述着当时的场景。谭老师的妻子张关蓉正在仔细地擦拭着丈夫的遗体:脸上的每一粒沙尘都被轻轻拭去;细细梳理蓬乱的头发,梳成他生前习惯的发型。谭老师的后脑被楼板砸得深凹下去……

当张关蓉拉起谭千秋的手臂,要给他擦去血迹时,丈夫僵硬的手指再次触痛了她脆弱的神经:"昨天抬过来的时候还是软软的,咋就变得这么硬啊!"张关蓉轻揉着丈夫的手臂,痛哭失声……就是这双曾传播无数知识的手臂,在地震发生的一瞬间从死神手中夺回了 4 个年轻的生命!"那天早上他还跟平常一样,6 点就起来了,给我们的小女儿洗漱穿戴好,就带着她出去散步,然后早早地赶到学校上班了。这一走就再也没回来。女儿还在家里喊着爸爸啊！"张关蓉泣不成声。"谭老师是我们学校的教导主任，兼着高二和高三年级的政治课。"陪着张关蓉守在谭老师遗体旁的同事夏开秀老师说，"在我们学校的老师里他是最心疼学生的一个，走在校园里的时候，远远地看到地上有一块小石头他都要走过去捡走，怕学生们玩耍的时候受伤。"操场上，学生家长按当地习俗为谭老师燃放了一串鞭炮……

——资料来源：豆丁网，http://www.docin.com

根据上述案例回答如下问题：

谈谈你在看过谭老师事迹后的感受。

三、实践与拓展

1. 以日记的形式观察记录一周生活里发生在自己身边的文明道德的行为，以"生活中的一抹亮色"为题写一篇文章，不少于800字。

2. 以小品的形式，在班级开展校园文明小品晚会，以道德典故、新闻热点和生活例子为素材开展小品表演活动。

3. 搜集有关道德文明的诗歌，在班级开展校园文明朗诵会。

4. 以小组为单位，开展"校园文明从我做起活动"，每个小组策划一个有意义的文明道德行为方案并展开实施，记录心得体会。

四、推荐阅读

大学生家教缺乏"职业道德"敷衍了事

时下，薪酬便宜的在校大学生成了家教的首选，然而记者在采访中发现，不少当家教的大学生缺乏"职业道德"，他们没有专心于教学辅导，而是投学生所好，与学生一起玩乐，误了学生的学业。

小彭是一名在校大学生，在进行家教工作的过程中，他向记者讲述了他的教学方法：他给一个初中生教英文就是听写单词，不会写的马上复习，直至写到一个都不错，每天这样，省时省力。教另一个小学二年级学生作文，就是每天去给他讲一首唐诗，讲完了就让他背，每天1~2小时。"唐诗三百首都够教一年了。"小彭笑着说。

据一项对家长的调查显示，超过70%的家长愿意为孩子每月支出1000元以上的家教费用，但对家教效果满意的只有20%。由于不少在职教师的辅导费用都很高，因此不少家长都会选择要价便宜的在校大学生来担任家教。但他们万万没有想到，一些大学生家教会与自己的孩子"联合"起来欺骗他们，反而耽误了孩子的学业。

——资料来源：易麦网，http://nanyang.emdp.cn

修养的作用

耶鲁大学有22名应届毕业生，实习时被导师带到华盛顿的白宫某军事实验室里参观。全体学生坐在会议室里等待该实验室主任胡里奥的到来。这时有秘书给大家倒水，同学们表情木然地看着她忙活，其中一个还问了问："有黑咖啡吗？天太热了。"秘书回答说："抱歉，黑咖啡用完了。"

有一个叫比尔的学生看着有点别扭，心里嘀咕："人家给你倒水还挑三拣四的。"轮到他时，他轻声说："谢谢，大热天的，辛苦了。"秘书抬头看了他一眼，满含着惊奇，虽然这是很普通的客气话，却是她今天听到的唯一一句。

门开了，胡里奥主任走进来和大家打招呼，不知怎么回事，静悄悄的，没有一个人回应。比尔左右看了看，犹犹豫豫地鼓了几下掌，同学们这才稀稀落落地跟着拍手；由于不齐，越发显得凌乱起来。胡里奥主任挥了挥手说："欢迎同学们到这里来参观。平时这些事一般都是由办公室负责接待。因为我和你们的导师是老同学，非常要好，所以，这次我亲自来给大家讲一些有关情况。我看同学们好像都没有带笔记本，这样吧，秘书，请你去拿一些我们实验室印的纪念手册，送给同学们做纪念。"

接下来，更尴尬的事情发生了，大家都坐在那里，很随意地用一只手接过胡里奥主任双手递过来的纪念手册。

胡里奥主任的脸色越来越难看，走到比尔面前时，已经快要没有耐心了。就在这个时候，比尔礼貌地站起来，双手接住纪念手册并恭敬地说了一声："谢谢您！"

胡里奥闻听此言，不觉眼前一亮，伸手拍了拍比尔的肩膀："你叫什么名字？"比尔照实回答，胡里奥微笑地点头回到自己的座位上。早已汗颜的导师看到此情景，微微松了一口气。两个月后，毕业去向表上，比尔的去向栏里，赫然写着该军事实验室。有几位颇感不满的同学找到导师："比尔的学习成绩最多算是中等，凭什么选他而没选我们？"

导师看了看这几张尚属稚嫩的脸，笑道："是人家点名来要的。其实你们的机会是完全一样的，你们的成绩甚至比比尔还要好，但是除了学习之外，你们需要学的东西太多了，修养是第一课。"

——资料来源：豆瓣网，http://www.douban.com

公共生活中的道德规范与法律规范

　　社会生活基本上可以分为公共生活、职业生活和婚姻家庭生活三大领域。公共生活是人类生活的重要方面，维护一定的秩序是提高公共生活质量的重要条件。自古以来，人类维护公共生活秩序的手段多种多样，其中道德和法律是基本手段。

　　本章通过对公共生活中道德规范与法律规范内容、特征的阐述，积极倡导当代大学生自觉加强道德修养，遵守社会公德，养成良好的文明习惯；自觉增强法律意识，遵守法律法规，成为维护社会公共秩序的模范。

学习目标

知识目标

1 理解社会公德的内涵。

2 明确社会公德的重要意义。

3 掌握社会公德的基本要求。

能力与情感目标

1 能正确理解社会公德的重要意义。

2 能在人际交往中践行社会公德。

君子欲讷于言，而敏于行。

——孔子

令在必信，法在必行。

——欧阳修

为了国家和集体的利益，为了人民大众的利益，一切有革命觉悟的先进分子必要时都应当牺牲自己的利益。

——邓小平

教养是有教养的人的第二个太阳。

——赫拉克利特

道德常常能填补智慧的缺陷，而智慧却永远填补不了道德的缺陷。

——但丁

案 例

"偷拍"处理难

2005 年 6 月 1 日晚 7 点钟，一名男子在新街口一地下过街通道内尾随一名身穿短裙的女青年偷拍其"裙底风光"时，被巡逻民警抓获。警方在他的数码相机内，发现 60 多张女性穿着内裤的照片。

我国现行的法律法规都没有对偷拍行为进行明确界定，也没有处罚标准。面对该男子相机内的 60 多张女性内裤照片，警方在无法找到现场人证的情况下，只能依照《治安管理处罚条例》有关侮辱妇女、从事流氓活动的条款，对其做出拘留 10 天的处罚。

在南京市，在楼梯上偷拍女性"裙底风光"、在商场试衣间偷拍女性换内衣等现象并不是头一次出现。但像该男子这样因偷拍遭拘留的并不多见。据警方的一位人士称，对偷拍行为的处理有两难：一是取证难，二是法律无明确处罚标准。因此，警方对偷拍者大多教育了之。针对偷窥、偷拍、窃听他人隐私等行为，即将实施的《治安管理处罚法》规定，将处以 5 日以上 10 日以下的行政拘留，情节严重的，处 10 日以上 15 日以下的行政拘留，可以并处 200 元以上 1000 元以下的罚款。而非法制造、贩卖或非法使用窃听、窃录专用器材，尚未造成严重后果的，处 1 日以上 5 日以下的行政拘留，并处 1000 元以上 5000元以下的罚款。单位有此种行为的，处警告，并处 1 万元以上 5 万元以下的罚款。

有关专家认为，这些规定并没有解决偷拍照片被贩卖、传播等问题，而由于网络传播的特点，要想找到偷拍者并不是件容易的事。

——资料来源：四川在线，http://focus.scol.com.cn

 **案 例 分 析**

你认为案例中的偷拍行为违背了社会生活中的哪些道德规范？对于偷拍行为，除了法律上应予以明确外，还应加强哪方面的约束与教育？

第一节　社会公德

一、社会公德的含义

　　道德中的社会公德，是维护公共秩序的重要手段。在人类社会发展的进程中，社会公德作为社会公共生活中的行为准则，成为整个社会道德体系的基础层次。今天，社会公德在维护公共秩序方面的作用更加突出。

　　社会公德，是指社会全体成员都必须遵守的维护社会正常生活秩序的最基本的公共生活准则，是调节公共生活领域中人与人之间关系的行为规范。社会公德涉及人们社会生活的各个层面。它依靠社会舆论、习俗和人们信念的力量，调节人与人、人与社会、人与自然之间的关系，规范人们的言行，起着维护社会秩序稳定，促进社会风气好转的重要作用。社会公德如何，在一定程度上反映着一个国家、一个地区、一个城市、一个单位的道德水平和文明程度。一个人社会公德意识的强弱，也在一定程度上反映着他的精神境界和思想素质。

相关链接　　🔍搜索

道德的大厦

　　"9·11"恐怖袭击事件中，双子大楼轰然倒塌，但道德与友爱的双子大厦却卓然挺立。

　　美国世贸大厦被撞时，一位坐在轮椅上的妇女正在第86层上。在当时的情况下，像她这样一个靠轮椅行走的人，要从这么高的楼层中逃脱出来，成功率几乎为零。可她竟奇迹般地毫发无损地逃出来了。一位并不相识的逃生者，硬是将她和轮椅从86层一直扛到5层才被人群冲散。

　　在危难时刻，虽然楼梯里挤满了人，却紧张而有序。当楼上开始有担架抬下来时，大家又主动让出一条通道，让伤员先走。接着，在大楼里工作的盲人带着导盲犬下楼来，大家也纷纷让路。当消防队员背着沉重的消防器材向上冲时，尽管大家都很干渴，但人们还是把自己仅有的一点水拿给他们喝……

危难中，真情传递，让人们感受到了道德的力量。虽然世贸大厦倒塌了，但是，危难中，人们用至爱真情建起了一座道德与友爱的大厦，这座大厦，是无上崇高的，是任何恐怖主义者也摧毁不了的。

二、社会公德的特点

社会公德作为共同的道德，是人的最基本、最广泛、最一般的社会关系的反映。它具有以下特征：

（1）**在内容上具有全民性和基础性。** 社会公德是人类社会公共生活的必然产物，是人们在长期的社会实践中逐渐形成并保存下来的公共生活准则，具有全民性。社会公德不是某一特定阶级利益的反映，而是全社会共同利益的反映；不是特定行业或者婚姻家庭才应遵守的道德，而是全社会所有人都应当遵守的行为规则。社会公德旨在维护社会秩序，保障社会生活正常进行，因而最能为广大群众接受、认同和支持。那些违背社会公德、破坏公共生活准则的行为必定成为"过街老鼠"，受到社会舆论的普遍反对和谴责。正是在此种意义上，我们说社会公德在人民群众中有着深厚的基础。同时，由于社会公德是人类社会生活中最起码、最普遍、最简单的行为准则，是维护社会公共生活正常、有序、健康进行的最基本的条件。因此，社会公德在整个社会的道德规范体系中处于最基础的层级，也就是说，它是判断一个人是否一个合格社会成员的标准，它是衡量个人或群体是否达到人类道德发展水平的尺度。

（2）**在范围上具有广泛性和普遍性。** 社会公德反映的内容、渊源和所适用的范围，是以社会公共场所、公共生活为中心的人们之间的一般关系，因而为社会上大多数成员共同接受、认可并遵照执行，具有广泛的实用性、普遍性和有效性。社会公德适用的范围是人们的公共生活，几乎包括了所有人。在这个范围内，发生交往的人们的身份不是原来的身份，而是由场所的性质所赋予的身份。比如，在车船上，人们的身份是乘客；在商店里，人们的身份是顾客。虽然社会公德的适用范围是有区别的，有的适用范围大些，适用于整个社会或全人类；有的适用范围小些，仅适用于某个地区或民族，但并不排斥社会公德在其相适用范围内的普遍适用性。

（3）**在结构上具有沿袭性和传统性**。社会公德同社会意识形态一样，是由社会的经济条件决定的。经济生活发展的连续性决定了社会公德的沿袭性和传统性。社会公德是人类在长期共同生活中逐步积累起来的，是维护社会正常生活的经验结晶，是社会文明、人类进步的标志之一。特别是那些反映在千百年来流传下来的处世格言、民风民俗中的优秀传统美德，将作为人类道德的优秀遗产世代相传。

（4）**在功能上具有渗透性和易行性**。由于社会公共生活、职业生活和婚姻家庭生活是人类生活不可或缺的有机组成部分，三种生活之间存在广泛的联系。因而社会公德与职业道德、婚姻家庭道德存在相互渗透、相互融合的关系，三者共同规范和调节人们的社会行为；其中社会公德可以影响和促进民俗、习惯、职业道德、婚姻家庭道德等向更高的水平发展，同时社会公德世代相传、反复被提炼，其内容、要求以及表达形式变得简明扼要，通俗易懂，便于施行。在一般社会生活中，无论是老人还是小孩，不论是在日常生活、社交活动中还是在公共场所，人们只要一看到社会公德规范，就知道它的含义，无须多加说明就能做到，比如"不说粗话、脏话"等。

三、社会公德的主要内容

《公民道德建设实施纲要》用"文明礼貌、助人为乐、爱护公物、保护环境、遵纪守法"20个字，对社会公德的主要内容和要求做了明确规范。

（一）文明礼貌

文明礼貌是中华民族的优良传统，是人们在日常人际交往中应当共同遵守的道德准则。讲文明懂礼貌是社会文明和个人道德修养的标志之一。人的行为举止最能反映一个人的道德修养和文明程度。文明礼貌包含的内容和要求很多，这里需要指出的是，文明礼貌的要求和内容不是一成不变的，它会随着社会的进步而不断更新。

在社会公共生活中，文明礼貌是一条重要的道德规范。文明是表示人类社会的开化程度和进步状态，是人类改造自然界的物质成果与改造主观世界的精神成果的统一。礼貌主要是指人们在与他人交往和交际的各种行为中所应有的品行和礼仪，礼貌的核心是对他人的关心和尊重。

西方有句谚语：你是别人的地狱，别人就是你的地狱；你是别人的天堂，别人就是你的天堂。尊重，应该是相互的，只有尊重别人，才会赢得别人对你的尊重。

文明礼貌对人的行为准则的要求是：

（1）**以礼待人**。以礼待人就指在社会交往和公共生活中，待人态度和气、举止大方、诚恳、和善、彬彬有礼。自觉遵守礼貌礼节，实质是对他人的尊重。只有尊重他人的人格和感情，才能被他人所尊重，从而在互相尊重的基础上构成文明的交往。

（2）**举止端庄文雅**。人的行为举止总是在社会中进行，个人的行为举止总要产生一定的影响：会影响到自己能否健康成长，成为有道德的人；影响到他人的人格和利益是否得到尊重；影响到社会能否保持正常的秩序，形成良好的社会环境。因此，在公共生活中，每一个公民在待人、接物、处事时，应力求言行举止端正、庄重、落落大方。在外事活动中，既要体现出热情友好，又要有民族尊严，不做有损于国格和人格的事。

（3）**语言文明**。语言是人们进行交往、表达思想的一种必不可少的工具。语言表现说话者的心灵，也调节着人与人之间的关系。只有使用准确、优美、文雅的语言，才能实现以礼相待的生活准则，养成互相尊重的社会风气。

（二）助人为乐

助人为乐，就是在社会生活中，能把别人的困难当作自己的困难，乐于为别人排忧解难；同时对别人的错误能及时指出，善意帮助。在现实社会中，每个人都要在一定的人际交往中生活，每个社会成员都不能孤立地生存。而在生活中人人都会遇到一些困难、矛盾和问题，都需要别人的关心、爱护，更需要别人的支持、帮助。如果在社会生活中，每个人都能主动关心、帮助他人，从自己做起，从小事做起，从现在做起，使助人为乐在社会上蔚然成风，那么，你就能随时随地得到他人的帮助，感受到社会的温暖。从这个意义上讲，"助人"也就是"助己"，因此，人人都应该发扬助人为乐的精神，积极主动地爱护他人、帮助他人。具体来说应做到：一是我为人人。每个人都应该从乘车让座、帮助残疾人过马路等小事做起，养成关心他人的习惯。二是遇难相帮。天有不测风云，人有旦夕祸福。当他人发生不幸、出现困难时，要热情帮助，为其分忧解难。三是见危相救。比如，在遇到歹徒行凶时，遇到有人恃强凌弱时，遇到意外险情等危急情况时，每个公民都应该挺身而出、舍己救人、弘扬正气。四是热心公益。社会公益反映了社会主义的新型人际关系，与每位公民息息相关。每个公民都要关注和支持社会公益，多献一点爱心，多添一份真情。在社会生活中做一个热心人，如赈灾救荒、捐资助学、义务献血、为社会福利事业捐款捐物等，做到有钱出钱、有力出力。

（三）爱护公物

公共财物包括一切公共场所的设施，它们是提高人民生活水平，使大家享有各种服务和便利的物质保证。对待公共财物是爱护、保护，还是浪费、破坏，是一个公民有没有社会主义道德的反映。每个公民都应该自觉遵守社会公德，爱护公共财物。一要爱护本单位的公物，要做到公私分明，不占用公家的财物，不化公为私。但在实际生活中，有些人不爱护机器、设备；有些人在家里千方百计节约用电、用水，在单位却对"长明灯""长流水"满不在乎、视而不见；有些人甚至化公为私，随意占用公家财物，并认为"公家的东西不拿白不拿"。二要爱护公共设施，如电话亭、路灯及有关通信线路、交通设施等，还要保护文物古迹，使其为更多的人服务。有些人不注意爱护公共设施，如街头的公益广告牌被故意损坏，宣传橱窗的玻璃被人为破坏，市区新公园内设置的几只"梅花鹿""小山羊"有的已经成了"残废"；一些人就是喜欢在公园、文物古迹等地"信手题词"。有的人甚至把公共设施视为"发财致富的源泉"，如恶意偷盗井盖，导致夜间行人受伤致残。三要敢于同侵占、损害、破坏公共财物的行为作斗争。有些人经常抱怨公共设施差，但是对随意破坏、损害公共设施的行为却无动于衷、视而不见、见而不问。每一个公民都有责任和义务，同侵占、损害、破坏公物的行为作斗争，时时、处处关心和爱护公共财物。

（四）保护环境

环境问题，是当前国际社会普遍关注的热点问题。近年来，黄河的长时间断流，沙尘暴的频频发生等一系列环境问题所带来的危害，使人们越来越清醒地认识到：环境和资源是人类生存和发展的基本条件。能不能有效地保护环境，关系到每个公民的生活质量和切身利益，关系到人们的安居乐业，关系到我们的子孙后代能否可持续发展。保护环境，就是保护我们自己。因此，保护环境不仅是我国的一项基本国策，也是社会公德的一项基本要求。

党的十一届三中全会以后，党和政府开展了以"五讲四美"为中心的全民文明礼貌月活动，以及创建国家级卫生城市的活动。这些活动的开展，不仅使我国城乡面貌发生了很大的改观，还使广大人民群众进一步认识到爱清洁、讲卫生已经不是个人生活的小事，而是每个人都应该树立起来的公共生活准则；是移风易俗，改造世界的大事。

突飞猛进的现代科学技术向人们提出的新的社会公德要求是：维护生态平衡，建立节约型社会。

（五）遵纪守法

纪律是一定的阶级、社会团体和各级组织为了维护自身利益和保证正常工作、学习和生活秩序而制定的，要求其所属成员共同遵守的各种规章制度、章程、命令、守则等的总和，是人们言行的规范。法律是国家立法机关依照立法程序制定的、有一定文字形式的、由国家强制力保证实施的规范；法律体现的是统治阶级的意志，是阶级专政的工具。

俗话说：没有规矩，不成方圆。对一个公民来说，是否自觉维护公共场所秩序，纪律观念、法制意识强不强，体现着他的精神道德风貌。遵纪守法同时也是保护社会健康、有序发展的基础。

相关链接 🔍 搜索

一个小人物的公民意识

4月20日，北京一个出租汽车司机等到了一个要去北京南站的客人。这是一段因"非典"恐慌而生意锐减的日子，有客人是求之不得的。

当司机听到这位客人说自己"肺部有感染，打了一个星期点滴都没好，要回老家"时，他做出的选择是：将车停在路旁，锁上客人放行李的后备厢，然后用手机开始给110、120、12345……拨电话。客人气急了："我是客人，我打车，到站给钱，你管得着我去哪儿吗？"

司机回答说："你这话搁平常是理儿，可现在是非常时期，举国上下都在抗击'非典'。我今儿说什么也不能让你走。"

客人把身上的钱都掏出来给司机，央求放他走。司机说："我这是对你负责，你要真是'非典'就没命了，连别人也连累了。我知道你没钱了，你放心，如果医生说你没事，你明天在北京的花费，我都包了！"

在等医疗机构的车时，天下雨了，司机在雨中淋着，不断劝阻经过的行人绕道而行。整整两个半小时以后，医疗机构的车才到，拉上病人走了。司机将出租车彻底消毒后回家时已经是凌晨了。

这是"非典"恐慌中的一个小故事，一个最普通的人的故事，一个"小人物"的故事。没有谁命令司机必须这样做，也没有人监督他是否这样做了。

不是每一个人都有这样的公民意识。在"非典"恐慌中，我们看到了白衣战士们前仆后继，看到歌星郭峰为坚守病房的医护人员连线送歌，看到准备买车的市民将存折送到市长手里……我们也看到"逃跑"，看到抢购，看到花样百出的谣言，看到少数官员和商家趁机发财……前者是公民意识和行为，后者不是。

说到底，公民，是那些在平常日子里，更在危机时刻，自觉承担起自己力所能及的社会责任的人们——他们确实是我们民族的脊梁和希望。

让我们记住这个司机——北创公司的张四平，那年49岁。让我们也记住他现在的感受——在得知那个客人排除了"非典"的嫌疑后，他说："我觉得有些对不住人家，我真想向他道歉。"

在社会公德的规范中，文明礼貌是社会公共生活的基础性规范，助人为乐是社会主义公民的应有品质，爱护公物是社会主义道德的重要内容，保护环境是社会可持续发展的内在要求，遵纪守法是社会存在和发展的前提条件。

要在整个社会形成一个人人讲究社会公德的氛围，每一个社会成员都有义务，都应该以实际行动做到"从我做起""从现在做起"，自觉遵守社会公德。

四、自觉遵守

社会公德作为人类社会生活中最起码、最简单的行为准则，是和广大人民群众的切身利益密切相关的，是适应社会和人的需要而产生的。它对人们的社会生活具有特殊且广泛的社会作用。每个社会成员都应该自觉遵守社会公德。

（1）遵守社会公德是维护社会公共生活正常秩序的必要条件。社会公德是维护公共场所正常秩序和安定环境、维护现实社会生活的最低准则，是人们现实社会生活稳定发展的基本条件。

（2）遵守社会公德是成为一个有道德的人的最基本要求。社会公德发挥着维护现实的稳定、公道、惩恶扬善的功能，在社会生产和生活中起着强大的舆论监督作用和精神感召作用。社会公德的这种作用体现在：一方面，肯定、维护和促进一切有利于或有助于社会和个人生存、发展和完善的思想和行为；另一方面，否定、抑制和阻止一切有碍于或有害于社会和个人生存、发展和完善的思想和行为。这主要是通过社会公德的规范方式来促进社会和个人弃恶扬善，扶正祛邪，从而指导人们的思想和行为，非强制性地调节和规范着社会生活中人们的言论和行动，维护社会公共生活秩序，有效地为满足社会与社会成员的需要服务。

（3）社会公德建设是精神文明建设的基础性工程，也是精神文明程度的"窗口"。社会公德是社会道德的基石和支柱之一，社会公德对社会道德风尚的影响稳定而深刻、广泛而持久。社会道德又是社会精神文明的重要组成部分，所以从人们实践社会公德的自觉程度和普及程度，可以看出整个社会精神文明建设的状况。因此，如果社会公德遭到了践踏和破坏，整个社会的道德体系就可能会瓦解，整个社会的安定团结也将被破坏，社会主义精神文明建设也就不可能真正搞好。社会的精神文明包括多方面的内容，但在一定的历史发展阶段，社会的道德风尚通常是衡量一个社会精神文明发展水平的重要标志，是整个人类社会精神文明发展的一种反映和体现。因为，一个地区或一个国家的精神面貌总是先从社会风尚中表现出来。总之，在一定意义上说，社会主义社会的社会公德是社会主义社会的基础，是现代社会必须高扬的基本道德。每个社会成员都应该增强社会公德意识，自觉地以社会责任感考虑自己的行动，遵循体现社会群体利益和他人利益的公共规范。

五、社会公德的实践和养成

毋庸讳言，受各种不良因素的影响，社会中部分成员以自我为中心，一味追求个人利益最大化；缺乏守法意识，缺少爱心和良知，将遵守公共秩序、爱护公共财物等社会成员应当遵守的基本社会公德抛之脑后、弃之不顾。井盖频繁失窃、景观灯被打碎、果皮箱被踢翻……这些与文明行为格格不入的社会现象无一不在考问着市民的素质——文明，究竟离我们有多远？

　　现在各地都在建高楼大厦，都在修草坪广场，是不是这些条件具备了，城市文明就自然而然提高了呢？显然不是。如果说宽阔的街道、漂亮的高楼等基础设施建设是城市的"硬件"，那么良好的举止、文明的市民则是城市的"软件"。离开了良好的"硬件"，城市则不能称为城市；但是如果没有良好的"软件"做支撑，则"硬件"的功能将大打折扣。

　　我们应该看到，自己不仅是组成社会的一分子，更应该是建设文明城市的主力军。只有全体市民都以主人翁的姿态来保护、呵护我们生活的精神家园，从身边做起、从点滴做起、从小事做起，我们的城市才能实现"软件""硬件"的良好匹配，我们的城市才能在文明的光环下正常运转、日新月异。

　　高等学校是建设社会主义精神文明的重要阵地，大学生具有较高的文化知识和科学素质，对宣传、维护社会主义社会公德负有义不容辞的责任。社会公德与人们在公共生活中的实践活动有着紧密的联系。因此，培养公德意识离不开社会实践活动，大学生应当在实践中不断增强公德意识，努力做社会公德规范的传播者和践行者。

　　应当积极参与各种社会活动，在实践中培养公德意识和责任意识。参加志愿者服务等公益事业和社会实践活动对大学生了解社会、拓展实际工作能力，尤其是增强社会责任感有极大的帮助。大学生培养公德意识的实践活动有很多具体方式，既可以通过社会公德的宣传活动普及公德规范，传播文明新风，也可以结合自身的专业特点服务社会、回报社会；既可以参加学校组织的各种社会公益活动，也可以结合自己的兴趣爱好加入各种社会公益组织。大学生参与公德实践活动本身就是一种学习，可以从实践中体会到什么是符合社会公德规范的言行，什么是不符合社会公德规范的言行，从而在实践中不断提高自身的公德素养，并带动他人，影响社会。

　　应当从小事做起，从小节改起，带头践行社会公德规范。社会公德所规范的行为包括社会公共生活中最微小的细节，这些细节极容易被人们忽略；而它一旦被社会群体中的大多数人忽视，往往就会在不知不觉中形成不良的社会风气，造成严重的道德后果。因此，崇高的公德意识要靠在点点滴滴的日常小事中培养，古人云"勿以善小而不为，勿以恶小而为之"，讲的就是这个道理。其实，践行公德并不难，提升敬人礼让境界同样不难，比如，见到老师、长辈主动问候是讲公德；乘坐公交车主动让座是讲公德；在银行、邮局等公共场所排队时站在"一米线"外是讲公德；最后离开教室时随手关灯是讲公德；外出旅游时不在景点设施上随意刻画是讲公德……公德的境界就是在这些不起眼的举手投足间慢慢升华的！

课堂思考

对街头乞讨者是否应施爱心？
看了右侧的漫画你有何感想？

资料来源：公益中国，http://www.pubchn.com

图 2-1　街头乞讨

第二节　网络生活的道德规范

随着互联网的飞速发展，网络技术的应用越来越多地融入人们的生活中。但是，一些不法之徒利用了互联网上的一些漏洞进行不道德的甚至是违法犯罪的活动。

一、网络道德失范行为

（1）**危害国家安全**。世界上存在对立的政治制度和意识形态，并不是到处充满善意。一些国家通过互联网发布恶意的反动政治信息、散布谣言，利用信息"炸弹"攻击他国，破坏其国家安全；甚至出于一定的政治目的，突破层层保密网，直接对其核心的系统中枢进行无声无息的破坏，以达到不可告人的目的。

（2）**网络犯罪**。一些"黑客"时常会非法潜入网络进行恶性破坏，蓄意窃取或篡改网络用户的个人资料，利用网络进行赌博，甚至盗窃电子银行款项。通过网络传播侵权或违法的信息等网络犯罪行为日增，互联网已成为不法分子犯罪的新领域。

（3）**网络文化侵略。**互联网信息环境的开放性，使多元文化、多元价值在网上交会。近年来，一些西方发达国家凭借网上优势，倾销自己的文化，宣扬西方的民主、自由和人权观念，这就加剧了国家之间、地区之间道德和文化的冲突，对我国的精神文明建设构成干扰和冲击。

（4）**色情和暴力风暴席卷而来。**信息内容具有地域性，而互联网的信息传播方式则是全球性、超地域的，这使得色情和暴力等问题变得突出起来。由于互联网是全球共享的，这就使某些人、个别国家的色情信息和暴力情节能够无障碍地在世界范围内传播。网络成为色情和暴力信息的传播媒介，提供色情资料，灌输暴力思想，从而导致与传统优良文化道德的冲突。由于文化传统、社会价值观和社会制度不同，它对我国的危害更加严重。

综上所述，互联网正处于起步时期，在传统现实社会中形成的道德及其运行机制在网络社会中并不完全适用。我们不能为了维护传统道德而拒斥虚拟空间闯入我们的生活，但我们也不能听任网络道德处于失范无序状态，或消极地等待其自发的道德运行机制的形成。我们必须通过分析网络社会道德不同于现实社会生活中的道德的新特点，提出新的道德要求，加快对网络道德的引导、宣传和推广，倡导道德自律。

二、网络道德的特点

网络道德由于虚拟空间的出现而产生新的要求，与根植于物理空间的现实道德相比，它具有以下特点：

（1）**自主性和自律性。**网络道德需要自主性和自律性。相比较而言，传统社会由于时空限制，交往面狭窄，在一定意义上是一个"熟人社会"。依靠真实社会中朋友、亲戚、邻里、同事等的监督，慑于道德中传统习惯、社会舆论、内心信念等手段的强大力量，传统道德得到相对较好的维护，人们的道德意识较为强烈，道德行为也相对严谨。而以往人们的道德行为常常是做给他人特别是做给可能对自己有影响的人"看"的。由此我们可以认为，传统社会的道德主要是一种依赖型道德，是一道由熟人的目光、舆论和感情构筑成的道德防线。

相比之下，"网络社会"更大程度上是"非熟人社会"，互联网是人们为了满足各自的需要而自发自愿连接建立起来的。在这个以网络技术为基础的，少人干预、过问、管理、控制的网络道德环境中，人们进入了"无人认识我"的领域，只能依靠自身的道德水准对自己负责，管理自己，并根据自己的需要独立地选择网络服务的项目和内容、发布和接收信息。在"网络社会"里，个体的自主性得到了前所未有的体现；但同时，由于网络道德规范是人们根据既得利益和需要制定的，因此增强了人们遵守这些道德规范的自觉性，要求人们的道德行为具有更高的自律性。要做到自我主宰、自我约束、自我控制，真正体现出人格的尊严和道德的觉醒。也就是说，随着"网络社会"的到来，人们建立起来的应该是一种自主自律型的新道德。

（2）**开放性和多元性**。在现实社会中，虽然道德因生产关系的多层次性而有不同的存在形式，但每一个特定社会只能有一种道德居于主导地位。现实社会的道德是单一的、一元的；而网络道德却呈现出一种在不同的道德意识、道德观念和道德行为之间，不受时空限制的经常性的冲突、碰撞、融合和重构。互联网把不同国家和地区的人们联结起来，导致了多元文化价值的共存。一方面，使具有不同个人信仰、价值观念、风俗习惯和生活方式的人们增进了相互之间的沟通和理解，达到了融合；另一方面，也使各种文化冲突日益表面化和尖锐化，落后的道德意识、道德规范和道德行为与先进的道德意识、道德规范和道德行为并存，呈现出表面化、开放性的趋势。而在开放的网络社会中，人们作为道德的主体，具有自由选择道德取向的权利；经常对处于冲突之中的各种价值取向作出及时的取舍选择，网络社会正是这样逐渐走向真正意义上的"价值多元化"。例如在涉及每一个网络成员切身利益和网络秩序的正常维护方面存在同一的道德规范；而在各个不同国家、民族和地区，又有着各自特殊的道德准则。这些规范与准则由于彼此之间并没有实质性的利害关系而能够求同存异，因此，网络道德的多元性和开放性是相统一的。

三、网络道德的作用

（1）**网络道德是对网络使用者的道德规范**。道德研究的最终目的不只是向人们揭示道德规范和标准，而是将其切实贯彻在道德实践中，使那些具有"普适性"的道德原则，成为人们在行动抉择和结果预测时的一种准则，成为主体行为选择时的一种依据。网络道德就是用于调整、规范网络使用者的思想、言论和行为的道德准则。网络道德一旦形成，就会像传统道德一样，依靠人的内心信念和自制自律来约束自己在使用网络过程中的行为，使自己的行为合乎网络的伦理道德，合乎国际通用法则和社会发展利益。

美国计算机协会成员伦理道德和职业行为规范

美国计算机协会成员伦理道德和职业行为规范：

①为社会和人类做出贡献；②避免伤害他人；③要诚实可靠；④要公正并且不采取歧视行为；⑤尊重包括版权和专利在内的财产权；⑥尊重知识产权；⑦尊重他人的隐私；⑧保守机密。

有些国外机构还明确划定了那些被禁止的网络违规行为，如南加利福尼亚大学网络伦理声明指出了六种网络不道德行为类型，分别是：有意地造成网络交通混乱或擅自闯入网络及其相连的系统；商业性地或欺骗性地利用大学计算机资源；偷窃资料、设备或智力成果；未经许可而接近他人的文件；在公共用户场合做出引起混乱或造成破坏的行为；伪造电子邮件信息。

（2）**网络道德建设有利于发挥网络的积极作用。**如前所述，网络中的道德失范行为已经危及网络自身的存在和健康发展，只有坚决遏制和消除这种消极现象，才能扬长避短，维护网络安全，增进文化的交流与发展，使网络更易为人们所接受，更好更快地走入人们的生活，提高人们的生活质量和促进经济的发展。网络道德建设成为发挥网络积极作用的前提条件，因为网络道德规范着网络使用者的思想、言论和行为，它调整着网络使用者的内心活动，然后通过内心的选择和决定而付诸符合人类利益的网络行为，使之自觉抵制不道德的行为；这样就从根本上消除了人的因素在产生网络消极现象中所起的作用。目前，国外一些计算机和网络组织为其用户制定了一系列相应的规则。这些规则涉及网络行为的方方面面，如网络监控、电子信件使用的语言格式、通信网络协议、匿名邮件传输协议，等等。这些协议制定得相当具体，连字母的大小写、信息长短、主题要集中、电子邮件要签名等细节都有详尽的规定。

计算机伦理学戒律

美国计算机伦理协会为计算机伦理学制定了十条戒律：①你不应用计算机去伤害别人；②你不应干扰别人的计算机工作；③你不应窥探别人的文件；④你不应用计算机进行偷窃；⑤你不应用计算机做伪证；⑥你不应使用或复制没有付钱的软件；⑦你不应未经许可而使用别人的计算机资源；⑧你不应盗用别人的智力成果；⑨你应该考虑你所编的程序的社会后果；⑩你应该以深思熟虑和慎重的方式来使用计算机。

（3）网络道德建设是对网络法制建设的重要补充。网络发展必然要求加强网络法制化建设，如果没有法律，网络必然陷入混乱无序的状态。针对网络中存在的问题，从20世纪60年代开始，许多西方国家根据各自的实际情况，制定了计算机安全法规。如早在1978年8月，美国佛罗里达州通过了《佛罗里达计算机犯罪法》，对包括侵犯知识产权、侵犯计算机装置和设备、侵犯计算机用户等项犯罪以及惩处办法做出规定。我国也从1981年起开始关注计算机安全问题。1987年10月制定的《电子计算机系统安全规定(试行草案)》是我国第一部有关计算机安全工作的法规。1998年3月，国务院信息化工作领导小组正式颁布《中华人民共和国计算机信息网络国际互联网管理暂行规定实施办法》，建立健全了网络法律法规正成为各国政府势在必行的一件大事。但是，由于网络社会的全球性、隐匿性、开放性、自由性和异化性，决定了不可能完全依赖法律来约束网络行为。因为即便有了非常详尽和严密的法律，面对众多的边缘行为和网上犯罪，法律往往鞭长莫及，防不胜防。由于道德是人们在社会生活中经过长期实践自然形成的，并依靠社会的舆论、传统的习惯力量和人们的信念来维持，而且道德规范所调整的范围要比法律所调整的范围广泛，所以网络行为更多的也更为重要的是必须由道德这个更具有普遍约束力和影响力的行为规范来调整。因此，网络道德建设就成为网络法制建设的重要补充，只有将两者结合起来，才能真正维护网络安全和保障网络的健康发展。

（4）网络道德建设有利于社会主义道德建设的向前发展。社会主义道德体现着精神文明建设的性质和方向。社会主义道德建设是发展先进文化的重要内容，是提高全民族素质的一项基础工程；它对弘扬民族精神和时代精神，形成良好的社会道德风尚，促进物质文明和精神文明协调发展，全面推进建设有中国特色的社会主义事业有着重要的意义。网络道德建设作为社会主义道德建设的内容之一，有利于社会主义道德建设的向前发展和精神文明建设整体目标的实现。首先，网络道德建设应该是社会主义道德建设的重要内容。要教育网络使用者增强对全球网络文化的识别警觉能力、自律抗诱能力；要在五光十色的网络文化面前坚定信念、把握方向、守住良知、维护公德、拒绝道德堕落；要教育网络使用者把网络道德规范和网络技术置于同样重要的层面加以学习、掌握，培养自觉的网络道德意识、道德意志和道德责任，提高网络道德自我教育能力。其次，网络应该成为道德教育的前沿阵地。我们在网络这种先进的技术面前不应裹足不前，相反，我们应该充分利用其传递速度快捷、传播信息密度大、传播内容量大和传播效率极高的优点，使其成为思想道德教育的新载体。只要加强网络思想道德教育的理论研究，同时培养出一批网络思想教育工作者和建立起完善的思想道德教育计算机网络体系，网络完全可以成为我们思想道德建设的有力的新阵地。

　　总而言之，网络已经逐渐成为思想道德建设的新途径和新手段，网络空间业已逐渐成为思想道德建设的新阵地和新载体。因此，大力进行网络道德建设，在改革开放和网络信息科技革命形势下加强社会主义精神文明建设，就具有特别的重要性和紧迫性。搞好网络道德建设将有利于社会主义道德建设和精神文明建设在新形势下继续向前发展并取得更大的成就。

第三节　公共生活中的法律规范

一、公共生活与法律规范

　　在公共生活中，由于个人的行为会影响他人的生活，因此约束个人行为的公共生活规则有很多。其中，法律是最权威的规则，既有国家强制性，又有普遍约束力。它不仅是具有法律约束力的公共生活准则，能引导人们自觉守法，自觉维护公共生活的正常秩序，而且可以通过制裁破坏公共秩序的违法行为，强制人们遵守社会公共生活准则。只有政府、社会和公民都具有明确的公共生活规范意识，并自觉地遵守公共生活准则，才可以建立起和谐的现代生活方式。每一个公民都要充分认识法律规范在公共生活中的作用，树立崇尚法律的理念，在公共生活中做守法的模范。

根据法律规范作用的指向和侧重，可以将公共生活中法律规范的作用分为指引作用、预测作用、评价作用、强制作用和教育作用。

（1）**指引作用**。法律的指引作用是指法律所具有的、能够为人们提供一种既定的行为模式，从而引导人们在法律范围内活动的作用。指引作用是法律的首要作用。法律的首要目的并不在于制裁违法行为，而是在于引导人们正确的行为，使人们合法地参与社会生活。法律的指引作用主要是通过授权性规范、禁止性规范和义务性规范三种规范形式实现的。与之相应的指引形式分别为授权性指引、禁止性指引和义务性指引。授权性指引是指运用授权性法律规范，告诉人们可以做什么或者有权做什么；禁止性指引是指运用禁止性法律规范，告诉人们不得做什么；义务性指引是指运用义务性法律规范，告诉人们应当或者必须做什么。

（2）**预测作用**。法律的预测作用是指法律通过其规定，告知人们某种行为所具有的、为法律所肯定或否定的性质以及它所导致的法律后果，使人们可以预先估计到自己行为的后果，以及判断他人行为的趋向与后果。

（3）**评价作用**。法律的评价作用是指法律所具有的、能够评价人们行为的法律意义的作用。法律的评价客体是人们的行为。这里所说的人们，既包括自然人，也包括法人和其他社会组织。法律评价的标准是合法与不合法；国家机关及其公务人员的公职行为只有合法，才能获得法律的保护，否则就是非法，就应当承担相应的法律责任。对于社会民众来说，法律对其要求是不能违反法律，如果违反了法律规定，就必须承担法律责任，受到法律制裁。行为评价标准有法律、道德、纪律等，它们是可以同时适用的。但应该注意的是，既不能用法律评价取代道德评价、纪律评价，也不能用道德评价、纪律评价代替法律评价。

（4）**强制作用**。法律的强制作用是指法律能运用国家强制力制裁违法和犯罪，保障法律自身得以实施的作用。法律的强制作用是对法的其他作用的保障。没有强制作用，法律的指引作用就会降低，预测作用就会被怀疑，评价作用就会在很大程度上失去意义，教育作用的效力也会受到严重影响。法律强制的主体是国家、社会成员与社会组织。国家是强制的主动主体，作为被强制对象的社会成员或社会组织则是被动主体。法律的强制手段是国家强制力，包括警察、法庭、监狱等。法律的强制目的在于实现法律权利与法律义务，即实现法律，确保法律的应有权威，维护良好的社会秩序，维护社会正义。从强制作用的角度看，法律对于义务者来说是一种强制约束，对于权力者来说则是一种强制保障。

（5）**教育作用**。法律的教育作用是指法律所具有的、能通过其规定和实施而影响人们思想、培养和提高人们法律意识、引导人们依法行为的作用。法律的教育作用的实现主要有三种方式：一是法律作出规定，通过人们对法律的了解和学习，发挥教育作用；二是法律通过对各种违法犯罪行为的制裁，使违法犯罪者和一般社会成员受到教育；三是法律通过对各种先进人物、模范行为的嘉奖与鼓励，为人们树立良好的法律上的行为楷模。

法律的指引作用、预测作用、评价作用、强制作用都有一定的教育意义。法律的教育作用普遍存在于法律作用中，可以通过多个方面和多种形式得以实现和体现。法律的教育作用有利于使法律获得人们的内心认同，进而自觉遵守。

二、公共生活中的法律规范

（一）《中华人民共和国道路交通安全法》的基本精神和主要内容

《中华人民共和国道路交通安全法》（以下简称《道路交通安全法》）是为了维护道路交通秩序，预防和减少交通事故，保护人身安全，保护公民、法人和其他组织的财产安全及其他合法权益，提高通行效率而制定的。由中华人民共和国第十届全国人民代表大会常务委员会第三十一次会议于 2007 年 12 月 29 日通过，自 2008年 5 月 1 日起施行。

1.《道路交通安全法》的立法目的与基本原则

《道路交通安全法》的立法目的是：维护道路交通秩序，预防和减少交通事故，保护人身安全，保护公民、法人和其他组织的财产安全及其他合法权益，提高通行效率。其基本原则主要有依法管理原则和以人为本、与民方便原则。《道路交通安全法》在机动车通行规则、交通事故的责任认定、交通事故快速处理和抢救费用的支付等方面都体现了以人为本、与民方便的原则。

2.《道路交通安全法》的主要内容

《道路交通安全法》规定了道路通行规则：机动车、非机动车实行右侧通行；行人应当在人行道内行走，没有人行道的靠路边行走；乘车人不得携带易燃易爆等危险物品，不得向车外抛撒物品，不得有影响驾驶人安全驾驶的行为；机动车行经人行横道时应当减速行驶，遇行人通过人行横道时应当停车让行；机动车行经没有交通信号的道路上，遇行人横过道路时应当避让；在道路上发生交通事故，造成人员伤亡的，车辆驾驶人应当立即抢救受伤人员；交通警察赶赴事故现场后，应先组织抢救受伤人员；对交通事故中的受伤人员，医疗机构应当及时抢救，不得因抢救费用未及时支付而拖延救治。

《道路交通安全法》规定了对于以下7种严重的交通违法行为实施拘留处罚：

- 对酗酒后驾驶机动车或营运机动车的；
- 对未取得机动车驾驶证、机动车驾驶证被吊销或者被暂扣期间驾驶机动车的；
- 造成交通事故后逃逸，尚不构成犯罪的；
- 强迫机动车驾驶人违反道路交通安全法律法规和机动车安全驾驶要求驾驶机动车，造成交通事故，尚不构成犯罪的；
- 违反交通管制的规定强行通行，不听劝阻的；
- 故意损毁、移动、涂改交通设施，造成危害后果，尚不构成犯罪的；
- 非法拦截、扣留机动车辆，不听劝阻，造成交通严重阻塞或者较大财产损失的。

药家鑫驾车撞人案

药家鑫，西安音乐学院大三的学生。2010年10月20日深夜，驾车撞人后又将伤者刺了8刀致其死亡；此后驾车逃逸至郭杜十字路口时再次撞伤行人，逃逸时被附近群众抓获，后被公安机关释放。2010年10月23日，被告人药家鑫在其父母陪同下投案。2011年1月11日，西安市检察院以故意杀人罪对药家鑫提起了公诉。同年4

月 22 日在西安市中级人民法院一审宣判，药家鑫犯故意杀人罪，被判处死刑，剥夺政治权利终身，并处赔偿被害人家属经济损失人民币 45498.5 元。5 月 20 日，陕西省高级人民法院对药家鑫案二审维持一审死刑判决。2011 年 6 月 7 日上午，药家鑫被执行死刑。

（二）《中华人民共和国治安管理处罚法》的基本精神和主要内容

为维护社会治安秩序，保障公共安全，保护公民、法人和其他组织的合法权益，规范和保障公安机关及其人民警察依法履行治安管理职责，中华人民共和国第十届全国人民代表大会常务委员会第十七次会议于 2005 年 8 月 28 日通过《中华人民共和国治安管理处罚法》（以下简称《治安管理处罚法》），自 2006 年 3 月 1 日起施行。

《治安管理处罚法》一方面规范、引导社会成员的行为，使人人懂法、守法，既实现自身的合法权益和自由，又不对他人的合法权益和自由造成侵害；另一方面，规范、指导公安机关和人民警察的执法行为，在有效惩治违法行为的同时充分保障人权。该法是新形势下加强社会治安管理、维护公共生活秩序、构建社会主义和谐社会的重要法律保障。

1.《治安管理处罚法》的基本精神

《治安管理处罚法》的立法目的是：维护社会治安秩序，保障公共安全，保护公民、法人和其他组织的合法权益，规范和保障公安机关及其人民警察依法履行治安管理职责。其基本原则主要有：治安管理处罚必须以事实为依据，与违反治安管理行为的性质、情节以及社会危害程度相当；实施治安管理处罚，应当公开、公正，尊重和保障人权，保护公民的人格尊严；办理治安案件应当坚持教育与处罚相结合的原则。

2.《治安管理处罚法》的主要内容

《治安管理处罚法》规定的违反治安管理行为是指扰乱社会秩序，妨害公共安全，侵犯公民人身权利，侵犯公私财产，情节轻微尚不够刑事处罚的行为。《治安管理处罚法》第三章将"违反治安管理行为"细分为"扰乱公共秩序，妨害公共安全，侵犯人身权利、财产权利和妨害社会管理"共四类 110 多种行为。《治安管理处罚法》不仅对违法行为作了较为合理的分类，而且扩大了"违反治安管理行为"的范围。违法行为范围界定的扩大，意味着对私权保护力度的加大。在新纳入处罚范围的行为中，有不少是随着社会经济的发展而新出现或日益严重的社会现象。这些行为实际上已经对私权构成侵害，对社会秩序造成干扰。将它们纳入处罚范围，顺应了社会发展的需要。

《治安管理处罚法》规定的治安管理处罚种类有警告、罚款、行政拘留、吊销公安机关发放的许可证、限期出境或者驱逐出境（对违反《治安管理处罚法》规定的外国人适用）等。同时，《治安管理处罚法》缩减了罚款和行政拘留处罚的自由裁量幅度。将行政拘留处罚按照不同的违法行为的性质，区分为 5 天以下、5 天至 10 天、10 天至 15 天，并规定合并执行最长不超过 20 天。行政拘留适用的细分体现了对限制人身自由的处罚的慎用，本质上是对人权的尊重。

综上所述，《治安管理处罚法》涉及面广，与普通老百姓的生产、生活息息相关，对公民权利影响非常大。同时它也对规范公安机关执法活动提出了更高要求，强化了对公安机关、人民警察执法活动的监督，并针对新情况增加了新的危害社会治安的行为，适当提高了处罚的力度。它的颁布、实施对维护社会秩序，保障公共安全，保护公众合法权益，规范和保障公安机关、人民警察依法履行治安职责，构建和谐社会发挥了巨大的作用。

（三）《中华人民共和国环境保护法》的基本精神和主要内容

《中华人民共和国环境保护法》（以下简称《环境保护法》）是调整因保护环境和自然资源、防治污染和其他公害而产生的各种社会关系的法律规范的总称。

1.《环境保护法》的产生与发展

在世界范围内，18 世纪末 19 世纪初的产业革命，使社会生产力大发展，也使大气污染和水污染日趋严重。20 世纪以后，化学和石油工业的发展对环境的污染更为严重，一些国家先后采取立法措施，以保护人类赖以生存的生态环境。一般先是地区性立法，后发展成为全国性立法；其内容最初只限于工业污染，后来发展为全面的环境保护立法。随着全球性的环境污染和破坏的发生，国际环境法应运而生。

在中国，1979 年，全国人民代表大会常务委员会通过并颁布了《中华人民共和国环境保护法（试行）》。1982 年以后，全国人民代表大会常务委员会先后通过了《中华人民共和国海洋环境保护法》《中华人民共和国水污染防治法》和《中华人民共和国大气污染防治法》。1989 年 12 月 26 日第七届全国人民代表大会常务委员会第十一次会议通过了《中华人民共和国环境保护法》。另外，国务院还颁布了一系列保护环境、防治污染及其他公害的行政法规。

2.《环境保护法》的立法目的和原则

《环境保护法》的立法目的是：保护和改善生活环境与生态环境，防治污染和其他公害，保障人体健康，促进社会主义现代化建设的发展。其基本原则主要有：一是经济建设与环境保护协调发展原则；二是预防为主、防治结合、综合整治原则；三是谁污染谁治理、谁开发谁保护原则。

3.《环境保护法》的主要内容

《环境保护法》将环境界定为影响人类社会生存和发展的各种天然因素和经过人工改造的自然因素的总体，包括大气、水、海洋、土地、矿藏、森林、草原、野生动物、自然古迹、人文遗迹、自然保护区、风景名胜区、城市和乡村等。该法在明确了依法保护环境范围的同时，特别强调一切单位和个人都有保护环境的义务，并有权对污染和破坏环境的单位和个人进行检举和控告。

（四）《集会游行示威法》的基本精神和适用范围

1989 年 10 月 31 日第七届全国人民代表大会常务委员会第六次会议通过《集会游行示威法》，1989 年 10 月 31 日正式公布施行。

1.《集会游行示威法》的立法目的和原则

《集会游行示威法》的立法目的是：在维护社会安定和公共秩序的前提下，充分保障宪法赋予公民的集会、游行、示威的权利，各级人民政府应当依法予以保障。其原则主要有：政府依法保障原则；权利义务一致原则；和平进行原则。

2.《集会游行示威法》的适用范围

在中华人民共和国境内举行集会、游行、示威，均适用《集会游行示威法》。该法所谓集会，是指聚集于露天公共场所，发表意见、表达意愿的活动；所谓游行，是指在公共道路、露天公共场所列队行进、表达共同意愿的活动；所谓示威，是指在露天公共场所或者公共道路上以集会、游行、静坐等方式，表达要求、抗议或者支持、声援等共同意愿的活动。露天公共场所是指公众可以自由出入的或者凭票可以进入的室外公共场所，不包括机关、团体、企事业组织管理的内部露天场所；公共道路是指除机关、团体、企事业组织内部专用道路以外的道路和水路。

文娱、体育活动，正常的宗教活动，传统的民间习俗活动，不适用《集会游行示威法》。

集会游行示威必须通过申请和许可。申请举行集会、游行、示威的，有下列情形之一的，不予许可：第一，反对宪法所确定的基本原则的；第二，危害国家统一、主权和领土完整的；第三，煽动民族分裂的；第四，有充分根据认定申请举行的集会、游行、示威，将直接危害公共安全或者严重破坏社会秩序的。

（五）《维护互联网安全的决定》的基本精神和主要内容

2000年12月28日九届全国人民代表大会常务委员会第十九次会议通过《维护互联网安全的决定》，从保障互联网的运行安全、维护国家安全和社会稳定、维护社会主义市场经济秩序和社会管理秩序和保护个人、法人和其他组织的人身、财产等合法权益等方面，规定了网络违法和犯罪行为的法律责任。

1.《维护互联网安全的决定》的立法目的和基本原则

《维护互联网安全的决定》的立法目的是：兴利除弊，促进我国互联网的健康发展，维护国家安全和社会公共利益，保护个人、法人和其他组织的合法权益。其基本原则主要有：促进网络发展与加强监管相结合的原则；信息自由与社会公共利益有机结合的原则；与现代网络发展相适应、与传统法律规范相协调的原则。

2.《维护互联网安全的决定》的主要内容

（1）保障互联网的运行安全。《维护互联网安全的决定》规定，有下列行为之一，构成犯罪的，依照《刑法》有关规定追究刑事责任：侵入国家事务、国防建设、尖端科学技术领域的计算机信息系统；故意制作、传播计算机病毒等破坏性程序，攻击计算机系统及通信网络，致使计算机系统及通信网络遭受损害；违反国家规定，擅自中断计算机网络或者通信服务，造成计算机网络或者通信系统不能正常运行。

（2）维护国家安全和社会稳定。有下列行为之一，构成犯罪的，依照《刑法》

有关规定追究刑事责任：利用互联网造谣、诽谤或者发表、传播其他有害信息，煽动颠覆国家政权、推翻社会主义制度，或者煽动分裂国家、破坏国家统一；通过互联网窃取、泄露国家秘密、情报或者军事秘密；利用互联网煽动民族仇恨、民族歧视，破坏民族团结；利用互联网组织邪教组织、联络邪教组织成员，破坏国家法律、行政法规实施。

（3）**维护社会主义市场经济秩序和社会管理秩序。** 有下列行为之一，构成犯罪的，依照《刑法》有关规定追究刑事责任：利用互联网销售伪劣产品或者对商品、服务进行虚假宣传；利用互联网损坏他人商业信誉和商品声誉；利用互联网侵犯他人知识产权；利用互联网编造并传播影响证券、期货交易或者其他扰乱金融秩序的虚假信息；在互联网上建立淫秽网站、网页，提供淫秽站点链接服务，或者传播淫秽书刊、影片、音像、图片。

（4）**保护个人、法人和其他组织的人身、财产等合法权益。** 有下列行为之一，构成犯罪的，依照《刑法》有关规定追究刑事责任：利用互联网侮辱他人或者捏造事实诽谤他人；非法截获、篡改、删除他人电子邮件或者其他数据资料，侵犯公民通信自由和通信秘密；利用互联网进行盗窃、诈骗、敲诈勒索。

另外，该决定还规定利用互联网实施其他犯罪行为的，依照《刑法》有关规定追究刑事责任；利用互联网实施行政违法行为和民事侵权行为的，分别依法追究行政责任和民事责任。

 # 复习与思考

一、简答题

1. 什么是社会公德？
2. 简述社会公德的主要内容。
3. 简述社会公德的特点。
4. 公共生活中的法律规范有哪些？
5. 如何保障自己的网络安全？

二、案例分析

陈光标致"巴比"的一封信

前不久，比尔·盖茨和巴菲特宣布将于本月底（2010 年 9 月）来华，并邀请 50 位中国富人参加一场慈善晚宴，作为一名中国的首善，陈光标第一时间作出回应，通过公开信的形式郑重宣布：将做第一个响应并支持该慈善行动的中国企业家。

陈光标的信（节选）

尊敬的比尔·盖茨和巴菲特先生：

作为美国首富和"股神"，你们最近在全球掀起一股慈善风暴，让我非常敬佩和感动。

去年 11 月 3 日晚，我接受比尔·盖茨先生邀请在北京进行私人会晤，就慈善事业进行了亲切交流。这次又应你们共同邀请再商慈善事业，感到非常愉快和高兴。今天，当你们来到以"勤劳、智慧、善良"闻名于世的中国时，我在此郑重宣布：将做第一个响应并支持你们行动的中国企业家。在我离开这个世界的时候，将不是捐出一半财富，而是"裸捐"——向慈善机构捐出自己的全部财产。这也是我给你们两位先生中国之行的见面礼。

地球是我们人类共同的家园，世界各国无论富人还是穷人都是一家人。只是由于每个人的起点不同、机遇不同、分工不同，所以在拥有财富数量上有了差别。事实上，在中国，每一个企业家的发展都离不开国家政策的支持，离不开稳定的社会环境，更离不开广大普通员工的辛勤劳动。所以，每个富人应该意识到：能够成为富人是幸运的，但你拥有的财富绝不可以仅仅属于自己，你有责任为他人、为社会，多做一些事，更多地回报社会。

我做企业十年来，累计向社会捐赠款物 13.40 亿元，直接受益者超过 70 万人，今后我还将一直这么坚持下去。

我一直认为，当我们即将离开这个世界的时候，能够把财富归还世界，是一种高尚和伟大。相反，如果在巨富中死去则是可耻的。

祝你们永远健康快乐！

你们的中国朋友　陈光标

2010 年 9 月

——资料来源：凯迪社区，http://club.kdnet.net

"巴比"的慈善晚宴

继 8 月 4 日,"巴比"组合(网民对比尔·盖茨和巴菲特的简称)联手出击,成功劝说了 40 名美国亿万富翁公开承诺捐赠自己至少一半的财富后,两人准备将慈善风暴顺势席卷到中国富豪圈中。然而两人在美国的"前车之鉴"让不少中国富人感到不安,很多受邀富豪都反复确认是否会在晚宴上被"劝捐",甚至有一小部分人因此拒绝参加本月底的慈善晚宴。

为了打消中国富豪的顾虑,比尔及梅琳达·盖茨基金会中国项目区主任叶雷不得不出面回应称,"巴比"最初的本意只是通过晚宴结交朋友,寻找伙伴,并没有打算要说服中国富人进行慈善捐款,更不会像在美国那样,动员富人进行财富捐赠承诺。

——资料来源:新浪网,http://news.sina.com.cn

根据上述案例回答如下问题:

1. 读了陈光标的信,你有何感受?

2. 是什么力量促使这两位世界级富豪不但将自身财富"裸捐",还耗费大量时间、精力投入慈善事业? 又是什么原因使得中国富豪对慈善这一高尚的举动避之不及呢?

3. 富人是否应该捐赠遗产? 你怎样看待"劝捐"与"裸捐"? 如果你是富人,你会怎样处理你的遗产?

三、实践与拓展

1. 依次列出令你深恶痛绝的 10 种校园(或社会)不道德现象(可以用文字表达,也可以用图片做成 PPT,或采用录像形式)。

2. 课堂辩论

日前,河北省邯郸市公交公司在 11 条公交线路中推出"有奖让座"活动——乘坐公交车时,如果你主动为"老、弱、病、残、孕"等特殊人群让座,就会获得公交公司送出的"爱心让座致谢卡"和纪念品(公交线路图),志愿者还将记下让座者的相关信息。待活动结束后,根据让座次数,评选出"文明爱心使者",并奖励每人一个可乘坐 50 次的公交 IC 卡。

——资料来源:新京报,2007-06-23

消息，某日上午，绍兴市公交总公司正式向外宣布，公交乘车"爱心卡"将于4月1日启用。据介绍，凡是在该公司所属的公交车上主动给老、弱、病、残、孕及抱婴儿者让座的，可向司乘人员领取"爱心卡"一张（同一车次重复让座限领一张）。市公交总公司将对获得"爱心卡"的市民进行奖励，凭卡可以获得公交IC卡0.5元的充值金额。

——资料来源：大江论坛，http://bbs.jxnews.com.cn

辩论题目：

爱心是否有价？助人为乐应不应当、需不需要得到经济回报？请根据以上材料，以"'有奖让座'是美德褒扬还是道德侮辱"或"爱心有价还是无价"为辩题，开展一次辩论。

3. 以小组为单位，开展一场公德剧表演。

4. 收集世界各国社会公德案例，并谈谈我国该怎样加强公民道德建设。

5. 请你（或以小组为单位）做一件维护公共秩序或公共利益的事情并写出心得体会。

四、推荐阅读

《治安管理处罚法》实施案例

因小狗追赶，导致小女孩摔跤，为此小女孩的妈妈和狗主人闹进派出所，坚持要按照新实施的《治安管理处罚法》进行处罚，最后以狗主人赔礼道歉尴尬收场。

前天下午，顾女士带着6岁的女儿去莲花公园散步，没想到女儿被一只小狗追吓，摔青了小腿不说，事后还一直处在惊吓中。顾女士说："当时，女儿正和其他小朋友一起玩耍，狗突然冲过来，女儿逃跑时被石块绊倒在地，紧跟着小狗就要扑到孩子身上去。"顾女士慌忙将狗踢开。这时，狗主人不高兴了，骂顾女士没有爱心。顾女士发现女儿的小腿青了一小块，想到新实施的《治安管理处罚法》中把放任狗咬人列为新的处罚范围，顾女士拉着狗主人到嘉莲派出所讨要说法。顾女士说："主人既没给狗办证，遛狗时又没拴上狗链，把我的孩子吓成这样，说什么也不能就这么算了。"嘉莲派出所民警了解情况后，让狗主人给顾女士道了歉。可顾女士觉得这远远不够。

据悉，3月1日起正式实施的《治安管理处罚法》规定：饲养动物，干扰他人正常生活的，处警告；警告后不改正的，或者放任动物恐吓他人的，处200元以上500元以下罚款。

——资料来源：法律快车，http://www.lawtime.cn

旅游职业道德概述

　　职业是社会分工的产物，在社会分工造就职业差异的条件下，每一种职业都有着相应的特定职责和技能，一定职业的从业者在履行其职责的过程中所应遵循的道德规范和行为准则即是职业道德。

　　本章重点阐述了职业道德及旅游职业道德的内涵，概括了职业道德与旅游职业道德形成和发展所经历的不同历史阶段。通过对旅游职业道德的作用与基本要求的阐述，明确了旅游职业道德对旅游业的发展、从业人员素质的提高、社会良好风尚的形成有重大作用。

学习目标

知识目标

1 了解职业和职业道德产生的条件和历史过程。

2 理解旅游职业道德的重要作用。

3 把握旅游职业道德的基本要求。

能力与情感目标

1 正确认识职业领域里的不正之风，增强遵守职业道德的自觉性和主动性。

2 学习榜样人物，增强对旅游职业的认同，培养良好的职业道德情感。

任何职业都不简单，如果只是一般地完成任务当然不太困难，但要真正事业有所成就，给社会做出贡献，就不是那么容易的。所以，搞各行各业都需要树雄心大志，有了志气，才会随时提高标准来要求自己。

——谢觉哉

历史把那些为了广大的目标而工作，因而使自己变得高尚的人看作是伟大的人；经验则把使最大多数人幸福的人称赞为最幸福的人。

——马克思

世上没有卑贱的职业，只有卑贱的人。

——林肯

一个人若没有热情，他将一事无成，而热情的基点正是责任心。

——列夫·托尔斯泰

不能爱哪行才干哪行，要干哪行爱哪行。

——丘吉尔

工作是一个施展自己才能的舞台。我们寒窗苦读来的知识、我们的应变力、我们的决断力、我们的适应力以及我们的协调力都将在这样一个舞台上得到展示。除了工作，没有哪项活动能提供如此高度的充实自我、表达自我的机会以及如此强的个人使命感和一种活着的理由。工作的质量往往决定生活的质量。

——约翰·洛克菲勒

工作将深深影响你的一生，它可能造就你，也可能毁灭你。

——戴尔·卡耐基

如果只把工作当作一件差事，或者只将目光停留在工作本身，那么即使是从事你喜欢的工作，你也依然无法持久地保持对工作的激情。但如果把工作当作一项事业来看待，情况就会完全不同。

——比尔·盖茨

案 例

最美导游：文花枝和韩滨

23 岁的文花枝是湖南湘潭新天地旅行社的导游。2005 年 8 月 28 日下午 2 点 35 分许，文花枝所带团队乘坐的旅游大巴在陕西延安洛川境内与一辆拉煤的货车相撞。这是一次夺走 6 条生命，造成 14 人重伤、8 人轻伤的重大交通事故。当可怕的瞬间过去，坐在前排的文花枝清醒过来时，发现和自己同坐前排的司机以及西安本地导游已经罹难。她自己左腿胫骨断裂，骨头外露，腰部以下部位被卡在座位里不能动弹。营救人员迅速赶来，他们想将坐在前排的文花枝抢救出来，她却平静地说："我是导游，后面都是我的游客，请你们先救游客。"长达两个多小时的艰难营救对于伤者无疑过于漫长，数次昏迷的文花枝只要一醒过来，就又给自己的游客打气。文花枝是最后一个被营救的伤员，由于伤势严重，8 月 29 日，文花枝的左腿从膝盖以下被截掉，一位年轻的姑娘就这样失去了自己的一条腿。主治医生李军教授惋惜地说："太可惜了，若早点做清创处理，不耽误宝贵的抢救时间，她这条腿是能够保住的。"劫难之后，对于未来的憧憬和设想都被打乱。记者问她："你后悔吗？"文花枝笑着说："我只是做了自己应该做的。"在文花枝看来，自己只是做了一件很平凡的事情。但在许多人眼里，她那一瞬间的选择，无疑是一个英雄的壮举。她无悔的选择震撼了许多人的心灵……

韩滨同志是焦作市友谊旅行社的一名导游。2016 年 7 月 1 日下午，韩滨受旅行社委派接待来自北京的 47 人旅游团队，在河南省三门峡市境内发生严重交通事故，造成 1 人死亡，6 人重伤。当时，坐在离车门最近的韩滨被变形严重的汽车挤压卡住，双腿骨折，内脏出血。重伤之下，他不忘导游职责，第一时间喊话安抚大家，组织游客有序撤离，提醒游客用安全锤砸开车窗逃生，在生命垂危之际及时报警，向单位报告车祸情况。虽经当地医护人员全力救治，韩滨终因伤势过重不幸辞世，年仅 34 岁。韩滨同志，是我国旅游战线涌现的一个新榜样。韩滨在生命最后时刻的英雄壮举，感动了每一个网友。网友纷纷感叹韩滨是最美导游，是英雄。网友"中国风"说："生死之际，他却心系游客，你是最美导游，你是河南的骄傲！"

 **案 例 分 析**

1. 文花枝、韩滨在生死关头把生的希望让给游客，把死的威胁留给自己，是什么成就了他们那一瞬间的选择？
2. 他们不惜生命、先人后己的行动彰显了怎样的职业品格？

第一节　职业道德的含义、形成与发展

有社会分工才有职业生活，每一职业都有着相应的特定职责和技能，形成特殊的职业责任和职业纪律，从而产生特殊的行为规范和准则，即职业道德。

一、职业道德的含义和特点

职业，是指人们由于特定的社会分工或生产内部的劳动分工而长期从事的、具有专门业务和特定职责，并以此作为主要生活来源的社会活动。人的一生中，总要从事某一种或几种具有专门业务和特定职责的社会性活动，并从中获得稳定的经济来源和精神满足。职业是人的相对稳定的社会角色。在社会分工造就职业差异的条件下，每一职业都有着相应的特定职责和技能，这决定了人在选择某一职业的时候，也就有了相对确定的社会角色。

人类的职业活动有着悠久的历史。职业作为一种社会现象，从根本上说是社会分工的产物，社会分工是职业产生的前提。原始社会氏族公社初期，生产力极为低下，劳动的过程只能进行简单的自然分工，谈不上什么职业。随着生产力的发展，人类出现了两次具有重大意义的社会分工，从而也就出现了最初的职业，如农夫、工匠、商人等。而人类真正意义上的职业活动则是伴随着工业化的进程出现的，工业化把人类引入了职业化的时代，人的社会活动越来越以职业类别的形式出现。

相关链接　🔍搜索

我国职业的分类

所谓职业分类，是指按一定的规则和标准把一般特征和本质特征相同或相似的社会职业，归纳到一定类别系统中的过程。1986年，我国国家统计局和国家标准局首次颁布了中华人民共和国国家标准《职业分类与代码》（GB 6565—1986），在此基础上，1998年12月我国编制完成了《中华人民共和国职业分类大典》，把我国职业划分为由大到小、由粗到细的四个层次：大类（8个）、中类（66个）、小类（413个）、细类（1838个）。细类为最小类别，亦即职业。8个大类分别是：第一大类，国家机关、党群组织、企业、事业单位负责人；第二大类，专业技术人员；第三大类，办事人员和有关人员；第四大类，商业、服务业人员；第五大类，农、林、牧、渔、水利业生产人员；第六大类，生产、运输设备操作人员及有关人员；第七大类，军人；第八大类，不便分类的其他从业人员。《中华人民共和国劳动法》中明确规定："国家确定职业分类，对规定的职业制定职业技能标准，实行职业资格证书制度。"

（一）职业道德的含义

职业一旦产生，某一职业之间以及不同职业之间的人们必然要发生职业关系，对于这种职业关系，除了用法律加以调节外，还需要道德的自律。所谓职业道德，是指从事一定社会职业的人们，在履行其职责的过程中理应遵循的道德规范和行为准则。由于从事某种特定职业的人们有着共同的劳动方式，经受着共同的职业训练，因而往往具有共同的职业兴趣、态度、爱好、心理习惯和行为方式，这些东西结成某些特殊的关系，形成特殊的职业责任和职业纪律，从而产生特殊的行为规范和准则，即职业道德。职业道德反映了一定社会或一定阶级对从事各类职业的人们的道德要求，是一般社会道德在职业活动中的具体表现。每一种职业对其从业者都有着具体的道德要求，不同的职业有不同的道德要求，社会上有多少种职业就有多少种职业道德。一般来说，职业道德的内容由两部分因素复合而成：一部分是做人的基本素养，另一部分是履行职责的特殊素养，二者融为一体，构成职业道德。

相关链接 🔍搜索

希波克拉底誓言

希波克拉底（Hippcrates，前460～前377），古希腊医学黄金时代的缔造者，西方医学之父、人类医学史上最伟大的人物。希波克拉底誓言最初是他个人的行医道德准则，后来成为古希腊所有立志从医的年轻人成为医生时必须宣誓的誓言。希波克拉底誓言传承了2400 年，成为自古至今医生这个职业的最神圣的道德准则。作为职业道德圣典，希波克拉底誓言的规范作用又远远超出医学界，成为适合政府组织、公司企业等一切人类组织抑制人性之恶的道德标准。今天，希波克拉底誓言几乎成为职业道德、事业良知的代名词。希波克拉底誓言朴实、简练，层次分明，作为普适的职业道德标准，它给出了四项道德标准：

- 对知识传授者保持感恩之心；
- 为服务对象谋利益，干自己会干的事；
- 绝不利用职业便利做缺德乃至违法的事情；
- 严格保守秘密，尊重个人隐私。

　　　——资料来源：［古希腊］希波克拉底. 希波克拉底誓言：警诚人类的古希腊
职业道德圣典［M］. 綦彦臣，译. 北京：世界图书出版公司，2004.

（二）职业道德的特点

职业道德具有不同于其他道德的特点，具体表现在：

（1）**内容上的稳定性和继承性**。职业道德是在特定的职业实践基础上形成的，其内容总是着重反映和表达本职业特殊的利益和要求，鲜明地体现本职业特殊的职业义务、职业责任以及职业行为上的道德准则，具有强烈的具体职业特征，往往表现为某一职业特有的道德传统、道德习惯和道德心理。即使在不同的社会经济发展阶段，同样一种职业所要调整的基本的道德关系也都大致相同，服务对象、服务手段、职业利益、职业责任和义务相对稳定，职业道德要求的核心内容被继承和发扬，从而形成了被不同社会发展阶段普遍认同的职业道德规范。因此，职业道德一经形成就具有历史的连续性和较大的稳定性。如军人在不同的历史时期，主要职责都是抵御入侵、保家卫国，他们的职业道德都是要求忠诚、勇敢、奉献。对医生的职业道德的要求就是救死扶伤，努力解除病人的痛苦；对教师的职业道德的要求就是要以循循善诱、诲人不倦为美德；法官则应该以秉公执法、铁面无私为美德。

（2）**表达形式上的灵活性和多样性**。职业道德是同各种不同职业活动相联系的。人们的职业活动包括职业目的、责任、手段、技能、纪律、对象、效果、环境等，这些都是具体的，因而道德要求也是具体的。所以职业道德大多是针对职业活动的某些具体关系、具体情况而定的，同时还要适应本职业的具体条件和人们的接受能力。因此，它往往不仅仅是原则性的规定，而是包含非常具体而明确的要求，在表达形式上灵活机动。它通常用体现各职业特征的言简意赅的形式，如章程、守则、公约、誓词、保证、条例、须知等表达职业道德的要求。这样易于记忆，便于实际操作，有利于培养从业人员形成良好的职业心理、职业作风和职业习惯，同时也很容易被该职业的服务对象所掌握，用来作为评价该职业从业者职业道德优劣的标准。

（3）调节范围上的确定性。职业道德作为一定职业范围内的道德，它的观念、规范和内容是由各种职业的具体利益、义务和职业内容决定的。它规定着特定职业的工作人员的内部关系及对整个社会的责任和义务。因而，每一种职业道德只能在特定的职业范围内起作用，主要用来约束从事本职业的工作人员；而对于不属于本职业的人员，或本职业人员在该职业以外的行为活动，它往往起不到约束和调节作用。如律师的道德要求是以事实为根据，以法律为准绳，仗义执言，据理力争，而对运动员、演员则不能这样要求。至于有些职业的特殊道德规定，如医生为病人病情保密，演员在演出中可以扮演各种角色并逼真地表现其感情等，更是被严格限制在特定的职业范围内。

相关链接｜　🔍搜索

像保护生命一样，保住职业道德

某一天，重庆观音桥智成人才市场现场招聘会上，因为一句话不慎，非常被看好的注册会计师文女士被一家全球500强企业当场拒绝。

注册会计师文女士辞职已有月余，一直希望进入这家知名外企工作。昨日，她终于等来该企业公开招聘。文女士满怀信心地坐到招聘台前，随着交流的深入，招聘方负责人不停地点头对文女士表示赞同，不停地用笔记录文女士的介绍，后面排队等候应聘的人都对文女士投来羡慕的目光。

面试接近尾声，招聘方似乎很随意地问了一句："公司财务状况如何？""不行，贷款已经近8亿了。"文女士顺口回答。

招聘方两名负责人对视一眼，沉默了几秒钟，退回她的简历说："对不起，我们觉得你不适合这份工作！"该公司招聘人员后来告诉记者，文女士确实很优秀，遗憾的是她没能做到保守企业秘密。

文女士后来沮丧地告诉自己的家人，自己话一出口就后悔万分，怎么能把原公司的商业机密随便透露给其他公司呢？可见，一名优秀的职业经理不论任何时候，都不可以把公司的商业秘密脱口而出！

—— 资料来源：北斗成功网，http://www.beidouweb.com

二、职业道德的形成和发展

任何道德都是一定社会经济关系的产物，职业道德的产生有两个基本条件：生产力的发展和社会分工的出现，它们是职业道德形成的历史条件；人们从事的各种职业活动，其实是各种职业道德形成和发展的实践基础。职业道德的产生和发展有一个历史过程，经历了原始社会、奴隶社会、封建社会和资本主义社会四种形态的历史演变，最终发展到今天的社会主义职业道德。

（一）职业道德萌芽于原始社会末期

社会发展历程表明，职业作为一种社会现象，是与社会分工和生产内部的劳动分工相联系的。它对人们的道德意识和道德行为，对整个社会的道德习俗和道德传统，都会产生重大影响。人们在一定的职业生活中能动地表现自己，就形成了一定的职业道德。职业道德的产生是以社会分工为基础的。

1. 原始社会职业道德的发展

人类从古猿转变为真正的人距今已有300万年的历史。人类首先进入了原始社会的蒙昧时代，此时人类处于童年期，不会用火，不会制造工具。进入蒙昧时代的高级阶段，人类学会了打制石器工具，并逐渐进入磨制石器工具时期。其时，生产力水平极其低下，人们靠挖野菜、采野果、打鱼狩猎为生。男女老少一起参加劳动，没有专门的社会分工就没有专门的职业，也就不存在职业道德。

之后人类进入了野蛮时代的低级阶段，出现了最原始的分工，即按性别来划分的自然分工：男子负责打仗、狩猎、捕鱼、获取食物并制作工具；女子负责管家、养儿育女、制作食物、缝制衣服。在当时还没有社会分工，同样也就谈不上职业活动和职业道德的产生。到了野蛮时代的中期，一些先进的部落开始驯养动物，种植谷物，最后终于从野蛮人群中分离出游牧部落，从而在人类历史上出现了第一次社会大分工，即畜牧业和农业的分离。这次社会大分工的结果，使低下的劳动生产率得以提高，财富不断增加，生产场所逐渐扩大。进入野蛮时代的高级阶段后，人们学会了制造金属工具，金属加工业开始出现。同时，原始的纺织业、制陶业等手工业也有了发展。这些彼此独立的手工业的出现及其发展，显示出生产日益多样化和生产技术的日益改进，促进了生产力的发展。除了种植谷物、豆科植物和水果以外，人们开始制作植物油和葡萄酒，于是出现了第二次社会大分工，即手工业和农业的分离。与第一次社会大分工相比，第二次社会大分工在性质上发生了很大变化。如果说第一次社会大分工只是简单的部落内部和部落之间的物品交换，那么第二次社会大分工就使得交换产品成为社会生活的必要手段。农业为手工业提供谷物、水果、植物油和葡萄酒，手工业则为农业提供各种金属工具、纺织品、陶器等，这样，就自然而然地形成了不同的职业集团。由于人们长期过着不同的职业生活，从事着不同的职业实践，承担着不同的职业责任，以及在同其他职业集团交换劳动产品时产生了应有的责任感，于是就形成了不同的劳动习惯、生活习惯，产生了各自的职业利益和需要，形成了因行业不同而产生的职业联系和职业关系，从而慢慢地萌发了调节、指导、约束人们职业行为的职业道德。由于原始社会的生产力还不发达，分工也比较简单，调整人们之间职业分工的职业道德较少，所以原始社会的职业道德尚处于萌芽阶段。当然这种职业道德还仅仅是某些与职业有关的道德习俗和风尚。

2. 原始社会职业道德的特点

（1）职业道德是由职业生活中的风俗习惯逐渐演化而来的，是在职业生活中自然而然形成的。

（2）职业道德不是从来就有的，而是在社会分工产生的基础上产生的。

（3）原始社会的职业分工还十分简单，只有农业、畜牧业、手工业三类，因此职业道德规范较少。

（4）职业道德的目的是维护由血缘家庭组成的部落，并维护以部落为主体的职业集团的共同利益；维护集团内全体成员的自由平等，互相帮助，团结协作，共同劳动，是原始社会职业道德最主要的内容和要求。

（5）职业道德观念贫乏、直观、含混，是原始社会职业道德的又一显著特点。在原始社会，人们的思维和语言尚不发达，还不能用丰富多彩的道德观念来把握社会的道德现象，而且也没有更多的语言词汇能用来描述道德观念和行为，仅能从感情和感觉的直观形式上来加以概括。当时，仅能区分"好的"和"坏的"，"有利的"和"有害的"，"自己的"和"别人的"等简单概念，用来说明"善""恶"的观念。"好的""有利的""自己的"，就是善的；"坏的""有害的""别人的"，就是恶的。

（6）由于没有文字记载，原始社会职业道德是一代代人通过长期生活经验逐步积累而形成的，并以行为方式如动作、语言，以及民族禁忌、宗教仪式、外在的简单手段、模仿老人的行为等形式表现出来。

（二）职业道德真正形成于奴隶社会

1. 奴隶社会职业道德的发展

由于生产力的发展，铁器工具的使用，使得生产的剩余物品慢慢多起来。这时，社会已能养活一部分专门从事艺术、科学、商业活动和公共事务的管理活动者，从而出现了更加深刻的具有决定意义的第三次社会大分工，即农业和商业，以及脑力劳动和体力劳动的分离。与此同时，人类历史上第一个阶级社会——奴隶社会产生，于是，不仅出现了调整阶级关系的阶级道德，而且出现了调整行业和职业关系的职业道德。中国古代著名思想家孔子曾说："百工居肆以成其事，君子学以致其道。"意为各种工人居住在其制造场所完成他们的工作，君子则用学习获得道。在古希腊奴隶社会，职业道德也得到明确阐述。古希腊著名哲学家、思想家柏拉图在其著作《理想国》中谈到，哲学家的道德是"智慧"，武士的道德是"勇敢"，自由民的道德是"节制"，当这三个阶级在国家里各做各的事而不互相干扰的时候，便有了正义。这里的"智慧""勇敢""节制"是有职业道德的意义，或者说是阶级道德在不同职业中的体现。

战国时期的职业分工

　　据战国时期成书的《周礼·考工记》记载，战国时期大的职业分工有六种，即王公、士大夫、百工、商旅、农夫、妇工，并指出，王公（高级统治集团）之职是"坐而论道"；

士大夫（官僚和小贵族）之职是"作而行之"；百工（手工业者）之职是"审曲面势，以饬五材，以辨民器"；商旅（坐商行贩）之职是"通四方之珍异"；农夫之职是"饬力以长地材"；妇工（家庭女工）之职是"治丝麻以成之"。其中的百工就有攻木之工七种，攻金之工六种，攻皮之工五种，设色之工五种，刮磨之工五种，共计30余种。攻木之工等又分很多种。

2. 奴隶社会职业道德的特点

（1）奴隶社会的职业道德，主要是奴隶主和自由民的职业道德，不包括奴隶。因为在奴隶社会，奴隶没有人身自由，统治阶级根本不把奴隶当作人来对待，而只看作"会说话的工具"；不把奴隶从事的不同工作看作不同职业，而只看作某种工具或物件在不同场合的使用。奴隶主可以随意奴役、奸淫、买卖、屠杀奴隶，或将奴隶当作殉葬品，我国古代文献中有些方面记载的史料很多。西周孝王时有一个青铜鼎，上面记载着人口贩卖的价格是五个奴隶抵"一匹马一束丝"。

（2）奴隶社会的统治者比较重视上层社会人们的职业道德，特别是与统治阶级的切身利益有关的职业道德，而对直接从事物质生活资料生产的体力劳动者的职业道德则比较轻视。如我国各朝各代的统治阶级历来奉行"礼不下庶人"的信条，而且鄙视劳动，鄙视劳动者，把劳动看作卑贱的、只有"小人"才去干的事。在历史文献中反映较多的也是有关政治、军事、文化、教育、医生等方面的职业道德，譬如从政为官者的职业道德，历来为统治阶级所重视，我国最早的一部史书《尚书》中就特别强调"敬德保民"的政治思想。孔子也对从政者提出"其身正，不令而行；其身不正，虽令不从"的职业道德要求。再如柏拉图所概括的智慧、勇敢、节制等道德要求，也主要是对统治集团、武士、商人的道德要求。

（3）奴隶社会的职业及职业道德已显示出比较明晰的特征，比原始社会有了长足的进步。除了农业、畜牧业、手工业以外，还出现了如医生、教师、士兵、官吏等职业，并相应地出现了各自的职业道德。如被誉为西方医学之父的古希腊著名医生希波克拉底提出了医生应具有的职业道德，他在《誓词》中说："无论至于何处，遇男或女，贵人及奴婢，我之唯一目的，为病家谋幸福。""我一定尽我的能力和判断力来医治病人，而不损害他们"，以及"我不得将危害药品给予他人"等等。我国伟大的思想家、教育家孔子提出了教师应具有"学而不厌，诲人不倦""不耻下问""有教无类"等方面的职业道德要求。军事家孙武还提出了作为将帅的职业道德，即"智、信、仁、勇、严"等。

（三）职业道德在封建社会得到了一定程度的发展

1. 封建社会职业道德的发展

职业道德在封建社会得到初步发展。因为农民在封建社会占多数，故农民的职业道德成为封建社会职业道德的主体。因为绝大多数农民租赁地主的土地进行耕种，向地主交租和服劳役，所以农民既是私有者，又是劳动者、受剥削者。农民的职业道德具有两重性的特点：一方面，他们在长期的、艰难的劳动生活中养成了勤劳节俭、团结互助、富有人道和憎恶剥削、压迫等优良道德品质，如东汉《太平经》所说的"夫人各自衣食其力"，"力强者当养力弱者"。另一方面，由于农民所处的经济地位和当时社会一家一户自给自足的生产条件的限制，决定了其自私狭隘、保守散漫、只顾眼前、贪图小惠、安于官令、崇拜偶像的职业道德特点。

除了农民这个最主要的社会职业外，其他各行业在封建社会也有了进一步的发展。在西欧的中世纪就出现了各种行业帮会。在我国，从隋唐到明清，也出现了各种各样的帮会，如手工业行帮、商人行帮等。在行帮内部的师徒之间、学徒之间、行帮会员以及同整个社会成员之间都形成了一些协调相互关系的职业道德准则。

相关链接 🔍搜索

封建社会的职业

清末国学大师章太炎曾把我国封建社会的职业总结为16种，即农人、工人、稗贩、坐贾、学究、艺士、通人、行伍、胥徒、幕客、职商、京朝官、方面官、军官、差除官、雇译人。并说："其职业凡十六等，其道德之第次亦十六等；虽非讲如划一，然可以得其概略矣。"其中"农人于道德为最高"。

2.封建社会职业道德的特点

由于自给自足自然经济和等级更加森严的政治制度的共同作用，使得封建社会的各种职业道德不可避免地带有浓厚的封建色彩。其特点是：

（1）统治阶级把各行各业安于本分、忠于职守的职业道德看作保护现有职业分工和维护其统治秩序的长治久安之方，认为人们只要"安其居，乐其业"，国家就能出现"太平之象"。

（2）各种职业道德大都维护家长制统治，这是因为许多职业是世袭的，特殊的技术是"父子相传"的秘密，而且职业道德也以"子受父训"的方式世代相传，从而形成职业道德的家长制传统。

（3）在封建社会中，职业被分为三六九等，各种手工业者、医生、乐师等职业的社会地位十分低下。唐代文学家、哲学家韩愈在《师说》一文中说："巫医乐师百工之人，君子不齿。"其意是说，从事巫医乐师百工职业之人，是不能和有地位的仁人君子相提并论的。至于商人，在我国的地位就更为低下，他们甚至把商人纳入奸人之列。汉代史学家司马迁对商人的看法是"行贾，丈夫贱行也"，代表了当时的人们对商人的基本态度和认识。商人地位低下，和中国封建统治阶级历来实行重农抑商、重本抑末政策有很大关系。

（四）职业道德在资本主义社会获得充分发展

1.资本主义社会职业道德的发展

纵观职业道德的发展史，只有到了资本主义的历史时期，职业道德才获得了充分发展。这是因为从18世纪开始，欧美资本主义国家开展了工业革命，资本主义进入了机器大工业的发展时期，推动了资本主义工业的快速发展，社会分工和生产内部的分工越来越明确具体，形成了更大规模的职业活动。在人和人的道德关系中，不但保持了工业、农业、商业、学者、医生、军队等古老传统职业及其职业道德规范，而且出现了诸如律师、工程师、新闻记者等新的职业，并形成了一些新的职业道德规范。例如，对新闻记者的道德要求，根据国际大多数新闻机构的协商，确认新闻职业道德规范最重要的是要"公正""真实"，"要向读者负责"，"保持正直和独立"，"尊重职业秘密"等；在资本主义商业道德中有"文明经商，注重社会效益"的原则，以及"宾至如归"，"见客面带三分笑"的服务态度等。

18~19 世纪，欧洲出现了各种地方性的职业协会；到 20 世纪，世界性的职业协会也出现了。各种职业协会普遍制定了包含有职业道德的规章、守则等，各种研究职业道德的职业伦理学也应运而生。资本主义社会是职业道德形成和发展的重要历史时期。

2. 资本主义社会职业道德的特点

（1）资本主义社会的职业已具备相当规模，大大超越了以往的任何历史时期。一些职业道德规范更加接近或已经完全具有了现代意义上的职业道德的含义。

（2）资本主义社会生活的职业化，使得各个职业集团之间和各职业集团内部的人与人之间的关系越来越具有重大意义。人们相互间的交往和联系日益频繁，职业道德对人类维系、调节、规范、约束的作用愈加显现。因此，引起人们对职业道德的重视，出现了研究各种职业道德的职业伦理学，如律师伦理学、工程师伦理学、科学工作者伦理学、新闻记者伦理学、体育工作者伦理学等。职业道德在此时期有了较高程度的发展。

（3）由于资本主义仍然是以私有制为基础的社会，各种职业道德要受到资本主义利己主义、个人主义道德原则的影响；因而，仍带有很大的局限性，在实践中表现为唯利是图、尔虞我诈、损公肥私、损人利己等。

（五）职业道德在社会主义社会发生了质的飞跃

在社会主义条件下，各种社会分工和劳动分工已经消灭了阶级剥削和阶级压迫的不平等现象，生产资料公有制在社会经济结构中居于支配地位，国家政权掌握在劳动人民手中，这不仅为社会主义职业道德的形成创造了良好的社会条件和广泛的社会基础，尤其是制度基础，而且使职业道德在社会主义社会发生了质的飞跃。

（1）以生产资料公有制为主体的经济基础和社会主义国家人民当家做主的政治制度，是社会主义职业道德形成的经济和政治条件。职业道德作为一种社会意识，属于上层建筑的范畴，是一定的社会存在和经济基础的反映。社会主义职业道德就是建立在以公有制为主体的经济基础上的一种社会意识，亦属于上层建筑的范畴。在这样的社会里，它必然要与经济基础相适应。所以，社会主义社会实现了生产资料公有制和按劳分配，消灭了剥削与被剥削、雇佣与被雇佣的阶级关系和职业关系；各个职业集团之间、各个职业集团内部个人与集体及其相互之间所建立起来的关系都是同志式的平等、团结、互助、合作关系；各种职业只有分工不同，没有高低贵贱之分；人们不论从事哪种职业，都不仅仅是为个人谋生，都贯穿着为社会、为人民、为集体服务这一根本要求。

（2）社会主义职业道德是在社会主义、共产主义道德指导下形成和发展起来的。在社会主义社会，职业道德是社会主义道德体系的重要内容，而社会主义道德又与共产主义道德是同一道德体系，是在经济发展水平不同阶段的表现。因此，社会主义职业道德亦是共产主义道德的有机组成部分，是社会主义、共产主义道德在职业活动中的具体化。社会主义职业道德无一不贯穿着共产主义道德和社会主义道德的基本要求和规范。

（3）社会主义职业道德还是在对古今中外职业道德摒弃的基础上逐步形成和发展起来的。社会主义职业道德具有特定的时代内容和阶级内容，它是人类历史发展以来的最高成果。但任何一个社会的职业道德体系的构建都不能完全脱离本民族的道德传统，社会主义社会同样不能脱离以往社会而单独存在，它是从旧社会发展而来的，所以，职业道德必然与以往的职业道德有着不可分割的、千丝万缕的联系。这种联系首先表现在社会主义职业道德和历史上劳动人民的传统美德有着内在的必然联系，是历史上劳动人民职业道德的直接继承和发展。如劳动人民对剥削与压迫现象的强烈义愤与革命精神，自强不息、勤劳节俭的道德品质，都是社会主义职业道德不可缺少的准则和规范。其次，这种联系还表现在对以往社会统治集团和其他阶级职业活动中所产生的职业道德间接的继承上。如我国封建社会中一些清官"鞠躬尽瘁，死而后已""先天下之忧而忧，后天下之乐而乐"的高尚道德情操，以及古代的商德、师德、军德、医德都在经过摒弃之后被社会主义职业道德继承下来。社会主义职业道德还批判地继承了西方职业道德的精华。

（4）社会主义职业道德亦是在同各种腐朽的道德思想不懈斗争的过程中建立和发展起来的。发展社会主义职业道德必须注意同各种腐朽思想和道德观念作斗争。没有斗争，就没有发展。在斗争中，总是以劳动人民的道德为主流，在善与恶、正与邪的较量中总是善与正赢得最终的胜利。现阶段，在经济大潮的冲击下，人们的道德观、价值观发生了很大变化，积极进取、锐意改革、勇于开拓、注重实效等观念正在迅速萌生。但是长期历史传统积淀下来的一些道德心理与世俗观念，如平均主义、嫉贤妒能、排斥竞争、重农抑商、因循守旧、安于现状等总是阻挠新的道德观念的成长。特别是封建道德和资产阶级道德中的一些观念，如宗法观念、特权思想、专制作风、以权谋私、损人利己等还在很大程度上毒化和影响人们的思想和道德。因此，社会主义职业道德要健康迅速地得到发展，就必须不断地同形形色色的腐朽思想和道德作斗争。

（5）社会主义职业道德只有各级领导干部率先垂范、带头遵守才能得到迅速发展。领导干部有权力、责任重，在群众中影响也大，而目前社会风气存在的严重问题，在很大程度上是受一些领导干部不正之风的影响，因此良好的党风是形成良好社会道德风尚的主要导向，对社会风气的变化，起着引导、制约和决定的作用。党和国家机关干部要遵守职业道德，要公正廉洁、忠诚积极、全心全意为人民服务，反对官僚主义、弄虚作假，反对利用职权谋取私利。只有党政领导机关率先提倡和遵守职业道德，才能促进社会上其他各行各业提倡和遵守职业道德，才能纠正带有行业特点的不正之风，才能推动整个社会道德风气的进一步好转，提高全社会的道德水平。

课 堂 思 考

下面是加拿大一家公司对新员工入职的道德测试。假如你是其中的一位新员工，你会如何回答下面的问题？

一、你在以往若干年的工作中，有没有未经许可拿过公司的东西回家？
  A. 从来没有　　　　　　　　　　B. 价值不超过 5 元
  C. 价值不超过 20 元　　　　　　 D. 价值不超过 100 元

二、你的一名同事拿了公司 1 元钱而没有申报，你认为老板以下哪种做法合适？
  A. 批评　　　　　　　　　　　　B. 阻止其提升或者给予其降职
  C. 开除　　　　　　　　　　　　D. 报警，起诉该员工

三、你在商店买了东西回家，一看营业员少收了你 1 元钱，你会开车回去还给他吗（开车的费用超过 1 元）？

——资料来源：无忧研修网，http://www.51yanxiu.com

第二节　旅游职业道德的形成与发展

一、旅游职业道德的内涵

　　旅游职业道德是旅游从业人员在旅游职业活动中所形成的道德观念、道德情操、道德品质以及所应该遵循的与其特定职业活动相适应的道德规范。

　　旅游业是旅游从业人员为旅游者服务的行业。与旅游者相比，旅游从业人员在旅游活动中处于主动地位，掌握着信息优势。如果旅游从业人员旅游职业道德欠缺，旅游者的合法权益就难以得到保证。因此，旅游从业人员培养良好的旅游职业道德，自觉地遵守旅游职业道德规范，是维护旅游者权益，使旅游业健康发展的重要条件。

二、旅游职业道德的形成与发展

　　旅游业是旅游职业道德产生的基础，旅游职业道德是随着旅游业的发展变化而发展起来的。

（一）旅游业的产生与发展

　　1991 年，世界旅游组织（WTO）在加拿大渥太华召开的国际旅行与旅游统计大会上将旅游定义为：旅游是指人们为了消遣、商业和其他目的离开通常环境去往他处并在那里逗留连续不超过一年的活动。旅游业是以旅游者为对象，为旅游活动创造便利条件并提供其所需商品和服务的综合性产业。旅游业的范围极为广泛，涉及许多经济部门和非经济部门，其中最直接的部门是旅行社、旅游饭店、旅游交通等。

　　旅游业产生的前提是人们的旅游活动。旅游是人类社会生产力发展到一定阶段才出现的历史产物。原始社会以及更早的上古时代，人们在非定居生活中，受自然因素（如气候、自然灾害）或特定的人为因素（如战争）的威胁而被迫进行迁徙，出于生存需要的空间转移不能被看成是现代旅游的开端。旅游的发展历史和人类社会物质生产以及精神生活的提高息息相关。

　　人类开展旅游活动的历史，可以追溯到奴隶社会时期。伴随着商品经济的产生和日渐发展，交换作为一种社会职能有了明显的加强，于是出现了专门从事商品交换的商人，他们为了到异地他乡交换产品，成了最早的旅行者。进入中世纪，人类由奴隶制社会跨入封建制社会。此时，无论是在东方还是在西方，都出现了一大批中央集权的封建王国和王朝，它们采取了一系列推动社会发展的政策与措施，有力地促进了商品经济发展与旅行活动的进行，出现了以商务旅行、宗教旅行、学术考察旅行、公务旅行和帝王巡游等为主的多种旅游活动形式。

　　19 世纪 30 年代末，英国产业革命基本完成。产业革命使社会结构发生了根本变化，产生了工业资产阶级、无产阶级和中产阶级，导致旅游需求大增；产业革命使机器大工业取代了手工劳动，人们有了更多的休息日和假期；产业革命加速了城市化进程，紧张、快节奏的生活使城市里的人们产生了回归自然的愿望。为了满足人们的需求，19 世纪中叶，在欧洲、北美等国家陆续出现了一批现代化的饭店；1844 年世界上第一本旅游指南手册《瑞士导游指南》出现；1845 年世界第一家旅行社——托马斯·库克旅行社在英国诞生；随后职业导游队伍逐渐形成；旅游活动的金融支付凭证——旅行支票产生，这些标志着一个具有完整意义的近代旅游业兴起了。

托马斯·库克

　　1828 年托马斯·库克成为一名传教士，后来又成为一位积极的禁酒工作者。1841 年 7 月 5 日，托马斯·库克包租了一列火车，运送了 570 人从英国莱斯特前往拉夫巴勒参加禁酒大会。往返行程约 35 公里，团体收费每人 1 先令，免费提供带火腿的午餐及小吃，还有一个唱赞美诗的乐队跟随。这次短途旅游活动标志着近代旅游及旅游业的开端。此后，他率先在英国正式创办了托马斯·库克旅行社，即通济隆旅行社，专门经营旅游服务业务。之后，托马斯·库克与他的旅行社的名字蜚声英伦三岛。为此，托马斯·库克被世界公认为商业性旅游的鼻祖。

第二次世界大战结束后，世界经济逐渐得到恢复，和平与发展逐渐成为时代主流，宏观环境的改观，推动现代旅游活动迅速崛起。现代经济进步迅速，人们的支付能力大大加强；交通工具的进步再次大幅缩短了时空距离，使闲暇时间的限制进一步缩小；生产力的迅速进步使人们的工作时间不断缩短，闲暇时间的增加为旅游的发展创造了良好的客观条件；世界范围内出现的城市化进程的加快，使得人们在心理上产生了更多的旅游需求欲望；教育的发展和人们生活观念的变化，以及时尚消费方式的调整，使旅游更加大众化和生活化；人口基数的增长，为旅游者的产生提供了更大的潜在基础；政府的支持促进了整个旅游业的发展，世界旅行社业和饭店业进入快速增长时期，以上诸因素使旅游业迅速发展成为世界上最大的产业之一。

（二）旅游职业道德的形成与发展

旅游活动是人类社会经济发展的产物，同时也是一种社会文化现象。旅游是人类物质文化生活和精神文化生活的一个最基本的组成部分。它是以在更大的自然和社会空间中获取新的感受和心理快感为宗旨的审美过程和自娱过程，在旅游的过程中享受美感和愉悦感，是每个旅游者的起码需求。为了满足旅游者的需要和谋求行业自身的发展，旅游业不但要为旅游者提供食、住、交通、安全等方面的服务，而且还必须讲究服务方式、服务态度和服务质量等。于是，以职业道德为核心的经营之道、行业规范和企业文化等职业伦理也就随之形成和发展起来了。

早在20世纪上半期，对世界饭店业发展做出杰出贡献的一代旅馆管理大师恺撒·里兹就提出了"客人永远是对的"的经典格言。他将提高服务质量，尽可能让顾客满意放在第一位，管理轴心始终围绕着顾客运转。今天，人们在长期的旅游实践活动中又概括、总结、提炼出了许多调节旅游活动中人与人之间关系的、提高服务质量的行为准则，如"顾客至上，服务第一""顾客是衣食父母""诚实无欺、信誉至上""微笑服务"等。这些行为准则就是旅游职业道德的基本要求。旅游业是21世纪最充满竞争的世界性行业，被誉为"朝阳产业"。为了保证旅游业的顺利发展，旅游职业道德必须不断注入新的内容，并成为旅游从业人员学习、理解和用以指导自己实践的重要内容。

第三节　旅游职业道德的作用与基本要求

一、旅游职业道德的重要作用

　　社会主义旅游职业道德的作用，是道德功能在旅游职业范围内的具体表现。它对旅游业的发展、对我们从业人员的素质提高，以及对社会良好风尚的形成有重大作用。随着改革开放的深入发展，职业道德的作用也表现得更加明显。社会主义旅游职业道德的具体作用有其自身的特点。

相关链接 | 🔍 搜索

一对夫妇三套餐具

　　一天，一对老夫妇抱着一个特大号的毛绒米老鼠走进我们的餐厅。我走到他们身边与他们打招呼："这是带给小孩儿的礼物吗？"听到我的询问，老妇人略显伤感地答道："不瞒你说，年初小孙子因为交通事故死了。去年的今天带小孙子到这里玩过一次，买过这么一个特大号的毛绒米老鼠。现在小孙子没了，可去年到这里玩时，小孙子高兴的样子怎么也忘不了。所以今天又来了，也买了这么一个特大号的毛绒米老鼠。抱着它就好像和小孙子在一起似的。"

　　听老妇人这么一说，我赶忙在两位老人中间加了一把椅子，把老妇人抱着的毛绒米老鼠放在了椅子上；点完餐后，又在毛绒米老鼠的前面摆放了一套刀叉和一杯水。两位老人满意地用过餐，临走时再三地对我说："谢谢，谢谢！今天过得太有意义了，明年的今天一定再来。"

　　这是东京迪士尼乐园一位员工的工作日志。

　　东京迪士尼乐园开业已有 20 多年，几乎年年赢利，且发展势头越发强劲。中国香港特区政府立法会资料显示，2008～2009 年，东京迪士尼乐园共有 2720 万游客，纯利润约为 13 亿元人民币，远远超过美国本土的迪士尼乐园，位居世界第一，其固客率已超过 90%。赢得这一系列近乎幻想的数字，靠的不仅仅是带有浓厚神秘色彩的主题文化环境，还有近乎完美的专业服务。

　　　　——资料来源：余世维. 领袖性格——如何塑造管理者的性格魅力［M］.
　　　　　　　　　　北京：北京大学出版社，2008.

（一）有利于提高旅游专业队伍的素质

世界旅游组织 1994 年提出"高质量的服务，高质量的员工，高质量的旅游"的口号。不断培养高素质的旅游从业人员，以保证旅游业的高速、持续发展，成为世界旅游业发展面临的共性问题。我国旅游业起步较晚，但发展迅速，从业人员数量也随之猛增，由此导致从业人员素质参差不齐，成为目前制约我国旅游业发展的"瓶颈"。旅游从业人员的素质要求体现在多个方面，如良好的职业道德，较好的文化修养，必要的服务常识和服务技能，较强的识别能力和活动能力，良好的心理素质和健康的体魄等。其中良好的职业道德素质又是第一位的，它是对一个合格的旅游工作者的基本要求。

（二）有利于改善经营管理

案　例

打包盒

位于上海东北角的某饭店餐厅内，宾客甚多。18 号桌有 3 位客人，其中两位是钟医生夫妇，还有一位是钟医生 20 年未遇的老同学许经理。故人相逢，大家边吃边谈，很是投机，不知不觉两个小时过去了。

毕竟都是年近半百的中年人，胃口大不如学生时代。钟医生为尽地主之谊，一口气点了七八个菜，两道点心，再加上四小碟凉菜和饮料，3 人都已处于"饱和"状态。钟医生夫妇眼看桌上还剩有不少好菜，不免觉得有点惋惜。

负责这个区的服务员接待很得体，自始至终都挂着甜甜的微笑，言谈举止中流露出受过正规训练的素质。此刻她见 3 位客人已有离席之意，便准备好账单，随时听候招呼。果然，钟医生向她招手了。账很快便结清了，服务员转身送来找回的钱时，手里多了一样东西：一个精美的盒子，里面有若干食品袋。钟医生夫妇不解此意，服务员轻声细语地说道："请问，剩下的菜是否要装在袋中带走？"3 位客人感到十分新鲜，不觉接过盒子端详起来。方方正正的盒子，不大不小，两只拎带仿佛鸟儿的一对翅膀。只见盒子上面还有两行工整挺拔的题字："拎走剩余饭菜，留下勤俭美德。"这优美的书法，配以餐厅的装潢布置，给客人以一种高雅文化的享受。钟医生便问服务员，是谁写的这手好字？服务员告诉他们，这是饭店总经理亲自题的字，总经理是个书法迷，甚有功底，连盒子都是他精心设计的。

"我们不能辜负总经理先生的一片心意。来，把剩菜装进袋中，明天还能美美吃一

85

顿！"豪爽的钟医生说着便装了起来。

——资料来源：职业餐饮网，http://jiudian.canyin168.com

 案 例 分 析

　　此饭店服务员主动向客人提出打包，这在国内星级饭店不多见。据饭店介绍，每个盒子工本费要 2 元，每个月饭店在"打包"盒上要贴上一大笔钱。你认为饭店有必要多支出这一笔费用吗？请谈谈你的观点和理由。

　　随着现代化旅游业的迅速发展，旅游市场竞争愈加激烈，旅游者已不仅仅满足于一般的旅游服务，他们对旅游业的服务态度、服务质量提出了更高的要求，这为现代化旅游业的经营管理提出了新的课题。要想使旅游业的管理机制正常而高效地运转，除需要很多经济法则和行政手段外，在很大程度上还需要管理者有高度的协调艺术。经营管理需要内部关系的协调与外部关系的协调，要靠集体的努力和协作才能成功。具体来说，搞好旅游业的经营管理，必须正确处理好企业与旅游者的利益关系、旅游企业与其他行业的利益关系以及企业内部的关系，建立良好的人际关系和公共关系。这就要求旅游业的经营管理必须结合旅游职业道德教育，让员工树立起职业责任心、道德责任感，做到敬业、乐业。

（三）有利于改善服务态度和提高服务质量

案 例

"指鹿为马"与"认鹿为马"

　　深秋，南京一家大饭店的粤港餐馆顾客盈门，生意红火。一家大公司的经理牛先生正在宴请客户、朋友。一桌人落座后，点过酒菜，服务员小孔开始为客人上加过温的花雕酒。她先为第一位客人牛经理酒杯中放上一颗话梅，正要倒酒，不料牛经理用手挡住酒杯说："小姐，您的操作方法不对，喝话梅泡的黄酒，应该先倒酒，后放话梅。"小孔一愣，心想：先放话梅再倒酒，这是餐馆的一贯做法，从未有人提出异议，现在既然这位先生提

出异议，先倒酒后放话梅也未尝不可，就依客人的要求办吧。于是她说一声："对不起，先生。"便用夹子取出话梅，倒上酒，再把话梅放进去；并照同样的方法为其他客人服务。牛经理这才表示满意。

上菜时，上来一道滑炒虾仁，牛经理随即邀同桌趁热动筷，并自己带头品尝。刚尝一口，不觉眉头一皱，脱口说道："这虾仁味道太淡了。"小孔听后随口问了一声："是吗？"未等对方回答，她便接着说："哦，这样吧，我马上拿到厨房去请厨师加工一下。"说完便把虾仁端进厨房，交给掌勺的厨师——厨师长，又立即把经理蒋先生请来，向他汇报此事，还顺便说了刚才弄话梅黄酒时发生的事。蒋经理和厨师长仔细品尝了滑炒虾仁，都认为咸淡适中，是严格按照标准烹制的。蒋经理分析，可能是那位先生的口味偏重，而联系刚才他对话梅泡酒的挑剔，还有一种可能性更大，即这位客人要面子，好炫耀，特别爱在大庭广众之下自我表现一番。于是他让厨师长稍稍放了点盐回炒一下，请小孔端出去，并嘱咐她加强注意，小心服务。小孔把滑炒虾仁端上餐桌，对牛经理说道："先生，对不起，刚才确实淡了一点，现在加咸了，请品尝。"牛经理当即先尝了一口，含笑点头道："这还差不多。"小孔顿时松了口气。

过了一会儿，酒宴最高档的一道菜肴——鱼翅上来了，牛经理照例邀大家趁热品尝。他刚尝了一口，果真又"发难"了，对小孔说："这鱼翅质量有问题。"小孔听了大吃一惊，她知道，餐馆烹制这类名贵海鲜质量把关严上加严，通常是不会有问题的。正想作适当的解释时，早就在远处留心观察的蒋经理及时赶上前来，和气地对牛经理说："我是餐馆经理，欢迎您对这道鱼翅多提宝贵意见。"牛经理一口咬定鱼翅质量有问题。只见蒋经理毫不犹豫地说道："那就取消。""取消"就是白送一个名贵菜，意味着餐馆承担重大经济损失！这时在座的客人都有点看不过去了，纷纷对牛经理说："这鱼翅质量不错，不要难为经理了。"牛经理也没想到店方会主动提出取消，听了众人的劝告，更觉得过意不去，便对蒋经理说："取消就不必了。"蒋经理见形势缓和下来，就退一步说："那就打八折。"这时，牛经理既有点不好意思，又显得扬扬得意。蒋经理见他此番神态，便微笑着招手告退。

从此以后，牛经理和他的公司雇员便成了这家粤港餐馆的常客。

——资料来源：土豆网，http://www.tudou.com

 案例分析

案例中客人"指鹿为马"，店方也就"认鹿为马"，这体现了怎样的服务理念？在旅游服务中为什么要提倡这种理念？

在目前人们的旅游意愿日益强烈和逐渐成熟的情况下，人们已将旅游作为寻求物质享受和精神享受的一种新的消费方式，因此对旅游过程中的食、住、行、游、购、娱提出了更高的要求。我国的旅游业应顺应这一潮流，改善服务态度，提高服务质量，增强服务意识，处理好旅游工作者和旅游者的关系。社会主义旅游职业道德要求旅游工作者必须全心全意为旅游者服务，时时处处为旅游者着想，始终把旅游者需求放在第一位，做到宾客至上，把让旅游者满意当作自己工作的目标。如果旅游工作者能始终如一地做到这一点，服务态度、服务质量就一定能上一个新台阶。

（四）有利于社会主义精神文明建设

旅游业接触面广，流动性大，常被人们称为"面向世界的窗口"。旅游业是社会主义事业的重要组成部分，是社会主义精神文明建设的重要领域之一。旅游活动带来的人际接触和文化交流会对社会产生很大的积极作用，可以促进民族文化的发展，推动科学技术的交流，丰富人民群众的精神文化生活，为发展社会主义精神文明做出贡献。但是，在改革开放的新形势下，某些消极因素和腐败现象也会乘机滋长蔓延，侵蚀旅游业员工队伍，所以必须引起高度重视，大力加强旅游职业道德建设，充分发挥它的教育功能，提高旅游工作者的是非鉴别能力，增强抵制腐败的能力，形成一支具有良好道德水平的旅游行业从业队伍。

（五）有利于抵制精神污染和反对、纠正带有行业特点的不正之风

党的十四大六中全会指出："当前要以加强职业道德建设、纠正行业不正之风为重。"也就是说，纠正行业不正之风是当前加强职业道德建设的重要任务。人类社会的各种职业活动往往都同一定的权力、财富、利益相联系，因此，社会上的种种不正之风也常常和一定的职业活动有关，带有行业的特点。国际旅游业的发展，一方面对社会产生了积极的作用，另一方面也带来了某些消极影响，使我国优良的传统道德受到冲击，出现了拜金主义、个人主义、享乐主义的思想和言行。这不仅扭曲了一些人的灵魂，影响了人际关系的协调，而且严重地制约着旅游业的发展和社会的进步。面对这些问题，在加强法规制度监管的同时，必须积极开展旅游职业道德教育。

二、旅游职业道德的基本要求

社会主义旅游职业道德坚持全心全意为旅游者服务的根本宗旨和集体主义的基本原则，基本要求是：热爱旅游业，在旅游实践中发扬爱国主义精神。

（一）热爱旅游业

案　例

因为我在那个位置上

几年前，美国著名心理学博士艾尔森对世界 100 名各领域中的杰出人士做了一项问卷调查，结果让他十分地惊讶——其中 61% 的成功人士承认，他们所从事的职业并非他们内心最喜欢做的，至少不是他们心目中最理想的。

一个人竟然能够在自己不大理想的领域里取得那样辉煌的业绩，除了聪颖和勤奋以外，靠的还有什么呢？

带着这样的疑问，艾尔森博士又亲自走访了多位商界英才。其中，在纽约证券公司的金领丽人苏珊极具代表性的经历给了他一个满意的答案。

苏珊出身于中国台北的一个音乐世家，她从小就受到了很好的音乐启蒙，她也非常喜欢音乐，期望自己能够一生遨游在音乐的广阔天地中，但她阴差阳错地考进了大学的工商管理系。一向认真的她，尽管不喜欢这一专业，但她学得很认真，每学期各科成绩均是优秀。毕业时被保送到美国麻省理工学院，攻读当时许多学生可望而不可即的 MBA，后来成绩突出的她又拿到了经济管理专业的博士学位。

如今她已是美国证券业界的风云人物，但她依然心存遗憾地说："老实说，迄今为止，我仍说不上喜欢自己所从事的工作。如果能够让我重新选择，我还是会毫不犹豫地选择音乐，但我知道那只能是一个美好的'假如'了，我只能把手头的工作做好……"

艾尔森博士问她："你不喜欢你的专业，为何你学得那么棒？不喜欢眼下的工作，为何又做得那么优秀？"

"因为我在那个位置上，那里有我应尽的职责，我必须认真对待。"苏珊的眼里闪着坚定，"不管喜不喜欢，那都是自己必须面对的，都没有理由草草应付，都必须尽心竭力，那是对工作负责，也是对自己负责。"

在艾尔森博士随后的走访中，更多的成功人士所谈的认识，与苏珊的思考大致相同——因为种种原因，我们常常被安排到自己并不十分喜欢的领域，从事了一份自己在内心并不十分爱好的工作，而又一时无法更改。这时，任何的抱怨、消极、怠惰，都是不可取的。唯有把那份工作当作一种不可推卸的责任担在肩头，全身心地投入其中，才是正确的选择。而那些成功，就是从那份对职业的忠诚与认真中一点一点地演绎出来的……

苏珊的话很耐人寻味——"因为我在那个位置上"，凝聚了她对自己所从事工作的敬重，凝聚了她不甘平庸的理念。正是这种"在其位，谋其事，成其事"的敬业精神，让她赢得了令人瞩目的成功。很多人常常无法改变自己在工作和生活中的位置，但完全可以改变自己对所处位置的态度和方式，自然，也会因此找到许多乐趣，因此拥有一个骄傲的人生。

案 例 分 析

1. 苏珊的成功给了我们什么样的启示？
2. 结合案例谈谈怎样培养对旅游业的热爱。

热爱本职工作，是一切职业道德最基本的道德原则。它要求员工明确工作的目的和意义，热爱自己从事的工作，要"干一行，爱一行，专一行"，忠实地履行自己的职业职责。热爱旅游业作为旅游职业道德的一项基本要求，其具体内容包括三项：

1. 正确认识旅游业的性质和任务

我国旅游业既是经济事业，又是外事工作的一部分；既要为国家建设积累资金、赚取外汇，又要扩大我国的政治影响，增进同世界各国人民之间的相互了解和友谊，开展民间性质的文化、科技交流。随着我国经济的迅速发展，旅游更日益成为我国人民物质生活和精神文化生活不可缺少的重要组成部分，成为爱国主义教育、社会主义精神文明建设以及提高国民素质的重要途径。

2. 培养敬业、乐业的道德情感

热爱旅游业作为职业道德的一项基本原则，不仅是对道德认识方面的要求，更重要的是对道德情感方面的要求。因为仅仅知道旅游业的重要性，并不等于真正热爱它，只有当我们在思想感情上发生了深刻的变化，达到了以从事旅游业为荣、以做好本职工作为乐的思想道德境界，才称得上是真正热爱旅游业。这就必须解决"敬业"和"乐业"的问题。

案　例

日本女内阁大臣刷马桶的故事

出身名门的野田圣子，37 岁就当上了日本内阁邮政大臣。她的第一份工作是在帝国酒店当白领丽人。不过，在受训期间，圣子竟然被安排去清洁厕所，每天都要把马桶擦得光洁如新才算合格。可想而知，在这段日子里，圣子的感觉是多么的糟糕。当她第一天碰到马桶的一刹那，她几乎想吐。

很快，圣子就开始讨厌起了这份工作，擦起马桶来也马马虎虎。但有一天，一位与圣子一起工作的前辈，在擦完马桶后，居然伸手盛了满满的一大杯冲厕水，然后当着她的面一饮而尽。在前辈的眼中，圣子的工作根本没有做到位，光洁如新只是工作的最低标准，她以此向圣子证明，经她清洁过的马桶，干净得连里面的水都可以用来饮用。

前辈这一出人意料的举动，使圣子大吃一惊。她发现自己在工作态度方面出了问题，根本没有负起任何责任。于是，她对自己说："就算这一辈子都在洗厕所，也要当个最出色的洗厕人。"训练结束的那一天，圣子在擦完马桶后，毅然盛了满满的一大杯冲厕水并喝了下去。此后，她以这种精神时时鼓励自己，在每一件事情上都尽心竭力，追求完美。最后，她成了一名内阁大臣。

——资料来源：西武. 做事做到位［M］. 北京：中国民航出版社，2004.

案 例 分 析

1. 野田圣子是怎样实现工作态度转变的？
2. 这种转变给她带来了什么？
3. 野田圣子的故事给你的启示是什么？

敬业，就是敬重我们自己所从事的旅游业，即职业荣誉感。以业为荣，就是除了要知晓我国旅游业的性质、任务、社会作用和道德价值外，还必须在职业实践中不断克服各种陈腐偏见，树立劳动光荣、旅游服务工作光荣等新的职业道德观念。

乐业，就是以主人翁的姿态，热爱旅游业，乐于为广大旅游者服务，并且以做好本职工作为自己最大的快乐，即职业幸福感。乐业精神，体现在职业活动中就是能够正确对待苦与乐、劳动与报酬的问题。把服务、为社会多做贡献看成是人生价值所在和人生的最大乐趣，而不应该追求金钱、权力和个人享受。不论何种行业、何种岗位，都是有苦有乐的，应该不怕吃苦、乐于吃苦，在奋斗中实现自己的人生理想。

3.发扬勤业、创业的优良传统

热爱旅游业，还体现在勤业、创业的道德行为和习惯上。有了明确的道德认识和高尚的道德情感，必然会见之于行动；同时，只有见之于行动的道德认识和道德情感，才具有真正的道德价值。

勤业，就是要为发展我国的旅游业刻苦学习，勤奋工作；在平凡而琐碎的旅游服务过程中，兢兢业业，尽心尽责；在职业实践中养成忠于职守、克勤克俭的良好习惯。

所谓创业，就是要以高度的主人翁精神进行创造性的劳动，并积极参与企业管理，推动改革开放，使我国的旅游业得到更大、更健康的发展。抓住机遇，加快发展，尤其需要发扬积极开拓、继往开来的创业精神。

案　例

用心做好每一个细节

四川岷山饭店在2008年10月荣获由世界旅游联合会、瑞士洛桑酒店管理学院、全球酒店发展研究中心、瑞中经济文化促进会、全球酒店论坛组织颁发的五星金钻勋章。

与岷山饭店总经理邹敏交流时，她坦言道：饭店工作是一项伟大的事业。事业与职业，虽一字之差，却是从业人员对待所从事职业截然不同的态度。

譬如，在全球金融危机的影响下，加之今年所遭受的"雪灾""汶川大地震"，饭店行业一次又一次强烈地感觉到边缘性、敏感性以及对旅游业其他部门的依附性。面对各种突发事件的打击，岷山饭店管理者将社会责任感提到前所未有的高度。于是，每位员工都一如既往，认真热情地对待每一天的工作。不管每天有多少客人入住，都用心做好每一个工作环节的每一个细节。对此，邹敏的心得体会是，饭店管理看似门槛低，似乎人人都可以干，但要管理好一个饭店并非易事。先不说对投资者和股东负责，甚至每年递增的收入预算压力，以及要应付饭店面临的各种社会压力，就需要投入大量精力，更别说那一个个构成饭店舒适度和豪华度的细节。

再譬如，以一位客人入住饭店为例，他或她的感受是从踏入饭店的那一刻开始的。从这一刻开始，需要注意的问题就出现了。保安员是否热情，动作是否规范，言语是否有冒犯，总台接待员工是否熟练，能否迅速回答客人提出的有关当地的各种问题，是否与客人有眼神的交流，客房灯光是否适度，床铺软硬是否适中，房间温度是否宜人，房间中有无上一个客人留下的异味，房间是否有网络接口，客房服务中心是否关注客人提出的特殊要求并及时给予配合，楼道里是否安静，送餐服务是否及时，菜品温度是否合适，收餐是否及时并且未干扰客人，等等。

最后，邹敏总结道："我认为从事饭店工作本身就需要很大的勇气和热情。没有对饭店工作根本的爱，坚持一年、两年还行；坚持几十年，实属不易。它不仅需要时间，更需要饭店从业人员拥有健康的身体和不知疲倦的态度以求不断带给客人满意和惊喜。因此，饭店工作是传播爱的工作。这种爱的光，传播给了客人，也传播给了饭店人周围的同事们。"

案例分析

1. 你是怎样理解旅游服务这一职业的？

2. 读了邹敏对这一职业的理解与感受，你得到了哪些启发？

（二）发扬爱国主义精神

中华民族是富有爱国主义光荣传统的伟大民族。爱国主义是动员和鼓舞中国人民团结奋斗的一面旗帜，是推动我国社会主义建设前进的巨大力量，是各族人民共同的精神支柱。爱国主义所反映和调节的是人们对中华民族和国家整体利益的关系和行为，是集体主义对接中华民族和国家利益的准则，是旅游职业道德的基本要求之一。

1. 培养爱国主义情感

一名旅游工作者，首先应是一个坚定的爱国主义者。这就要求我们每一个旅游从业人员必须牢固树立国家主人翁的责任感，把个人利益与国家的前途、命运联系起来，正确处理国家、集体、个人三者之间的利益关系；爱祖国、爱家乡、爱集体、爱岗位，立足本职，为国家多做贡献。而要做到这一切，必须具备高尚的爱国主义情感，这就要求我们旅游业从业人员从以下几方面培养爱国主义感情，热爱社会主义祖国：了解中华民族悠久的历史；了解中华民族优秀的传统文化；了解党的基本路线和社会主义现代化建设成就；了解我国国情；学习社会主义民主和法制；认真贯彻执行"和平统一，一国两制"的方针。

2. 爱国主义的基本要求

发扬爱国主义就是要求每个旅游工作者既要增强民族自尊心和自信心，关心社会主义祖国的前途和命运，热爱本职工作，为建设祖国和保卫祖国而英勇奋斗；又要尊重其他国家和民族的独立、自主和领土完整，支持人类一切正义斗争和进步事业。其基本要求可以概括为六个方面：

- 坚持祖国利益高于一切；
- 自觉维护祖国的独立、领土完整、统一和尊严；
- 自觉维护各族人民的安定团结；
- 自觉为祖国的繁荣昌盛奋发进取；
- 有民族自尊心和自信心；
- 尊重、关心和支持其他民族和国家的人民，坚持爱国主义和国际主义的统一。

复习与思考

一、名词解释

职业　　　职业道德　　　旅游职业道德

二、简答题

1. 简述职业道德产生的基本条件。
2. 简述社会主义旅游职业道德的作用。
3. 简述社会主义旅游职业道德的基本要求。

三、案例分析

案例一　生命的最后一分钟

　　大连市公汽联营公司 702 路 422 号双层巴士司机黄志全，在行车途中突然心脏病发作，在生命的最后一分钟里，他做了三件事：把车缓缓地停在路边，并用生命的最后力气拉下了手动刹车闸；把车门打开，让乘客安全地下车；将发动机熄火，确保了车和乘客的安全。他做完了这三件事，趴在方向盘上停止了呼吸。这只是一名平凡的司机，他在生命的最后一分钟里所做的一切也许并不惊天动地，然而许多人却牢牢地记住了他的名字。

——资料来源：新浪网，http://news.sina.com.cn

根据上述案例回答如下问题：

一名普通的公交巴士司机何以能在生命的最后一分钟里彰显出如此高尚的职业道德境界？

案例二　有问必答的行李员

　　两位客人走进一家三星级饭店大堂，正好碰上刚送完行李的行李员。行李员以为客人要住店，就指引他们去总台登记。未料客人并不是住店，而是来就餐的。

　　客人问："你们旋转餐厅很有名，在几层？"

　　行李员答："28 层。请乘左边的快速电梯上去。"

　　问："是广帮菜吧？"

　　答："有粤菜，也有淮扬菜。实际上，像上海这样开放的城市酒店，菜肴已是集各帮之长，这里也有北京烤鸭，也有四川火锅。很难绝对说只是哪一帮。你们不妨上去试一试。"

　　客人又提出第三个问题："价钱贵不贵？"

　　答："旋转餐厅和二层的潮州餐厅一样很豪华，档次高，价格比较贵。一般吃吃，平均每位的消费总要 100 多元，如果点海鲜或高档菜的话恐怕要 200 多元了。底楼东侧的百花厅也可以吃，价格适中。你们两人去吃，100 元出头就差不多了。"

　　两位客人得到了准确的信息，相互商量了一下，决定还是直奔 28 层旋转餐厅。拔腿之前，又问行李员一句："旋转餐厅开到几点？""晚上 11 点。"行李员不假思索地回答。

根据上述案例回答如下问题：

1. 如果一位客人来到饭店，在饭店里向任何一位员工打听任何一项服务项目，都能得到及时满意的回答，他会作何感想？

2. 首问负责制，即第一个接受客人咨询或要求的人，就是解决客人咨询和要求的第一责任者。请结合旅游职业道德的基本要求谈谈怎样才能将首问负责制贯彻到位。

四、实践与拓展

1. 课堂辩论

微软用人理念

河南南阳理工学院软件学院学生李文怡，在大一时就被选拔到微软中国的集训营集训，最终成为 30 名实习生之一。通过努力，她最终成为 30 名实习生中留在微软中国总部工作的 3 人之一。

微软竟然在莘莘学子中挑选一个普通院校的大专女生作为正式员工，实在让人感到惊奇。为什么微软选择录用来自于高职院校的一名大专女生呢？

微软有一个著名的用人理念：求人不求才。他们认为，信息时代知识更新快，任何刚毕业的大学生很难是完全适应的"才"，因而微软并不重视所谓名校品牌或高学历。他们认为只要是一个"人"，就可以在进入公司后，边干边学，并很快成"才"。微软所谓的"人"，是指聪明、好学、踏实、自信、具备高尚道德和较强的团队合作精神的人。

微软特别青睐"三心"人才。一是热心的人。对公司充满感情，对工作充满激情，对同事充满友情；能够独立工作，有许多新奇想法，又以公司整体利益、长远利益为重，视公司为家，能和同事团结协作、荣辱与共。二是慧心的人。脑子灵活、行动敏捷，能够对形势准确把握、从容应对、尽快适应，能在短期内学会并掌握所需的知识和技能。三是苦心的人。工作非常努力、勤奋，能吃得了苦。

——资料来源：人民网，http://finance.people.com.cn

辩论题目：

职业人最基本的是职业道德还是职业能力？

逃票的巨大代价

他是一名留学德国的学生，毕业成绩优异，留在德国求职。拜访过很多家大公司，全部被拒绝，搞得他很伤心、很恼火，又没有其他办法。狠狠心，选了一家小公司去求职。公司虽小，仍然和大公司一样有礼貌地拒绝了他。他忍无可忍，终于拍案而起："你们这是种族歧视！我要控……"对方没有让他把话说完，低声告诉他："先生，请不要大声说话，我们去另外房间谈谈好吗？"他们走进无人的房间，对方请愤怒的留学生坐下，然后从档案袋里抽出一张纸，放在他面前。他拿起一看，是一份记录，记录他乘坐公共汽车曾经因逃票被抓住过3次。他很惊讶，也很气愤：原来就是因为这么点儿鸡毛蒜皮的事，小题大做！

德国抽查逃票一般被查到的概率是万分之三，也就是说你逃1万次票才可能被抓住3次；这位留学生居然被抓住3次，在严肃的德国人看来，大概那是永远不可饶恕的。

——资料来源：搜狐空间，http://xinzhiguo8675.blog.sohu.com

辩论题目：

你怎样看待诚信？"诚信是立身之本"，还是"诚信等于吃亏"？

2. 开展一次献爱心活动

或在校内为学习困难的同学提供帮助，或在社区为老人购物，或结合旅游专业的特点在旅游景点为游客义务讲解，体验为人民服务、无私奉献的感受，培养爱岗敬业、热情服务的职业道德品质。活动结束后，教师指导全体学生利用上课或班会时间，展示活动成果，进行交流、总结和评价。

五、推荐阅读

敬业与乐业

我这题目，是把《礼记》里头"敬业乐群"和《老子》里头"安其居，乐其业"那两句话，断章取义造出来。我所说是否与《礼记》《老子》原意相合，不必深求；但我确信"敬业乐业"四个字，是人类生活的不二法门。

本题主眼，自然是在"敬"字和"乐"字。但必先有业，才有可敬、可乐的主体，理至易明。所以在讲演正文以前，先要说说有业之必要。

孔子说："饱食终日，无所用心，难矣哉！"又说，"群居终日，言不及义，好行小慧，难矣哉！"孔子是一位教育大家，他心目中没有什么人不可教诲，唯独对于这两种人便摇头叹气说道："难！难！"可见人生一切毛病都有药可医，唯有无业游民，虽大圣人碰着他，也没有办法。

唐朝有一位名僧百丈禅师，他常常用两句格言教训弟子，说道："一日不做事，一日不吃饭。"他每日除上堂说法之外，还要自己扫地、擦桌子、洗衣服，直到八十岁，日日如此。有一回，他的门生想替他服劳，把他本日应做的工作悄悄地都做了，这位言行相顾的老禅师，那一天便绝对的不肯吃饭。我征引儒门、佛门这两段话，不外证明人人都要有正当职业，人人都要不断劳作。倘若有人问我："百行什么为先？万恶什么为首？"我便毫无迟疑地答道："百行业为先；万恶懒为首。"没有职业的懒人，简直是社会上的蛀米虫，简直是"掠夺别人勤劳结果"的盗贼。我们对于这种人，是要彻底讨伐，万不能容赦的。有人说："我并不是不想找职业，无奈找不出来。"我说：职业难找，原是现代全世界普遍现象，我也承认。这种现象应该如何救济，别是一个问题，今日不必讨论。但以中国现在情形论，找职业的机会，依然比别国多得多；一个精力充沛的壮年人，倘若不是安心躲懒，我敢信他一定能得相当职业。今日所讲，专为现在有职业及现在正做职业上预备的人——学生——说法，告诉他们对于自己现有的职业应采何种态度。

第一要敬业。敬字为古圣贤教人做人最简易的法门，可惜被后来有些人说得太精微，倒变得不实用了。唯有朱子解得最好。他说："主一无适便是敬。"用现在的话讲，凡做一件事，便忠于一件事，将全部精力集中到这事上头，一点不旁骛，便是敬。业有什么可敬呢？为什么该敬呢？人类一面为生活而劳动，一面也是为劳动而生活。人类既不是上帝特地制来充当消化面包的机器，自然应该个人因自己的地位和才能，认定一件事去做。凡可以名为一件事的，其性质都是可敬。当大总统是一件事，拉黄包车也是一件事。事的名称，从俗人眼里看来，有高下；事的性质，从学理上解剖起来，并没有高下。只要当大总统的人，信得过我可以当大总统才去当，实实在在把总统当作一件正经事来做；拉黄包车的人，信得过我可以拉黄包车才去拉，实实在在把拉车当作一件正经事来做，便是人生合理的生活。这叫作职业的神圣。凡职业没有不是神圣的，所以凡职业没有不是可敬的。唯其如此，所以我们对于各种职业，没有什么分别抉择。总之，人生在世，是要天天劳作的。劳作便是功德，不劳作便是罪恶。至于我该做哪一种劳作呢？全看我的才能何如、境地何如。因自己的才能、境地，做一种劳作，做到圆满，便是天地间第一等人。

怎样才能把一种劳作做到圆满呢？唯一的秘诀就是忠实，忠实从心理上发出来的便是敬。庄子记佝偻丈人承蜩的故事，说道："虽天地之大，万物之多，而惟吾蜩翼之知。"凡做一件事，便把这件事看作我的生命，无论别的什么好处，到底不肯牺牲我现做的事来和他交换。我信得过我当木匠的做成一张好桌子和你们当政治家的建设成一个共和国同一价值；我信得过我当挑粪的把马桶收拾得干净和你们当军人的打胜一支压境的敌军同一价值。大家同是替社会做事，你不必美慕我，我不必美慕你。怕的是我这件事做得不妥当，便对不起这一天里头所吃的饭。所以我做这事的时候，丝毫不肯分心到事外。曾文正说："坐这山，望那山，一事无成。"我从前看见一位法国学者著的书，比较英法两国国民性质，他说："到英国人公事房里头，只看见他们埋头执笔做他的事；到法国人公事房里头，只看见他们衔着烟卷像在那里出神。英国人走路，眼注地下，像全神贯注在走路上；法国人走路，总是东张西望，像不把走路当一回事。"这些话比较得是否确切，姑且不论；但是可以为"敬业"两个字下注脚。若果如他所说，英国人便是敬，法国人便是不敬。一个人对于自己的职业不敬，从学理方面说，便是亵渎职业之神圣；从事实方面说，一定把事情做糟了，结果自己害自己。所以敬业主义，于人生最为必要，又于人生最为有利。庄子说："用志不分，乃凝于神。"孔子说："素其位而行，不愿乎其外。"所说的敬业，不外这些道理。

第二要乐业。"做工好苦呀！"这种叹气的声音，无论何人都会常在口边流露出来。但我要问他："做工苦，难道不做工就不苦吗？"今日大热天气，我在这里喊破喉咙来讲，诸君扯直耳朵来听，有些人看着我们好苦；反过来，倘若我们去赌钱、去吃酒，还不是一样劳神、费力？难道又不苦？须知苦乐全在主观的心，不在客观的事。人生从出胎的那一秒钟起到咽气的那一秒钟止，除了睡觉以外，总不能把四肢、五官都搁起不用。只要一用，不是劳神，便是费力，劳苦总是免不掉的。会打算盘的人，只有从劳苦中找出快乐来。我想天下第一等苦人，莫过于无业游民，终日闲游浪荡，不知把自己的身子和心子摆在哪里才好，他们的日子真难过。第二等苦人，便是厌恶自己本业的人，这件事分明不能不做，却满肚子里不愿意做。不愿意做逃得了吗？到底不能。结果还是皱着眉头，哭丧着脸去做。这不是专门自己替自己开玩笑吗？

我老实告诉你一句话："凡职业都是有趣味的，只要你肯继续做下去，趣味自然会发生。"为什么呢？第一，因为凡一件职业，总有许多层累、曲折，倘能身入其中，看它变化、进展的状态，最为亲切有味。第二，因为每一职业之成就，离不了奋斗；一步一步地奋斗前去，从刻苦中将快乐的分量增加。第三，职业性质，常常要和同业的人比较骈进，好像赛球一般，因竞胜而得快感。第四，专心做一职业时，把许多游思、妄想杜绝了，省却无限闲烦闷。孔子说："知之者不如好之者，好之者不如乐之者。"人生能从自己职业中领略出趣味，生活才有价值。孔子自述生平，说道："其为人也，发愤忘食，乐以忘忧，不知老之将至云尔。"这种生活，真算得人类理想的生活了。

我生平受用的有两句话：一是"责任心"，二是"趣味"。我自己常常求这两句话之实现与调和，常常把这两句话向我的朋友强聒不舍。今天所讲，敬业即是责任心，乐业即是趣味。我深信人类合理的生活应该如此，我望诸君和我一同受用！

——资料来源：梁启超.饮冰室合集［M］.北京：中华书局，1989.

"传递快乐"——获终身成就奖的邮差

日本有一项国家级的奖项，叫"终身成就奖"。在素来都把荣誉看得比自己的生命更为重要的日本人心目中，这是一项人人都梦寐以求却又高不可攀的至高荣誉。在日本，有无数的社会精英、博学人士一辈子努力奋斗的目标，就是希望能够最终获得这项大奖。但有一届的"终身成就奖"却在举国上下的期盼和瞩目中，出人意料地颁发给了一位名叫清水龟之助的小人物。

清水龟之助是东京的一名普通邮差，他每天的工作就是将各式各样的邮件快速而准确地投送到每一个相关的家庭。与那些长期从事能够推动人类历史快速发展的高尖端科技研究的专家学者相比，清水龟之助所从事的工作简直就是微不足道、不值一提的事。然而，就是这位长期从事着如此平淡无奇的邮差工作的清水龟之助，却无可争议地获得了这项殊荣。

在他从事邮差工作的整整25年中，清水龟之助的工作态度始终和他到职第一天的那种认真和投入没有什么两样。在不算短暂的25年中，他从未有过请假、迟到、早退、脱岗等任何不良情况。而且他所经手投递的数以亿计的邮件，从未出现过任何差错。不论是狂风暴雨，还是天寒地冻，甚至在大地震的灾难中，他都能够及时而准确地把邮件投送到收件人的手中。

是什么样的力量支持着清水龟之助几十年如一日持之以恒地把一件极为平凡普通的工作铸造成了一项伟大无比的成就呢？清水龟之助对此不无感慨地说："是快乐，我从我所从事的工作中，感受到了无穷的快乐。"

清水龟之助说，他之所以能够25年如一日地做好邮差这份很普通的工作，主要是他喜欢看到人们在接获远方的亲友捎来的讯息时，脸上出现的那种发自内心的快乐而欣喜的表情。自己微不足道的工作，竟然能够给别人带来莫大的心灵安慰和精神快乐，这使他感到更大的欣慰和快乐，所以他觉得自己的工作神圣而有意义。他说，只要一想起收件人脸上荡漾开来的那种快乐表情，即使再恶劣的天气、再危险的境况，也无法阻止我一定要将邮件送达的决心。

正是这种快乐的力量，支持清水龟之助完成了这项伟大的成就；也正是这种在极其平凡的工作中能够感受到生活快乐的精神，感动了这个轻易不会被感动的民族。

床头柜上盛开的百合

来自加拿大的凯特女士是位奇怪的顾客。她是一位研究中国古典文化的学者。或许是职业的原因，她性格孤僻、不苟言笑。在饭店住了四天，每天进进出出，很是忙碌，但几乎从不开口跟人打招呼，更难让人看见一丝微笑。楼层服务员都觉得这位学者架子挺大，不容易相处，任凭他们如何笑脸相迎，每次得到的都是一张冷冰冰的脸。面对别人的热情，她永远都是无动于衷。

第四天晚上，凯特打电话让服务员给她送壶热水，说完立即挂断电话。"好干脆利落！"服务员新月暗想。她丝毫不敢怠慢，马上送去。接近凯特房间，一阵悠扬的乐声在寂静的长廊里飘荡——是她最喜欢的《梁祝》。新月敲门而入。此时，新月从心底由衷地觉得凯特并不像她表面看起来那么冷漠。突然，凯特幽幽自语地说："多美的曲子呀！""您喜欢这曲子吗？"新月微笑着问。"当然！它是我的至爱。百听不厌，我每晚都听。可惜没有百合花。""为什么要百合花？"新月犹豫了一下，最终还是忍不住问她。"只有百合花的高洁和清香才配得起这首曲子呀。可惜啊，这里是酒店。"说完又缓缓地闭上了双眼。

第二天晚上，凯特忙完回到房间，打开灯，意外地看到床头柜上摆着的，正是自己在心里惦念的百合花！她打电话叫来楼层服务员新月。"凯特小姐，请原谅！事先没征求您的意见。我昨晚看到您如此喜欢我们的民族音乐，很是感动。《梁祝》也是我最喜欢的曲目。对于您的《梁祝》配百合花的见解，我觉得很独特也很优美。您每晚都听，想必都有一束百合花陪伴在左右吧。这里是《梁祝》的家乡，在它的故乡里，您的聆听又怎么能少得了百合花呢？所以我就自作主张，在您的床头柜上摆上了这束新鲜的百合花，希望它能陪您度过一个舒适的夜晚。"凯特虽然没有说什么，但紧绷的脸上有了一丝的微笑。站在一旁的新月也喜上眉梢，她又一次领悟到"精诚所至，金石为开"的道理。

几个月后，凯特怀着丝丝的暖意再次来到中国，再一次选择了这家酒店。在她步入房间之前，也曾暗想这次是一个突然"袭击"，酒店一定没有百合花了。孰料一开房门，摆在床头柜上的正是一束盛开的百合花！她用询问的眼神看新月。新月嫣然一笑，告诉她昨晚总台服务员已经带来了她入住本店的信息。"太感谢你们了！"这位"金口难开"的顾客几个月来第一次向酒店表达了她发自内心的感谢。

旅游职业道德规范

旅游职业道德规范是每个旅游从业人员在职业活动中必须遵循的行为准则，也是评价和判断他们职业道德行为的标准。凡是符合这些规范的行为，就是高尚的行为，是值得人们予以肯定和赞扬的；凡是不符合这些规范的行为，就是不道德的，应当受到社会公众的批评和谴责。

旅游职业的特点对旅游职业道德规范提出了更高、更全面的要求，主要包括以下几项内容：真诚公道、信誉第一；热情友好、宾客至上；文明礼貌、优质服务；不卑不亢、一视同仁；钻研业务、提高技能；锐意创新、勇于竞争。本章通过对旅游职业道德规范的内涵、意义与基本要求的阐述，加深了我们对旅游职业道德规范的认识；通过大量的实例分析，使理论与实践相结合，有助于进一步规范我们的职业行为，提升职业素养。

学习目标

知识目标

1. 理解旅游职业道德规范的内涵。
2. 明确旅游职业道德规范的重要意义。
3. 掌握旅游职业道德规范的基本要求。

能力与情感目标

1. 能正确理解旅游职业道德规范的重要意义。
2. 能运用旅游职业道德规范指导职业行为。
3. 能逐步将具有外在约束性的职业规范转化为潜在意识，衍生职业情感，继而形成良好的职业习惯。

服务是企业发展之本，以良好的服务创造价值，是成功的秘诀。

——邹金宏

我们为祖国服务，也不能都采用同一方式，每个人应该按照资禀，各尽所能。

——歌德

生活就是服务，只有给予他人更多一点、更好一点的人，才能不断进步！

——斯塔特勒

生活就是服务，我们时时刻刻都生活在为别人服务和被别人服务的环境当中。

——马里奥特

创新是企业家的具体工具，也就是他们借以利用变化作为开创一种新的实业和一项新的服务的机会的手段。……企业家们需要有意识地去寻找创新的源泉，去寻找表明存在进行成功创新机会的情况变化或其征兆。他们还需要懂得进行成功创新的原则并加以运用。

——彼得·德鲁克

如果你有智慧，请奉献你的智慧；如果你没有智慧，请奉献你的汗水；如果两者你都没有，就请你离开公司。

——松下幸之助

案 例

海南违规导游、旅行社受重罚

旅游合同签订的明明是"海南南山文化苑蜈支洲岛香湾四天优质团",游客们最后却都没去成。近日,一导游因欺骗、诱导游客改变行程,被处以 2 万元罚款,委派其出团的旅行社被吊销旅行社业务经营许可证。

这是进入 2010 年,海南省对违规导游和违规旅行社分别开出的第一张"重型罚单"。

据了解,2009 年 12 月 18 ～ 21 日,海南某旅行社负责接待了一个来自广东的 4 日 3 晚游旅行团。该团共计 46 人。18 日上午,负责接待的导游张某从行程一开始便向每位客人加收 750 元,其中 35 名游客一次性交了 650 ～ 750 元不等的自理景点费用,但来自广东惠州的 11 名游客由于不愿支付这笔费用,随即被导游张某要求下车离团,还被要求写下所谓的"责任书",让游客承诺是因为自身原因,主动提出离团要求,离团期间合同中未产生的团费不退,且属客人自理,安全责任自负,不得追究组团社、地接社以及导游的任何责任。随后,8 名游客因不满导游张某的接待服务,向 12301 旅游投诉热线投诉。

接到投诉后,海南省旅游稽查总队随即介入调查。据调查,导游张某要求加收的费用,是在行程单中已列出的一些自费项目的费用,11 名惠州游客因不愿意选择自费项目,确实签订了"责任书"并承认是自愿离团。

但执法人员发现该团存在其他问题。据查实,导游张某在实际接待过程中并没有把游客带到南山文化苑,而是恶意宣传南山文化苑要交多重门票费用,有宰客行为,让所有游客选择游览了南天生态大观园。而在游览天涯海角时,该导游又向游客宣传"天涯海角只有两块石头,没什么好看的",诱导游客选择所谓的海上游天涯项目,结果原计划 2 个小时的旅游行程仅 20 分钟就草草结束。

海南省旅游稽查总队执法人员认为,该导游之所以如此"妖魔化"海南一些知名景区,把游客带到新景区,主要是为了获取高额回扣。这种行为,情节特别严重、性质极其恶劣,对于这种不负责任的违规行为,其所在旅行社也难辞其咎。

案 例 分 析

你认为案例中的导游张某在带团工作中出现了哪些不当行为?这些行为给他本人和旅行社带来了哪些影响?

第一节 真诚公道 信誉第一

诚信是人生的命脉，是心灵的花朵，是智慧之路的第一乐章，是通向荣誉之路的桥梁。注重信誉，讲究信用，既是优良的商业传统，也是旅游行业起码的职业道德要求。旅游工作者只有诚实守信，维护行业、企业声誉，才能吸引广大顾客，保持生意兴隆，从而提高企业的社会效益和经济效益。

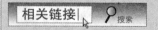
相关链接 🔍 搜索

诚实的晏殊

北宋词人晏殊，素以诚实著称。在他14岁时，有人把他作为神童举荐给皇帝。皇帝召见了他，并要他与1000多名进士同时参加考试。考试时晏殊发现考题是自己10天前刚练习过的，就如实向宋真宗报告，并请求改换其他题目。宋真宗非常赞赏晏殊的诚实品质，便赐给他"同进士出身"。

一、"真诚公道、信誉第一"的道德含义

在旅游职业活动中，真诚就是真心实意，讲究信用，信守承诺，遵守合同条款，不弄虚作假，不欺骗和刁难旅游者。

公道，即公平合理，买卖公道，价格合理，赚取利润合法、合理，在不损害企业利益的前提下，自觉维护旅游消费者的合法权益。

真诚公道在宣传、质量、价格、服务等问题上表现得最直接、最敏感，所以，每一家旅游企业、每一名旅游工作者必须本着认真维护旅游者实际利益的原则，为

旅游者提供货真价实、质好量足、质价相符的产品和服务，严格遵守同质同价、次质次价、按质论价的原则，做到真诚相待、公道经营。

信誉是企业的生命，信誉第一就是必须把企业的声誉放在第一位。旅游行业只有真诚公道地对待每一个旅游者，向他们提供优质的服务，才能树立起良好的信誉和形象，才会稳定和扩大客源市场。

相关链接 🔍 搜索

真诚沟通、优质服务

与游客真诚沟通、为游客提供优质服务，让李静娜在海南旅游业界赢得了"阳光导游"的美名。虽然李静娜身患重病，但记者见到她时，仍能感受到她直抵人心灵的"阳光"一面。

记者：许多人看了您的事迹后，在觉得您很了不起的同时，也有一个疑惑，李静娜怎么能那么真诚、无私地对待游客呢？是一种什么力量在激励着她呢？

李静娜：这很简单。我后来跟许多年轻的导游也这样讲，人这一辈子找准一件自己喜欢的事情去做，也就是找准自己的定位不容易。我一接触到导游这个工作就发现自己非常喜欢，从骨子里感觉很适合我，认定导游将是我终生热爱的事业。有机会从事导游工作，我很珍惜。

记者：因为您很喜欢这个工作，就能把工作做好？

李静娜：是的。所以我一直说，我不把导游当成我的职业，而是把它当成我的事业。我是年龄很大才开始从事导游工作的，与一般的年轻导游不一样，我的导游证是一步步参加考试、很不容易考来的，我很珍惜。通过导游资格考试是我一生中最高兴的事，当时我就高兴得跳起来了。

记者：从那时起您就没有离开过导游的岗位？

李静娜：是的，我热爱这份事业，所以我一直用心去做。这么多年，我从不计较带一个团能挣多少钱。我想，客人来到海南，不管是坐飞机来的还是坐轮船来的，都已经花了很多钱，这说明客人信任海南，憧憬海南的景色，我一定要为他们提供最好的服务。这些年来，所有的春节和中秋节我都没有和自己的父母、家人一起度过，平均一个月有24天在带团，每3天带一个团。我的带团量大在海南是出了名的，许多景点的工作人员如果3天没见到我，就会觉得奇怪。

记者：您这么真诚周到地为每一位客人服务，有没有出现过客人仍不满意、不理解，弄得自己心里很委屈的时候？

李静娜：没有，客人都很配合我、理解我。真诚的力量是巨大的，我总是将心比心，与游客进行真诚的沟通。我一直对自己的客人讲，我们不是游客和导游的关系，我们就是兄弟姐妹。

记者：但有时候带团，光真诚还不够，还要有技巧。

李静娜：是这样，但真诚最重要。真心爱护自己的客人，再加上带团技巧的帮助，客人对我的服务一向非常满意。

我考取导游证后，就开始带散客团。干我们这行的人都知道，散客团最难带。这么多年下来，我的带团技巧越来越纯熟。不少客人问我，为什么这么大年龄还做导游，我就会找机会对全体客人讲一讲我的经历，讲一讲我对导游事业的热爱，让他们感到，我们这种年龄的导游更容易接近彼此，让人感觉更温馨。

我能从事自己热爱的事业，心里已经乐开了花，所以从来都是随叫随到，旅行社有团我就随时出发。2005年达维台风袭击海南，很多导游不出团了，我1个月仍出了10个团。在海南旅游界，我是有名的不怕吃苦的。

二、"真诚公道、信誉第一"的重要性

（1）"真诚公道、信誉第一"是衡量旅游企业经营管理水平的重要尺度。企业信誉是企业无形的资本，良好的信誉是企业立足市场、求得发展、获得竞争优势的法宝，有利于企业降低成本、改善经营管理、提高社会知名度、扩大市场份额。一个企业进行组织与管理时，如果不将信誉放在第一位，不维护顾客的利益，仅一味地强调经济效益，忽视社会效益，是不可能有强大生命力的。近年来，游客在旅游过程中，被强迫购物、擅自修改旅游行程、降低食宿标准等现象频发。面对这些情况，相关企业如果无动于衷，不积极采取措施挽回形象和声誉，那么必将随着失去顾客而逐渐失去曾经拥有的市场。反观那些严格管理、注重企业形象和信誉的企业，它们本着真诚为顾客着想、对客人负责到底的宗旨，认真了解和解决客人在售前、售中、售后遇到的各种问题，始终如一地为顾客提供全面、全程、诚实、优质的服务，真正让顾客满意、放心，因而也获得了丰厚的市场回报。海尔集团在短短的数年中，在家电行业全线出击，以其高品质、合理价位进军世界家电市场，其崛起速度令人惊叹。这与其管理者信誉第一的经营理念是密不可分的。

（2）"真诚公道、信誉第一"是评价旅游行业员工道德水平高低的重要尺度。

旅游行业员工职业素养的高低，很大程度上取决于能否做到以旅游者的利益为中心，时时、处处、事事都能自觉维护企业的信誉；在自己的工作范围内，从商品的质量、数量、价格等方面保证货真价实；介绍旅游产品实事求是，不言过其实，不滥用"第一""最低""最低价格"等名词欺骗、误导旅游者；对旅游者的任何承诺都要保证兑现。

（3）"真诚公道、信誉第一"是我国旅游业经营原则的具体体现。我国旅游业的经营原则之一是"按质论价，收费合理"。这是全心全意为旅游者服务的宗旨在价格问题上的体现，是直接关系到旅游业经济利益和我国旅游业声誉以及客源的敏感问题。每个企业、每个部门和每个旅游工作者，只有认真、自觉地履行"真诚公道、信誉第一"这一规范，才能使我国的旅游业真正赢得信誉，在竞争激烈的国际市场中求得生存与发展。

（4）"真诚公道、信誉第一"是实现旅游企业经济效益快速增长的有效途径。诚信无欺，买卖公平，历来是搞好经营，取信于顾客的重要手段，也是旅游企业获取经济效益的正当途径。在世界旅游发达国家，衡量一个旅游企业管理与服务水平高低的一个非常重要的因素即为旅游者的"回头率"。能让客人"回头"，证明了该企业在旅游者心目中具有良好的信誉，企业以真诚公道赢得了客人的信任。同时，英国旅游协会调查发现，1个旅游者平均要影响9个人，如果把一家旅游企业1年接待人数乘以9，这是一个非常可观的数目。由此可见，企业信誉影响着众多的潜在顾客，并直接关系到企业的社会效益和经济效益。

相关链接 | 🔍 搜索

一定要洗七遍

一个在日本的中国留学生，课余时间为餐馆洗盘子以赚取学费。日本的餐饮业有一条不成文的行规，即餐馆的盘子必须用水洗上七遍。洗盘子的工作是按件计酬的，这位留学生计上心头，洗盘子时少洗一两遍。果然，劳动效率大大提高，工钱也迅速增加。一起洗盘子的日本学生向他请教技巧，他毫不避讳，说："你看，洗了七遍的盘子和洗了五遍的盘子有什么区别吗？少洗两遍嘛！"日本学生诺诺，却与他疏远了。

餐馆老板偶尔抽查一下盘子清洗的情况。一次抽查中，当老板用专用的试纸测出盘子清洗程度不够并责问这位留学生时，他振振有词："洗五遍和洗七遍不是一样保持了盘子的清洁吗？"老板只是淡淡地说："你是一个不诚实的人，请你离开。"

为了生计，他去别的餐馆面试，却都因为自己的"名声"屡屡碰壁，最后，他感慨道："洗盘子一定要洗七遍呀。"

三、"真诚公道、信誉第一"的具体要求

（1）以满足顾客需要为中心，以维护顾客利益为前提。"真诚公道、信誉第一"这一职业道德规范在旅游接待与服务工作中较为集中地体现在旅游从业人员能否在实际工作中做到以顾客的需求为中心，以维护顾客利益为前提。如在向客人介绍、宣传产品时，是否只顾及企业产品的推销和企业赢利，而忽略了客人的具体要求、实际的经济承受能力等因素，或者是否一味地夸大产品的优点，对产品的缺陷、不足避而不谈，甚至诱导客人走入消费误区。

（2）广告宣传，实事求是。借助媒体进行广告宣传与促销，是旅游行业扩大社会影响和企业知名度及推销产品的一项十分重要的措施。但广告宣传一定要实事求是，恰如其分，不得弄虚作假或夸大其词，欺骗和愚弄旅游消费者。言过其实的宣传虽然会一时取悦旅游者，但最终会带给旅游者更大的失望，久而久之，必然失信于客人，从而失去客源市场。

（3）信守合同，履行承诺。合同是买卖双方或发生其他经济关系的双方，在平等原则下，为维护自己的合法权益，保证经济活动顺利进行而缔结的一种契约。它受法律保护，一经签订，必须严格履行。现代旅游业的经营方式常常是通过包团、预订的方式来进行的，旅游业要取信于人，重要的一条是能否信守合同。在旅游活动中尽管有一些不确定的因素，但要尽最大的努力，按时保质保量地履行合同，让我们的服务使客人满意。要以诚实守信为荣，以见利忘义为耻。如旅行社不能任意改变旅游线路、取消某些旅游项目或降低服务标准。至于口头承诺，虽不具有法律效力，但"一诺千金"乃是取信于人的根本。尤其是旅游企业的管理者，一旦承诺，则必须说话算数，履行诺言，这样才能树立和维护企业的形象和信誉。

案 例

出境游被加收老人团费

近日，年逾六旬的南京市民马老先生想到澳大利亚旅游，他在某旅行社交付了定金，在他准备交付全款的时候，旅行社工作人员对马老先生说，"60 岁以上的老人去澳大利亚要加收 2000 元人民币的费用。"马老先生认为这很不合理，"为什么对老人加收费用？"对于马老先生的不满，旅行社工作人员解释为，对 60 岁以上的老人要加收 500 澳元（约合人民币 2000 元）的团费，原因是澳大利亚地接旅行社认为 60 岁以上的老人购买力比较弱，而地接旅行社的利润主要靠游客购物，60 岁以上老人在购买力上的弱势需要用额外的团费补偿。

这个解释令马老先生"哭笑不得"，他坚决表示自己是不会交这笔钱的。但该旅行社也态度强硬地表示，不交钱就不得去游玩。据了解，为了让这多出的 2000 元人民币更能为消费者接受，该旅行社对消费能力较高的群体实行 8000 元左右的澳大利亚游优惠价，而对 60 岁以上的游客则收取 1 万元左右的费用。该旅行社还强调："现在旅行社都是这样收费。"

案 例 分 析

1. 你认为旅行社向 60 岁以上老人加收团费是否合理？

2. 对于旅行社产品的定价，如何才能做到既能招徕顾客又能维护企业信誉，对此请提出你的意见与建议。

（4）**按质论价，收费合理**。按质论价、收费合理是"真诚公道、信誉第一"这一职业道德规范的具体要求。切实维护旅游者的利益主要表现在收费上能否做到按质论价，收费合理。这不仅是一个经营方法问题，而且是一个职业道德问题。旅游职业道德要求每个旅游工作者在保证质量的前提下，一定要自觉做到严格执行物价政策，不随意提价或变相提价，更不能乱收费或者用其他方式扣押旅游者的财物，搞见利忘义的"一锤子买卖"。

（5）**实事求是，知错就改**。在工作中即使我们力求把服务做得尽善尽美，但失误往往是难以避免的；从客人一方来说，也常常会出现一些差错或误解。因此对于纠纷、争议，我们应本着实事求是的态度来解决。如果确系我们的失误，应主动承担，勇于认错，以诚意赢得客人的谅解；如果是客人的差错，也要设法帮助其解决，使客人感到满意；如果是无法预料的原因，要从主观上多努力，争取对方的谅解和协助。

（6）诚实可靠，拾金不昧。诚实可靠就是真诚踏实地工作，使旅游者感到旅游企业和每个旅游企业职工是诚实可信的。旅游者出门旅游，人地生疏，加上随身带有一定数量的金钱和贵重物品，因此，确保安全对于他们而言是最为重要的。而能够让他们拥有这种安全感的，除了我们的旅游接待与服务部门给他们提供安全、可靠、舒适的环境外，另一个十分重要的方面则是我们的接待与服务人员通过实际工作中的一言一行在客人心目中建立起的信任。因此，每个旅游工作者都应以真诚踏实的工作，赢得旅游者的信任。拾金不昧是获得客人信任、建立企业信誉的另一个重要方面。

总之，我们要靠真诚公道、信誉第一来建立社会主义旅游业的信誉，提高中国旅游业在国际旅游市场中的竞争能力。

第二节　热情友好　宾客至上

案　例

不能让客人把遗憾带走

　　10月5日夜里9点，成都锦江宾馆客房部服务员小吕正在楼层值班，服务台内骤然响起电话铃声。他忙拿起电话，听筒里传来客房值班经理急促的声音："今天下午退房的863房客从北京打来长途，说她遗忘了一个翡翠戒指在房内，让我们赶快去找一下，她在北京等消息。"

　　客情就是命令。放下电话，小吕三步并作两步迅速冲上8层，此时，服务员刘姐和小邓已经等在863房内了。小邓简短追述了下午863房的退房情况和打扫卫生时的情况，说她当时并未发现有遗留的戒指。

　　"客人还在北京等回话，大家快些再找一遍。"服务员刘姐边说边打开房间内所有的灯具，顿时房内灯光明亮。大家对可能会藏下一枚戒指的地方都一一搜索，行李柜后、抽屉内、卫生间的边边角角，甚至床下、床后全不放过，但哪里有戒指的影子呢。

正当大家准备放弃寻找时，服务中心来电话说客人想起当时她是将戒指包在一张卫生纸内的，可能随手将它扔到垃圾里也说不定。

"对，还有垃圾尚未翻过。"三位服务员不约而同地想到了一起。于是迅速走出房间，快步向北头垃圾井走去。

北头垃圾井边，灯光昏暗，黑漆漆、深深的井道内发出刺鼻的臭味儿，大家都不约而同地皱了皱眉。想到北京客人焦急的心情，也顾不上许多了。小邓挽起袖子戴上手套，从垃圾中找到当天送来的那一袋垃圾。小吕和刘姐也弯下腰，伸手拨弄起大袋中的一些小袋垃圾。垃圾袋里橘子皮、柿子皮、污水和着烟灰糊满了的报纸，大大小小的纸团还真不少。筛选过的垃圾越来越多地堆放到了一边，一个个纸团被打开，但客人的戒指在哪里呢？

找完最后一个纸团，三位员工艰难地直起腰，凑近窗户，猛吸了几口新鲜空气。"如果真的找不到，只有尽快向客人如实反映了。"小邓说。刘姐望着垃圾默想："如此贵重的东西丢了，客人是不可能乱说的，即使记忆不准确，但它肯定还'藏'在我们客房的某个角落里。"

"会不会扔垃圾时，有些小东西掉到大垃圾袋中了？"小吕提出她的看法。刘姐恍然大悟，马上说："有可能。再在大垃圾袋中找找看。"一声令下，他们三个再次弯下腰来，将大垃圾袋中的垃圾一件件地摊开在地上，继续寻找。突然，小邓轻声"啊"了一声。小吕和刘姐的目光几乎同时投在小邓那戴着红手套的手上，一个五分钱硬币大小的纸团映入眼帘。只见小邓轻轻地剥开上面的一层卫生纸，一枚很大的翡翠戒指在昏暗的灯光下闪耀着夺目的光芒。

"找到了，找到了。"小邓欢呼雀跃。刘姐一手轻拭着脸颊上的汗水，一手接过戒指，像是埋怨一个淘气的顽童道："戒指呀戒指，你再不出来，真要把人急死了。走，快给客人回电话去。"

客房部员工掏垃圾找翡翠戒指的事，当晚就报到了宾馆值班总经理那里。当时正与总经理交谈的美国富顿集团亚太地区副总裁孙丽藏小姐听了此事后，非常惊讶地问总经理："客人扔进垃圾井里的东西都能找回来，你们宾馆是怎样培训员工的？"

——资料来源：职业餐饮网，http://jiudian.canyin168.com

案 例 分 析

1. 你认为是什么力量让客房部员工能够不怕脏、不怕累到垃圾井中为客人寻找丢失物品的呢？

2. 你认为五星级饭店应该具备怎样的服务标准呢？

"有朋自远方来，不亦乐乎！"2000 多年前孔子的这句话一直广为流传，它集中地体现了中国这个古老的东方民族热情好客的优良传统。正是这些传统美德，为中国赢来了"礼仪之邦"的美誉。"热情友好、宾客至上"，既成为中国旅游企业接待服务工作的精髓，也成为旅游从业人员职业道德的主要内涵，直接体现了全心全意为旅游者服务的宗旨。

一、"热情友好、宾客至上"的道德含义

热情友好，是一种道德情感。它要求旅游从业人员在对客服务工作中投入积极的个人情感，对每一位客人怀有一种关爱之情，并由衷地欢迎客人的到来。这种情感会转化为具体的行动，如主动热情，面带微笑，耐心、周到地为客人提供服务。

宾客至上是指在旅游接待与服务中，一切都要以宾客为中心，一切都要为宾客着想，一切服务均以使宾客满意为宗旨，切实履行每一位旅游从业人员应尽的职业责任和道德义务。

相关链接 🔍搜索

酒店行业员工的三条座右铭

在酒店行业中，作为员工行为指南的三条座右铭：

其一，客人就是上帝。

其二，客人永远是对的。

其三，永远不要对客人说"不"。

案　例

不能说不——没有婴儿床怎么办

酒店 1818 房住着一对夫妇和他们的一个年幼的女儿。在交谈中，服务员小衷得知，他

们夫妇二人都十分热衷于外出游山玩水，这次难得遇上双方都有假期，夫妇俩就兴冲冲地带着小女儿一同出来游玩。第一天晚上他们计划得好好的，1818房是一间标准双人房，先生独自睡一张床，太太和女儿睡另一张床。但是，一晚过去后，太太发现女儿与她一同睡在一张床上似乎挤了些，夜里醒了好几次。于是，太太询问楼层服务员小袁是否有什么办法能帮她解决这个问题。

小袁听后建议客人借用客房服务中心的婴儿床，客人觉得这是一个好办法，就请小袁为她联系。但是，事不凑巧，当小袁匆匆地来到服务中心时，服务中心的服务员告诉她备用的两张婴儿床都已经借给其他客人了，小袁只好空手而归。

在返回的路上，小袁心里一直在想如何将此信息告诉客人，她不能简单地向客人说没办法，要多做些解释。但是，毕竟客人的问题没有得到解决呀，有没有什么补救措施和其他办法来解决客人的难题呢？突然，她有了一个主意。一会儿，小袁回到了客人的房间，她先向客人解释了酒店客人借用婴儿床的实际情况，并向客人诚恳致歉，然后她又向客人提出了另外一个建议，把房间里的两张床合并成一张特大床铺，这样一来，大人没有影响，小孩也可以睡得比较宽松些。最后，小袁还从身后拿出了一件小礼物——一个精致的洋娃娃，代表酒店送给小女孩，作为对她的小小补偿。这一切令客人十分感动，他们实在没有想到，自己一点小小的想法和要求服务员都是如此的重视，他们对小袁、对酒店表示非常感激。

——资料来源：范运铭.客房服务与管理案例选析［M］.北京：旅游教育出版社，2005.

案例分析

1.为什么服务员不能对客人说"不"？

2.这个案例给了我们哪些启示？

二、"热情友好、宾客至上"的重要性

（1）"热情友好、宾客至上"是旅游企业赢得客人信赖与支持的基础。旅游动机来自旅游需要。恩格斯曾把人类生活需求分作生存、享受和发展三类。旅游多为满足人类享受和发展的需要。同时，美国著名心理学家亚伯拉罕·马斯洛提出了著名的需要层次理论，把需要分成生理需要、安全需要、社交需要、尊重需要和自我实现需要五类，依次由较低层次到较高层次排列。旅游需要是人类最高层次的需要

之一。所以每一位旅游者都希望得到热情友好的礼遇，希望受到尊重、重视，从而达到自我实现层次，这是旅游者最基本的情感需要。这就要求服务人员用热情的话语、亲切的微笑和耐心周到的服务，竭尽全力去满足宾客的合理需求，使宾客的这种情感需求得到满足。在旅游接待与服务工作中，要想赢得客人的信赖与支持，满足客人最基本的情感需求是基础。

（2）"热情友好、宾客至上"是旅游企业在竞争中取胜的法宝。随着旅游业的不断发展与旅游企业硬件设施设备的日趋完善，旅游业竞争的焦点将会集中到软件服务上来。以饭店业为例，在近30年的发展过程中，数量急剧增加，截至2010年，据不完全统计，已有40多家国际饭店管理集团的70多个品牌进入中国，共管理1000多家饭店。如果说，1982年北京建国饭店引进香港半岛集团管理模式，为中国饭店业带来了先进的管理水平、硬件设施水平和服务理念，那么现今外资饭店的纷纷入驻，则极大地加剧了国内饭店业的竞争。如何在激烈的竞争中立于不败之地？在硬件设施、档次大致相当的情况下，最终的竞争焦点将落到服务上来。

（3）"热情友好、宾客至上"是旅游企业取得良好声誉和经济效益的重要保证。一个行业、一个企业的信誉，就是形象、信用和声誉，是指企（行）业及其产品与服务在社会公众中的信任程度，提高企（行）业的信誉主要靠产品质量和服务质量。好的企业形象是一笔巨大的无形资产，它可以为企业带来无尽的财富。只要我们的旅游从业人员不断提高自己的职业道德水平，热情友好地接待和服务客人，千方百计地满足客人的需求，宾客就会对我们的服务满意。宾客的满意程度越高，企业的声誉、社会形象就会越好，经济效益也会随之提高。

相关链接　🔍搜索

6元钱买了一颗心

一位朋友因公务经常出差泰国，并下榻在东方饭店。第一次入住时，饭店良好的环境和服务给他留下了深刻的印象；第二次入住时，几个细节更使他对饭店的好感迅速升级。

那天早上，在他走出房门准备去餐厅的时候，楼层服务生恭敬地问道："于先生是要用早餐吗？"于先生很奇怪，反问"你怎么知道我姓于？"服务生说："我们饭店规定，晚上要背熟所有客人的姓名。"这令于先生大吃一惊，因为他频繁往返于世界各地，入住过无数高级饭店，但这种情况还是第一次碰到。

于先生高兴地乘电梯下到餐厅所在的楼层，刚刚走出电梯门，餐厅的服务生就说："于先生，里面请。"于先生有些疑惑，因为服务生并没有看到他的房卡，就问："你知道我姓于？"服务生答："上面的电话刚刚下来，说您已经下楼了。"如此高的效率让于先生再次大吃一惊。

于先生刚走进餐厅，服务小姐微笑着问："于先生还要老位子吗？"于先生的惊讶再次升级，心想"尽管我不是第一次在这里吃饭，但最近的一次也有一年多了，难道这里的服务小姐记忆力那么好？"看到于先生惊讶的目光，服务小姐主动解释说："我刚刚查过电脑记录，您在去年的6月8日在靠近第二个窗口的位子上用过早餐。"于先生听后兴奋地说："老位子！老位子！"服务小姐接着问："老菜单？一个三明治，一杯咖啡，一个鸡蛋？"现在于先生已经不再惊讶了，"老菜单，就要老菜单！"于先生已兴奋到了极点。

上餐时餐厅赠送了于先生一碟小菜，由于这种小菜于先生是第一次看到，就问："这是什么？"服务生后退两步说："这是我们特有的某某小菜。"服务生为什么要先后退两步呢？他是怕自己说话时口水不小心落在客人的食物上。这种细致的服务不要说在一般的饭店，就是在美国最好的饭店里于先生都没有见过。这一次早餐给于先生留下了终生难忘的印象。

后来，由于业务调整的原因，于先生有三年的时间没有再到泰国去。在于先生生日的时候突然收到了一封东方饭店发来的生日贺卡，里面还附了一封短信，内容是：亲爱的于先生，您已经有三年没有来过我们这里了，我们全体人员都非常想念您，希望能再次见到您。今天是您的生日，祝您生日愉快。于先生当时激动得热泪盈眶，发誓如果再去泰国，绝对不会到任何其他的饭店，一定要住在东方饭店，而且要说服所有的朋友也像他一样选择住在东方饭店。于先生看了一下信封，上面贴着一枚6元的邮票。6元钱就这样买到了一颗心。

——资料来源：武永成的日志.网易博客，http://wuyc68.blog.163.com

三、"热情友好、宾客至上"的具体要求

旅游从业人员在对客服务中，要始终满怀对客人的高度热忱，主动、热情、周到、耐心地为宾客服务。

（1）**热情主动，为客人着想。**主动向客人问好，主动提供服务与帮助，想客人之所想，急客人之所急，预见客人的需求并予以满足，这是热情友好、宾客至上的一种重要表现形式。

相关链接　🔍搜索

能不能换个说法

南方某市一家四星级饭店凭借良好的设施和服务、幽静的环境以及优越的地理位置，开业两年来，基本上每天都宾客盈门，而且其中大部分都是高档商务客人。

一天下午3点钟左右，因公出差的黄女士住进了该饭店的425房间。由于她出来之前就把具体行程电话告诉了她在当地工作的大学同学戴女士。所以，进门不一会儿，她就接到了老同学戴女士打来的电话，说马上来饭店看她，并请她吃晚饭。

黄女士放下电话，想着就要见到毕业后再没谋面的大学好友，她显得有些激动，马上换好衣服，直奔大堂等候同学的光临。七八分钟过去了，仍未见同学的身影，她按捺不住，不由得向饭店大堂外走去。门童为她开门时很有礼貌地说了一句："您慢走，欢迎下次光临。"她听着不由一愣，但看到门童微笑自然的表情，她明白了他误解了她走出大堂的目的，所以这句不合时宜的送行问候并没有让她觉得有什么不妥。由于当时正是南方的梅雨季节，外面的天气不太好，风比较大，好像还要下雨，加之黄女士盼友心切，所以她一会儿在大堂内等候，一会儿又到门外翘盼。这样往返了3次，但每次她出门时都能听到门童机械的"您慢走，欢迎下次光临"的问候，进门时则是"您好，欢迎光临"。这种语不达意的"礼貌"听一次尚能接受，听多了反而让人觉得不舒服。为了能少听到一次这样的"问候"，黄女士只好收住脚步，耐心地在大堂等候她的同学。

不一会儿，戴女士总算到了，她们一见面就拥抱在一起，边走边聊高兴地上了楼。但对于刚才门童的"问候"，黄女士心里还在嘀咕：为什么就不能换个说法呢？！

（2）**不怕麻烦，尽量满足客人的合理要求。**要善于观察，从客人的言谈举止中发现客人的需求。对于客人提出的合理要求，应不怕麻烦，予以满足；不能满足的，应向客人耐心解释，并提出合理化建议。

（3）**尽心尽责，服务周到。**旅游从业人员应该明白，在为宾客提供满意服务的过程中，也为企业和个人赢得了合理的利益，即我们通常所说的经济效益和社会效益。因此，在旅游服务过程中，接待人员与服务人员应时刻想到认真履行自己的职责，让客人满意，才能让企业满意，从而让自己满意。

案 例

小骆的迷茫

　　浙江某宾馆服务员小骆第一天上班，被分配在酒店 A 楼 5 层做值台。由于她刚经过 3 个月的岗前培训，对做好这项工作充满信心，自我感觉良好，一个上午的接待工作确也颇为顺手。

　　午后，电梯门打开，走出两位港客。小骆立刻迎上前去，一边微笑着说："先生，欢迎入住本酒店，请跟我来。"一边领他们走进房间。进房间后，小骆随手给他们沏了两杯茶放在茶几上，说道："先生，请用茶。"接着她又一一介绍客房设备设施："这是床头控制柜，这是空调开关……"这时，其中一位客人用粤语打断她的话头，说："知道了。"但小骆仍然继续说："这是电冰箱，桌上文件夹内有'入住须知'和'电话指南'……"未等她说完，另一位客人便掏出钱包抽出一张面值 10 元的港币不耐烦地递给她。这时，小骆愣住了，一片好意被拒绝甚至被误解，使她感到既沮丧又委屈，她涨红了脸对客人说："对不起，先生，我们不收小费，谢谢您！如果没有别的事，那我就先告退了。"说完便退出房间，回到服务台。

　　此刻，小骆心里乱极了，她实在想不通，自己按服务规范给客人耐心介绍客房设施设备，为什么会不受客人欢迎呢？

　　——资料来源：范运铭.客房服务与管理案例选析［M］.北京：旅游教育出版社，2005.

案例分析

　　小骆积极主动地为客人提供服务，按服务规范为客人介绍客房设施设备，但她的热情服务显然没有得到客人的肯定，反而被误会是想索要小费。小骆的服务究竟是哪里出了问题呢？

第三节　文明礼貌　优质服务

旅游是人的一种活动，旅游服务就是为旅游者服务。对人的服务，只有从细节做起，才能使人觉得周到，感到温暖。细节化的服务具体而言就是要做到文明礼貌、优质服务，这是旅游职业道德的一个极其具有行业特点的道德规范，也是旅游从业人员必须具备的素质之一。

一、"文明礼貌、优质服务"的道德含义

文明礼貌是社会公德的基本内容和重要道德规范，是正确处理人们之间相互关系的一种最起码，同时也是必不可少的行为准则。对于旅游业来说，文明礼貌不但是进行一般交往的手段，而且也是旅游从业人员服务态度、服务规范和服务内容的重要组成部分。

优质服务是一切服务行业的共同规范，是旅游业职业义务的集中体现，是旅游从业人员最重要的道德义务和责任。

案　例

春节旅游纠纷轮番上演，各类潜规则充斥旅游市场

2011年春节黄金周的旅游市场并不平静。2月5日，香港再次发生导游与游客纠纷事件，一名女导游与两名安徽游客互殴，双方均诉至九龙城法院，并被判每人罚 1000 元港币及守行为一年。

2月5日上午 11 点 16 分，香港九龙红磡分区警署接到报案，在九龙土瓜湾新马头街发生一起香港导游和内地游客冲突事件。香港警察公共关系科新闻主任梁小姐表示，37 岁的林姓香港女导游和一名 40 岁的安徽张姓男子因言语争执引起肢体冲突，

随后两名分别为 27 岁和 40 岁的女子进行了劝架。女导游报警后 4 人均被警方拘留，其中 40 岁的男女游客为内地夫妇，4 人均称遭受袭击。37 岁女导游和 27 岁女子分别因头部、脸部受伤送往伊丽莎白医院，40 岁内地夫妇被拘留警署后不久称不适也被送往医院。

据了解，该旅行团共有 34 名团友，为香港友佳旅行社的 3 天香港游旅行团。一名游客称 2 月 5 日早上被女导游安排到一家珠宝店购物，在店内逗留超过 2 小时，最后团队游客并无购物，导游便用脏话谩骂他们，接着便发生争执。事情发生后，旅行社派出了另一名导游继续行程。该团游客表示，两日的行程频频换导游，至少见过 4 名接待人员，但行程表上的导游则从未出现。香港旅游业议会的初步调查显示，涉事内地旅行团是通过深圳一家旅行社组团参加香港两天一晚行程的。根据有关规定，内地旅行团赴港都必须转交香港有资质的旅行社来接待。

无独有偶，在香港导游与游客互殴事件发生后，国内知名杂文家、时评家鄢烈山在云南旅游时也遭遇了"卖猪崽"。鄢烈山在博客中透露，他于 2010 年 12 月下旬通过网络预订了云南省国际旅行社正月初一至初五（2011 年 2 月 3 日至 7 日）的"昆明至西双版纳豪华快巴 5 天 4 晚行程"。2 月 3 日中午抵达昆明后，与该旅行社签订了合同书和行程单。按照合同，4、5、6 日三天晚上住西双版纳，全程二星级饭店标准双人间。但在旅游过程中，该旅行团遭到多次"转卖拼团"，行程中也没有兑现合同中签订的"全程二星级饭店标准双人间"。"这个团东拼西凑转手了四五次，一些行程不一样的团队也拼到了一起，部分行程还是重复的。"鄢烈山表示最让他难以忍受的是入住了一家所谓的"教育宾馆"，不仅房间内设施残破不堪，就连床单上也污迹斑斑，墙壁上随处可见鞋印，甚至在房间的门后都贴有低俗的招嫖广告。

案 例 分 析

1. 出现以上问题的原因在哪里？

2. 从旅行社行业管理、旅行社服务质量改善和游客素质提升等方面讨论如何才能消除旅行社潜规则，减少旅行社与游客间的纠纷。

二、"文明礼貌、优质服务"的具体要求

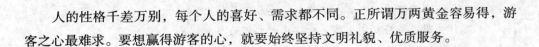

人的性格千差万别，每个人的喜好、需求都不同。正所谓万两黄金容易得，游客之心最难求。要想赢得游客的心，就要始终坚持文明礼貌、优质服务。

案 例

不懂日本客人习惯导致的失礼

几位日本客人来到北京某饭店的中餐厅用餐。领位员将他们带到一张餐桌前，请客人入座。谁知他们却不肯坐下，一位客人边说边用手指了指桌子和墙，并示意同伴离开。领位员忙请一位懂日语的服务员来帮忙，经询问才知道，原来客人忌讳餐桌上花瓶里的梅花，以及"9"号餐桌牌和墙上的荷花图案。

给客人换了座位，端上茶水和手巾后，服务员开始请客人点菜。由于语言不通，无法向客人解释，只是凭借他们在菜单上的指点和手势点了几道菜。服务员还用手点了肥肠和扣肉等当天的厨师推荐菜，客人对她推荐的菜不置可否，意思可能是说，随她处理。

上菜后，客人对服务员推荐的菜不动筷子。一位客人在尝了一口"干煸牛肉"后眼泪都辣出来了，非常生气地用日语对服务员叫嚷。服务员听不懂他的意思，又去把那位懂日语的同事请来圆场。

"我们根本就没有要这位小姐点的内脏和肥肉（指肥肠和扣肉），是她为我们推荐的。牛肉又放了这么多辣椒，根本不符合我们的口味！"这位客人不客气地对懂日语的服务员讲。

——资料来源：程新造，王文慧.星级酒店餐饮服务案例选析［M］.

北京：旅游教育出版社，2005.

更换牛皮沙发的原因

在一次印度官方代表团前来我国某城市进行友好访问时，为了表示我方的诚意，有关方面做了积极准备，就连印度代表团下榻的饭店里也专门换上了宽大、舒适的牛皮沙发。可是，在我方的外事官员事先进行例行检查时，这些崭新的牛皮沙发却被责令立即撤换掉。原来，印度人大多信奉印度教，而印度教是敬牛、爱牛、奉牛为神的，因此无论如何都不应该请印度人坐牛皮沙发。

——资料来源：薛建红.旅游服务礼仪［M］.郑州：郑州大学出版社，2006.

 案 例 分 析

1. 第一个案例中引起客人不满的主要原因是什么？
2. 作为服务员应从以上案例中得出哪些经验与教训？

（一）尊重客人

尊重他人是做人起码的社会公德，是旅游从业人员最基本的道德规范，也是优质服务的基本要求。尊重客人，一是要尊重客人的人格、信仰以及生活习惯。因此，旅游从业人员需要深入了解东西方文化的特点、价值观念的差异和各地区人群在信仰、习俗上的不同，才能在提供服务的过程中充分体现出对客人的尊重。二是要注意保护客人的自尊。人往往都有虚荣心，从业人员应当避免因经验不足而使客人"出洋相"的情况。例如，避免让客人当众说出"买不起""吃不起"或"住不起"等字眼，尽量不要直言不讳地揭穿客人的过错。

相关链接 🔍搜索

西方国家饮食禁忌

1. 不吃动物内脏

中国人所喜欢的动物内脏，西方人通常不接受。当然也有例外，比如法式鹅肝酱，但由于经过加工，看不出原材料，所以不会让人觉得恐怖。

2. 不吃动物的头和脚

我国宴请客人都喜欢用全鸡全鱼，头对着谁也有讲究。西方人则不是这样，鱼眼睛瞪着会影响食欲，当然，中式的凤爪、猪蹄、鱼头煲等就更要避免。

3. 不吃淡水鱼

淡水鱼土腥味重，刺多，不容易处理，刀叉更难对付。西方人比较喜欢吃煎炸类的海鱼，最好是去骨的鱼块。

4. 不吃宠物

猫和狗绝对不吃。在西方人的眼里，猫、狗是人类的朋友。

5. 不吃无鳞无鳍的动物

主要是蛇、白鳝、黄鳝、泥鳅、鲇鱼等。

6. 西方主要国家饮食禁忌

美国人不吃羊肉和大蒜；澳大利亚人不吃味精，并称味精为"中国毒药"；俄罗斯人不吃海参、海蜇、墨鱼、木耳；英国人不吃狗肉和动物的头、爪；德国人不吃核桃。

（二）仪表整洁

仪表整洁既是个人修养问题，又是服务态度和服务质量的一部分，也是旅游从业人员重要的道德规范组成之一。旅游行业的从业人员每天要面对来自四面八方的客人，从业人员的仪容仪表会给客人留下深刻印象，在一定程度上体现了企业的形象，反映出企业的管理水平和服务水平。有位旅游管理专家曾经说过：一进饭店大堂，只要看一下员工的形象，再告诉我客房的数量，基本上能评估出这家饭店的营业收入和利润。从业人员的仪容仪表要做到：在工作岗位上要穿工作服，衣冠容貌要整洁，头发、胡须、指甲不宜过长，并要修理整齐。

某酒店员工仪容仪表标准

1. 容貌

（1）头发梳理整洁，前不遮眉，后不过领。男服务员不得留鬓角、胡须；女服务员如留长发，应用统一样式发卡把头发盘起，不擦浓味发油，发型美观大方。

（2）按酒店要求，上班不佩戴项链、手镯、戒指、耳环等贵重饰物。

（3）不留长指甲，不涂指甲油，不浓妆艳抹，淡妆上岗。

（4）男服务员坚持每天刮胡须。

2. 着装

（1）着规定工装，洗涤干净，熨烫平整，纽扣要齐全扣好，不得卷起袖子。

（2）领带、领花系戴端正；佩戴工号牌（戴在左胸前）。

（3）鞋袜整齐，穿酒店指定鞋，袜口不宜短于裤、裙脚（穿裙子时，要穿肉色丝袜）。

3. 个人卫生

（1）做到"四勤"，即勤洗手、洗澡；勤理发、修面；勤换洗衣服；勤修剪指甲。

（2）上班前不吃生葱、生蒜等有浓烈异味的食品。

4. 每日自查

服务员每日上班前要检查自己的仪容仪表。不要在餐厅有客人的地方照镜子、化妆和梳头，整理仪表要到指定的工作间。

5. 站立服务

站立要自然大方，位置适当，姿势端正，双目平视，面带笑容，女服务员两手交叠放在脐下，右手放在左手上，以保持随时可以提供服务的姿态。男服务员站立时，双脚与肩同宽，左手握右手背在腰部以下。不准双手放在腰间、抱在胸前，站立时不旁倚或前扶他物。

6. 行走

步子要轻而稳，步幅不能过大，要潇洒自然、舒展大方，眼睛要平视前方或宾客。不能与客人抢道穿行，因工作需要必须超越客人时，要礼貌致歉，遇到宾客要点头致意，并说"您早""您好"等礼貌用语。在酒店内行走，一般靠右侧（不走中间），行走时尽可能保持直线前进。遇有急事，可加快步伐，但不可慌张奔跑。

7. 手势

要做到正规、得体、适度、手掌向上。做"请姿"时一定要按规范要求，五指自然并拢，将手臂伸出，掌心向上。不同的"请姿"用不同的方式，如"请进餐厅时"用曲臂式，"指点方向时"用直臂式。在服务中表示"请"用横摆式，"请客人入座"用斜式。

8. 服务员应做到"三轻"

说话轻、走路轻、操作轻。递茶、上菜、撤菜、上饭时要轻拿轻放，动作要有条不紊；开、关门不要用力过猛，要始终保持餐厅安静。

9. 服务员的举止应做到

在宾客面前不可交头接耳、指手画脚，也不可有抓头、搔痒、挖耳朵等一些小动作，要举止得体。

10. 服务中递交物品

应站立，双手递交，态度谦逊，不得随便将物品扔给或推给客人。

案例

不文明的行为

一日晚 6 点 45 分，在北京某五星级饭店，一位暗访客人从客房出来在 12 层电梯口遇到一行李员（据称在给某客人运送行李），帽子扣在脑后，靠墙而站。晚 8 点 30 分暗访客人返回时在 12 层又遇到该行李员，其站姿不雅并大声与另一名员工对话，抱怨需取送行李的客人还不来，甚至骂道"某某房间那孙子××××××"等，语言污秽不堪。该行李员的不文明行为被记录到暗访报告中。

——资料来源：职业餐饮网，http://jiudian.canyin168.com

案例分析

　　当你在饭店住宿时，遇到案例中的不文明行为，你会有何感受？结合所学知识，谈谈你对旅游服务中文明礼貌、优质服务重要性的认识。

（三）语言优美

　　语言优美、谈吐文雅是文明礼貌、优质服务这一道德规范的重要内容和要求。"良言一句三冬暖，恶语伤人六月寒"这几乎是所有人的共同感受。只有优美的语言、文雅的谈吐才能使人与人之间以礼相待的公共道德准则成为现实。

　　语言文明亲切就是做到"和气""文雅""谦逊"。不讲粗话、脏话，不强词夺理，不恶语伤人。和气就是心平气和，与宾客应对自然得体，语气要关切，语调要柔和，强词夺理、盛气凌人、颐指气使、高声斥骂则违反了这一要求。文雅就是文明有礼，使用文雅的语言，去掉粗鄙的语言，才显示出从业人员的修养水平。谦逊就是要尊重客人，多用讨论、商量的口气说话，服务或征询意见时多用"请""您"等词语。

　　语言文明还要求讲好礼貌用语。与客人谈话时应注意：第一，说话声音不宜过大，以使对方能听清为宜，尤其注意讲话时不要溅出口水。第二，不要谈客人忌讳的事情。一般不要询问对方履历、物品价钱、年龄、女宾婚姻等，也不要谈疾病等不愉快的话题。第三，与客人谈话要实事求是，不知道的事情不要随便答复或允诺。第四，用好敬语。在接待活动中要得体地称呼客人。在国际交往中一般对男宾称先生，对女宾称夫人、女士或小姐。对外国部长以上的高级官员，按国家情况称"阁下"或"先生"。第五，与客人谈话时，不要总是自己讲，别人讲话时要双目注视对方，注意聆听，不要随便插话。宾客之间交谈时，不要趋前旁听，不要在一旁窥视，更不要插话干扰。

（四）微笑服务

　　微笑是热情友好的表示，真诚欢迎的象征。微笑是旅游者感情的需要，是旅游业发展的需要，是旅游从业人员对自己职业价值的肯定。俗话说"诚于内，形于外"，只要对客人真诚，为客人着想，就会有自然、由衷、亲切的微笑。

你今天对客人微笑了没有

国际知名的跨国集团——希尔顿酒店的经营理念就是：微笑、信心、辛勤、眼光。它的创始人希尔顿先生要求员工照此信条实践，即使非常辛苦也必须对顾客保持微笑，就连希尔顿先生自己都随时保持微笑的姿态。他们将微笑变成了财富。1919～1976年，希尔顿从1家旅馆扩展到70家，遍布世界五大洲的各大城市，成为全球最大规模的酒店之一。即使在美国经济危机爆发的几年中，虽然有数不清的大酒店倒闭，最后仅剩下20%的酒店，但是在这样残酷的环境中，希尔顿酒店的服务人员依然保持着微笑。因此，经济危机引起的大萧条一过去，希尔顿酒店就率先进入了发展的黄金时代。希尔顿在其职业生涯中，不断地到分设在各国的希尔顿酒店视察业务。他每天至少与一家希尔顿酒店的服务人员接触，他向各级人员（从总经理到服务员）问得最多的一句话必定是："你今天对客人微笑了没有？"

（五）细节服务

"泰山不拒细壤，故能成其高；江海不择细流，故能就其深。"所以，大礼不辞小让，细节决定成败。大事业往往以小事为起点，小事做不好，也就失去了做大事的机会和基础。做好细节服务，要求每一位旅游从业人员在旅游服务过程中一切从细微处做起，哪怕是一句问候，一张便笺，都应让客人感到温馨，给客人留下深刻印象。

（六）标准化服务与个性化服务相结合

标准化服务与个性化服务相结合是优质服务的前提。标准化服务是旅游服务质量的基础；个性化服务是使宾客满意的服务。标准化服务是每个服务员都可以做到的，但个性化服务则需要服务员细心去体察。现在的客人更喜欢符合自己个性的服务产品，有了个性化的需要，就应有个性化的服务。个性化服务就是根据宾客不同的个性需求，对每一位不同的宾客提供针对性的、超出客人期望值的服务。

烫金的名字

比利时某电脑公司董事长穿梭于北京与布鲁塞尔之间已有多年，每次来京，他都下榻在北京某饭店6层的一个豪华套间内。今天他风尘仆仆地从机场赶来，饭店派往机场的代表早就举着牌子在出口处迎接。一阵短暂寒暄之后，汽车即载着董事长风驰电掣般地朝着首都市中心驶去。

比利时客人自己都说不清已经来过该饭店几次了，他熟门熟路地来到早就为他准备好的套间里。一切与往常一样，他照例先沐浴，再稍事休息。当他从条形衣柜取出睡衣时，令他眼前一亮的是睡衣左胸绣着他的名字，因为是金线绣的，所以特别耀眼。他记得上次来北京还是两个月之前的事，那时也是这样一件睡衣，但胸前没有任何字样。顷刻间，一种自豪感油然而生，沐浴时愈发觉得舒坦透心。

比利时客人从洗手间走出，到沙发上坐下，抽出一支烟，随手从茶几上拿起火柴，发现他的名字又被印在了火柴盒上，且是烫金的，这更使他感到一份少有的惊喜。他走南闯北，到过世界各地许多五星级饭店，这样高档次的礼遇还是平生首次享受到。他前后左右仔细端详起火柴盒来，烫金工艺还真精巧。他不由得赞叹道："真难为了饭店的真心实意。"

董事长一手夹着香烟，站起身慢慢踱到桌前，那本《服务指南》他是再熟悉不过了，但今天出于好奇，他还是下意识地打开了。又是一个惊喜！信纸信封上他的名字赫然在目，也是烫金的！

——资料来源：范运铭.客房服务与管理案例选析［M］.北京：旅游教育出版社，2005.

 案　例　分　析

1. 谈谈你阅读本案例后的感受。
2. 旅游企业为何要在规范化服务的基础上，积极开展个性化服务？

第四节 不卑不亢 一视同仁

　　明代朱之瑜在《答小宅生顺书十九首》中写道："圣贤自有中正之道，不亢不卑，不骄不谄，何得如此也！"1972年美国总统尼克松访华时，时任国务院总理的周恩来同志对中国外交人员提出了"不卑不亢，落落大方"的要求。

　　"不卑不亢、一视同仁"是一种优秀的处事态度，作为社会主义旅游职业道德的规范要求，它是爱国主义、国际主义和人道主义原则在旅游职业活动中的具体体现。旅游从业人员应当具备不卑不亢的品质，这是实现平等待人并争得平等待我的必要条件。在旅游接待与服务工作中，不应以客人身份的高低或职业的等级作为衡量一切的标准，要尊重客人、热情友好、谦虚谨慎，尽到自己的职业道德和道义责任。尤其是在涉外活动中，既不可妄自尊大，也反对奴颜媚骨、卑躬屈膝，为了追求经济利益而置国格、人格于不顾，应当做到自尊、自信、自重、自强。

一、"不卑不亢、一视同仁"的道德含义

　　在旅游接待与服务工作中，旅游从业人员应当正确处理好主客关系。"不卑不亢、一视同仁"正是正确处理这一关系的行为准则。

　　不卑不亢，卑即自卑，亢即高傲，其道德含义是指旅游从业人员在工作中要维护自己的人格、国格，坚持自己的信念，要谦虚谨慎，但不要妄自菲薄；要为客服务，但不低三下四；要热爱祖国，但不妄自尊大；要学习先进，但不盲目崇拜。强调不卑不亢，就是要反对民族自卑感，反对金钱拜物教。

　　一视同仁是指旅游从业人员在职业活动中对待客人应做到不分厚薄、同等对待。它要求从业人员不论客人的国籍、种族、身份、贫富等，都能友好地相待，一样地尊重他们的人格、习惯以及宗教信仰等，满足他们正当的服务需求。旅游从业人员在任何客人面前应该不分厚薄，维护他们的合法权益，关心他们的切身利益，

真诚地为他们服务，杜绝服务中的两副面孔，即对外宾热情，对内宾冷淡；对衣着华贵者热情，对普通着装者冷淡；对高消费者热情，对低消费者冷淡。

二、"不卑不亢、一视同仁"的重要性

（一）不卑不亢是自觉捍卫民族尊严，维护国格、人格的具体表现

作为一个有着强烈民族自尊心和深厚民族感情的旅游工作者，无论何时何地，都应该保持自己的民族气节，自觉维护民族尊严，这是旅游职业道德对每一个从业人员最基本、最起码的要求。凡是见利忘义，不顾国格和人格的思想和行为，都违背了旅游工作者最起码的职业道德，是为旅游行业所不齿的。

怎样才能体现出旅游工作者的爱国主义精神和民族尊严呢？最关键的一点就是要做到不卑不亢。

中国是一个发展中的社会主义国家，与发达国家相比，在许多方面还存在一定的差距。所以从事涉外接待与服务工作的旅游从业人员在与外国客人打交道时，不论他们来自什么样的国家，都应当始终保持一个中国人应有的风度；要自信、自尊、自重，要爱我国家、爱我民族、爱我传统、爱我自身。有些人在看待问题时以偏概全，以为国外的一切都好，所以与外国人交往时，总有一种自卑感，缺乏自信；有的人对外国人盲目崇拜，认为他们什么都对，个别人甚至为了索取一点微不足道的小费，在外国人面前表现得奴颜媚骨，失去了起码的自尊。这些都必须予以反对。

但在对外交往中，既不要有自卑感也不要有傲气，特别是不要看不起从经济发展相对落后的国家来的客人。应平等待客，即使对人有所帮助，也不要认为是恩赐，更不必常挂在嘴上。总之，从事涉外旅游接待工作，傲气不可有，骨气不可无，原则问题不可退让，要始终做到不卑不亢、落落大方。

（二）"不卑不亢、一视同仁"在社会交往中对营造良好的人际关系有积极作用

一视同仁，是体现中国社会主义旅游业特色的一个十分重要的方面。它对创造平等、团结、友爱、合作、互助等新型的人际关系和营造和谐、祥和的道德氛围起着积极作用。见利忘义、厚此薄彼，是被社会主义旅游职业道德规范所不齿的。它

违背了最基本的平等需求，在满足一部分人虚荣心理的同时，却损害了大多数人的自尊。这样做的结果，只能是顾此失彼，在客人心中失去自己的商业信誉。

醉酒客人拉服务员共舞

一天，酒店来了一群客人，个个西装革履，气宇轩昂。服务员主动上前引座服务。刚开始客人比较平静，酒过三巡，客人有些面红耳赤了，开始脱掉外套，手握话筒放声高歌。这时，其中一位客人过来拉服务员要求同歌共舞。这位服务员平静地说："看这位先生一定是位厂长或经理，您希望您的职工违反您的工作制度吗？"客人一愣，服务员得体地补充说，"现在我正在上班，不能和您一起娱乐，对不起，您还需要什么的话，尽可吩咐。"

过了一会儿，几位客人的酒气上来了，开始击碗拍案，胡言乱语起来。服务员依然平静，既没有认可，也没有拂袖而去，只是淡淡地正色道："各位请自重，以免有失身份。"客人露出一丝尴尬。最后有两位客人喝得酩酊大醉，吐了一地。又是这位服务员，扶他们到沙发上休息，给他们递茶、倒水、送毛巾。事后，客人专程来向这位服务员道歉致谢。

 案 例 分 析

1. 你认为案例中服务员的态度为自己和酒店赢得了什么？
2. 在同客人的交往中，应如何做到既服务热情周到又态度不卑不亢？

三、"不卑不亢、一视同仁"的基本要求

（一）谦虚谨慎，自尊自强

谦虚，是指谦逊虚心，平等待人，尊重他人；谨慎，是说作风严谨细致，工作一丝不苟，精益求精，慎重小心。自尊自强，即自我尊重，自我勉励，奋发图强。旅游行业从业人员应做到谦虚谨慎、自尊自强，就是要做到尊重同事、尊重宾客、尊重领导，虚心学习同行的经验，学习国外的先进经验，博采众长，形成自己的优

势与特色。

（二）一视同仁，以礼相待

作为旅游接待服务工作中的平等原则，一视同仁、以礼相待应重点体现在以下"六个一样"上：

（1）**高低一样**。对高消费客人和低消费客人应一样看待，不能重"高"轻"低"。

（2）**内外一样**。对外国客人和国内客人一样看待。

（3）**东西一样**。东，主要指第三世界发展中国家的客人；西，主要指欧美等发达国家的客人。两类客人虽来自不同的国家，生活习惯不同，消费水平各异，但我们决不能重"西"轻"东"。

（4）**华洋一样**。对华人客人（包括华侨、外籍华人和我国港、澳、台客人）应和外国客人一样看待。

（5）**黑白一样**。对黑色人种客人和白色人种客人应一样看待，不能重"白"轻"黑"。

（6）**新老一样**。对新来的客人应和老客人一样看待。

旅游职业道德要求做到一视同仁的"六个一样"，并不是机械的、绝对的，更不是在具体工作中不分先后、不分内外、不分档次；在同等条件下，我们还必须做到"六个照顾"，即照顾先来的客人；照顾外国客人和华侨、外籍华人和我国港、澳、台客人；照顾贵宾和高消费客人；照顾黑色人种客人和少数民族客人；照顾常住客人和老客人；照顾妇女、儿童和老弱病残客人。

在接待与服务工作中，优先原则已为旅游者普遍接受与认可，它并不违反一视同仁的道德规范。特别要强调的是照顾妇女、儿童和老弱病残客人，这本身就是社会公德的基本要求。为妇女、儿童提供专门的服务设施和服务项目，为残疾客人准备轮椅，为生病的客人免费送餐等，这既是个性化服务的要求，也是人道主义的直接体现。

案例

过火的 VIP 接待

酒店新的经营管理理论认为，对不同客人应区别对待，应突出提供个性化服务。接待VIP，尤其是酒店请来的VIP，其接待规格当然应与普通宾客有别，对重要客人表示特别的尊重也是理所当然的事。但在提供个性化服务的同时，绝不能忽视一视同仁的接待原则。

　　某侨乡举行一次大型招商会，吸引了大批华侨回乡参加投资洽谈。一家被誉为当地最好的酒店成为活动的主要接待单位。酒店除了接待大批回乡华侨外，还接待不少地方政府高级官员。酒店将地方官员视为VIP，房内鲜花、水果自不必说，在许多公共场合，酒店中高层管理者对官员更是热情有加，见面握手问好，餐餐上桌敬酒，嘴上这个"长"那个"长"地叫着。相比之下，对那些回乡华侨就视同路人，无人上前照应。就连服务员也顾此失彼，连起码的"对客一视同仁"也抛之脑后，面对远方归来的华侨们难以一展笑容。不少华侨见此情形，甚为不满，一气之下，纷纷退房改住他店。

——资料来源：职业餐饮网，http://jiudian.canyin168.com

　　在旅游接待工作中，在公众场合应如何表现及怎样把握热情程度？如何做到既不怠慢VIP，又不让众顾客产生亲疏有别之感？

在生活中，你有没有受到过不平等的待遇？谈一下你当时的感受。

第五节　钻研业务　提高技能

　　职业技术水平不仅仅是个人能力大小和知识水平高低的问题，还涉及职业道德问题。宏观而言，一个人从业成功需要职业技能与职业道德两种素质，无论是缺乏职业技能还是缺乏职业道德，人们都难以取得事业的成功。提高职业道德与提高职业技能是相辅相成的，职业道德是推动职业技能发展的重要因素，而职业技能又是提高职业道德水平的重要表现，是不断增强自身就业竞争力的重要途径。

他们都是维修工

某饭店 205 号房是间长包房，住着两位德国客人，他们是一家合资企业的德方工程技术专家。一天晚上，两人从餐厅搬来一箱易拉罐啤酒及几个冷盘菜，各自坐在自己的床沿上，靠着电控柜兴致十足地对饮起来。突然，整个房间的电灯熄灭了，一团漆黑。原来是他们喝酒时不小心打翻了一罐啤酒，酒水倒在电控柜台面上，顺着缝隙渗进柜内，造成了短路。此时，两位客人尚未喝醉，他们打开房门，大声呼叫服务员。

当班服务员小严闻讯赶来，得知 205 号房发生断电事故，当即安慰德国客人，请他们放心，他一定设法尽快修复。小严马上跑到办公室，找到正在值班的客房部盂经理和主管小郑，报告了刚才的意外事故。盂经理和小郑二话没说，打开旁边一只工具箱，这只"百宝箱"里各种工具、用品及零配件几乎应有尽有。他们熟练地取出螺丝刀、手电筒、接线板、电吹风等工具，赶到 205 号房。

只见他们打着手电筒，麻利地拆下电控柜侧面的盖板，用干布、卫生纸把柜内的水分吸干，再从外面楼层引进电源接通电吹风，对准受潮处使劲猛吹，只用 5 分钟就吹干了，刹那间房间里一片光明。

客房电控柜短路造成的断电事故能在短短 5 分钟内便圆满解决，这是极其了不起的；更难能可贵的是，维修人员不是工程部的专业人员，而是客房部的管理者和服务员。

——资料来源：范运铭．客房服务与管理案例选析［M］．北京：旅游教育出版社，2005.

一、"钻研业务、提高技能"的道德含义

职业技能是指从业人员从事职业劳动和完成岗位工作应具有的业务素质，包括职业知识、职业技术、职业能力。职业知识是包含基础知识、专业知识，以及包括人文素养在内的其他知识。职业技术是指驾驭本职业或岗位的科学技术。职业能力包括一般能力和特殊能力，它不仅指某种与职业相关的技能，还指从业人员需要具

备的综合能力，包括学习能力、组织能力、交往与合作能力、专业能力、自主性和承受能力等。

"钻研业务、提高技能"，就是要求一切从业人员钻研自己所从事的专业，孜孜不倦、锲而不舍，不断扩展职业知识、提高职业技术、提升职业能力。这既是向客人提供优质服务，履行职业责任，维护国家利益和为社会做贡献的前提，又是旅游工作者求得自身发展、进步的重要基础之一。

二、"钻研业务、提高技能"的重要性

社会主义的职业道德十分重视职业技能的职业意义，把努力提高职业技能作为敬业原则的一条基本道德要求，这是由于职业技能是人们履行职业职责的基础和前提。职业水平如何，直接关系到职业活动的质量优劣和效率高低以及贡献大小，因此，也直接关系到国家和企业的利益。因此，为搞好本职工作，职业工作者必须刻苦地学习各种有关的科学文化知识，不断提高业务水平和解决实际问题的能力，做到对技术刻苦钻研，精益求精。

（一）"钻研业务、提高技能"是旅游从业人员履行工作职责、实现自身价值的手段

（1）"钻研业务、提高技能"是履行工作职责的重要前提。一个人不管从事何种职业，都对社会和他人承担着一定的责任，这是由职业的本质特征所决定的。一个人能否履行自己的岗位职责，不仅由从业人员的职业态度来决定，更由他的职业技能来体现。他必须掌握一定的职业技能，并通过服务于社会、服务于顾客得以充分展示出其精湛的技艺；相反，如果缺乏与职业或岗位要求相匹配的职业技能，只会夸夸其谈，无论他在口头上谈自己的职业责任有多么重要，均是纸上谈兵，既不能切实履行自己应尽的职业责任，也不能对社会发展起到任何促进作用。所以，在职业生活中，增强职业责任感、切实履行职业责任，就必须不断钻研业务，提高技能。

（2）"钻研业务、提高技能"是实现自身价值的手段。美国著名的社会心理学家马斯洛认为，一个人只要活着，就希望得到社会和他人的肯定、认同和尊重，达到自我实现的目标。追求自我价值的实现，是人们行动的强大动力。自我价值的

实现，主要通过个人在职业活动中履行的职业责任、为社会和他人贡献的大小来体现。一般来说，具有较高职业技能水平的人往往能够更好地履行职业责任并为社会和他人做出更大贡献，从而能够更大限度地实现自我价值。

随着旅游业的不断发展和旅游者消费层次、消费需求的逐步提高，旅游者逐渐由主要对"物"的低层次需求向追求高层次的精神上的满足和享受转变。这就对员工的专业知识、专业技能和职业能力提出了更高的要求。如员工的文化素质和礼仪素养决定了其对宾客的服务态度，员工的语言水平决定了其能否根据客人的个性特点有针对性地为客人提供优质服务，员工的专业知识丰富与否决定了他的工作效率。所以，如果我们的旅游从业人员不去努力钻研业务、提高业务能力，就无法保质保量地完成工作任务。一名管理人员，如果没有扎实的管理知识和广博的学识以及丰富的管理经验，就难以运用科学的方法和手段进行管理，当然，管理质量也就难以得到保证了。一名翻译导游人员，如果不懂礼仪和接待规则，不会流利、准确的外语，不熟悉游览线路，缺乏有关游览景点的知识，就难以胜任本职工作，更无法实现其自身的价值。

（二）"钻研业务、提高技能"有助于增强竞争力

（1）"钻研业务、提高技能"有助于增强个人竞争力。随着市场经济迅速、深入的发展，旅游市场竞争的日趋激烈，当旅游设施的质量水准逐步达到国际化标准时，旅游业将逐步进入管理水平、管理能力的竞争。而人才综合素质的高低则是旅游企业管理水平高低的集中体现。旅游从业人员要在激烈的竞争中脱颖而出，必须不断加强自己的职业技能。只有掌握了较高的职业技能，才能更好地完成工作任务，取得突出的工作业绩。掌握了较高的职业技能，就更容易抓住发展机遇，踏上通往成功的旅途。

（2）"钻研业务、提高技能"有助于增强旅游企业竞争力。21世纪，以劳动密集型为特点的旅游接待与服务工作将会注入越来越多的科技含量。譬如，信息产业的发展，散客旅游群体的增加，推动了旅游饭店、旅行社建立网络宣传与营销系统，实现了旅游企业经营管理的信息化和旅游产品预订的网络化。这就要求旅游企业与时俱进，及时掌握现代技术发展动态，不断引入现代化管理理念，改进服务方式，使旅游产品真正成为"理解宾客需求"的产品，使旅游企业在不断变化的市场竞争中立于不败之地。

案 例

"It will do" 与 "It won't do" 的错位

一天，内地某宾馆一位美国客人到总台登记住宿，顺便用英语询问接待服务员小杨："贵店的房费是否包括早餐（指欧式计价方式）？"小杨英语才达到 C 级水平，没有听明白客人的意思便随口回答了个"It will do"（行得通）。次日早晨，客人去西式餐厅用自助餐，出于细心，又向服务员小贾提出了同样的问题。不料小贾的英语亦欠佳，在匆忙应付中又回答了"It will do"（行得通）。

几天以后，美国客人离店前到前台结账。服务员把账单递给客人，客人一看吃一惊，账单上对他每顿早餐一笔不漏！客人越想越糊涂：明明总台和餐厅服务员两次答"It will do"怎么结果变成了"It won't do"（行不通）了呢？他百思不得其解。经再三追问，总台才告诉他："我们早餐历来不包括在房费内。"客人将初来时两次获得"It will do"答复的原委告诉总台服务员，希望早餐能得到兑现，但遭到拒绝。客人于无奈中只得付了早餐费，然后怒气冲冲地向饭店投诉。

最后，饭店重申了总台的意见，加上早餐收款已做了电脑账户，不便更改，仍没有同意退款。美国客人心里不服，怀着一肚子怒气离开了宾馆。

——资料来源：远洲报多媒体数字报刊平台，http://ep.zjgy.gov.cn

案 例 分 析

1. 案例中的小杨和小贾应该在今后的服务工作中注意些什么？
2. 饭店的最终处理方式是否妥当？

三、"钻研业务、提高技能" 的具体要求

（一）学会在工作中学习，不断提高自己的各项能力

"全球第一女 CEO" ——惠普公司董事长兼首席执行官卡莉·费奥莉纳女士的职业生涯是从秘书工作开始，她是如何提升自我价值，一步步走向成功，并最终在男性主宰的权力世界中脱颖而出的呢？答案就是在工作中不断学习。在我们生活的

世界中，没有人具备与生俱来的谋生技能，所有谋生、发展的职业技能均是在学习和工作中不断积累起来的。

旅游业不同于其他行业，其行业知识涵盖广泛，几乎涉及了各个领域。特别是从事导游工作的人员，其知识结构涉及了地理、历史、美学、心理学、建筑学等各个领域。要在有限的时间里掌握如此纷繁广博的知识，就要求旅游从业人员立足于本职工作，努力学习，学会在工作中学习。

熟练的托盘服务

一个20人的美国旅游团在导游员的带领下，来到北京某星级饭店用晚餐。饭店的餐厅内灯火辉煌，气氛热烈。客人们入座后，服务员马上为他们接风洗尘，端茶、斟酒、倒饮料。不一会儿，一道道精美可口的菜肴便一一送上桌来。

进餐中间，一位客人突然问服务员，中餐上菜讲不讲究托盘服务。服务员告诉他，以前基本上是托盘服务，现在则用推车上菜。客人听后点点头，没有再问什么。

又过了一会儿，这位服务员突然手持托盘向餐桌走来。只见他右手将托盘举过肩部，五指平稳地顶着托盘，盘中放满了菜肴和酒水，动作熟练，步伐轻盈。

刚才那位提问的客人见此情景，不禁高兴地笑起来。当服务员熟练地将托盘中的酒、菜平稳地放在餐桌上后，那位客人连声说好。他兴致勃勃地对服务员说，美国人习惯于托盘服务，并把这种方式当作一门观赏艺术。当宾客到餐厅就餐时，见到托盘技术熟练、技巧出众者，往往还报以掌声。其他的客人听他说到此，也随声附和起来。他们纷纷表示，看到这种服务，就仿佛身在美国一样。

——资料来源：程新造，王文慧.星级饭店餐饮服务案例选析［M］.

北京：旅游教育出版社，2005.

作为旅游从业人员应当从以下几个方面提高自身的素质：

（1）要认真学习文化基础知识，打下坚实的文化基础。文化素养是一个人综合素质的基础和底蕴，扎实的文化基础能够使学习者在涉及其他学科领域时轻松自如、事半功倍。而文化基础不扎实，其理解力、悟性就会比较低，会给学习专业知识带来困难，所以要想全方位提高自身素质，应首先从提高文化素质入手。

（2）要努力提高自己的语言表达能力。语言是交流的工具、沟通的媒介，很难想象一个语言能力较差的人能够具备较高的旅游职业素养。与客人交流和沟通，是旅游接待与服务工作的核心，所以旅游工作者一定要在语言能力上狠下功夫。要讲好普通话，做到准确、流畅。要掌握一些方言，如粤语、上海方言等。至少要熟练掌握一门外语，旅游从业人员要接待来自世界各地的旅游者，因语言不通而引起的误会、闹出的笑话比比皆是，外宾为此投诉的事件也时有发生，严重影响了中国旅游业的形象和服务质量。

案 例

酒店收银实习生收到"新版港币"后

实习生晓芳在福建某四星级饭店的总台做收银工作。某晚，她与接待员小谭一起在总台当班。凌晨3点时，两名自称来自中国香港的男子来到总台开房。接待员向客人礼貌要取证件时，客人拿出港澳通行证，于是接待员为客人办理了开房手续。当晓芳提出向客人收取800元押金时，客人掏出了一张面值1000元的"新版港币"。晓芳用验钞机检验"新版港币"时，显示有HKD标志。此时，客人提出希望能够兑换1000元"新版港币"，晓芳再次验证了"港币"，决定为客人兑换1000元。但客人希望能够多兑换一些，以方便在酒店消费。由于经验不足，晓芳便咨询小谭是否可以兑换，而小谭也告知晓芳自己做接待时，也曾为客人兑换过上千元的港币。晓芳还是没有太大把握，于是拨通了值班经理的电话，但正巧当天值班经理办理了辞职手续。在客人多次催促下，同时也为了顾全酒店的服务形象，晓芳给客人兑换了5000元"新版港币"。晓芳拿过"新版港币"，还是不放心，又在验钞机上过了一遍，她与小谭二人都确认是"真钱"后，将4250元人民币给了客人。

客人离开后，晓芳心中还是忐忑不安，她不停地安慰自己：客人开了房间，肯定会回来的，如果钱是假的，到时候可以把钱还给客人。但由于放不下这件事情，到了早晨8点，她拨通了中国银行当地支行的电话。银行的工作人员问她钱币上面是否写有"中国银行"四个字，晓芳说"有"，银行工作人员说那就没有问题了。后来，晓芳将此事告诉了前来接班的小张，并嘱咐她将此事反馈给值白班的王经理。下午，值班经理告诉她说有见到过这款港币，应该是真的，晓芳这才如释重负。可是，第二天就出事了，当饭店财务人员带着这5000元"新版港币"到银行进行兑换时，银行职员不让兑换，但也没有告知是假币。晓芳心中甚是不快，于是决定弄个明白，她跑到网吧，将钱币上银行的英文名称输入到搜索引擎，原来是"津巴布韦储备银行"。而这个国家由于通货膨胀，1000元连 0.5 元人民币都兑换不到。

案例分析

1. 是什么原因导致晓芳上了骗子的当呢？
2. 晓芳和她的同事今后应该增加哪些方面的专业知识才能避免这种事件发生呢？
3. 如果当时你是这名前台接待员，你会怎么做呢？

（3）自觉学习礼节礼貌方面的知识。东、西方文化不同，在礼貌规范上存在一定差异。不同的国家、不同的民族都有本民族自身的礼貌规范。旅游从业人员应自觉地学习礼节礼貌方面的知识，使自己的接待与服务工作在行为规范上符合礼貌要求，做到得体大方，彬彬有礼。

（4）要加强对美学知识的学习，不断提高审美能力。旅游活动的最高境界就是愉悦身心和获得旅游活动所能够给人的美感享受，因此审美修养对旅游从业人员综合素质的提高十分重要。审美修养包括对美的感知能力、鉴别能力、理解能力和创造能力。只有懂得美，并能够按照美学的原则美化我们的旅游环境、塑造我们旅游工作者健康的美的形象，才能够使客人从中获得美感享受。

（5）要关心时事，关心政治，关注社会热点，关注世界各个领域的风云变幻。旅游工作者始终要注意将自己融入社会，使自己成为社会的一分子，关注一切与社会发展、进步息息相关的事情。只有这样，我们的思想才不会落伍，我们才能把握时代发展的脉搏，不断更新自己的知识结构。

（二）树立远大的奋斗目标，持之以恒，勇于进取

不想当将军的士兵不是好士兵。同样，一个没有崇高理想追求的旅游行业从业人员，也很难成为一名优秀的员工。"心有多大，舞台就有多大"，面对全球化旅游大发展的趋势，每一位旅游从业人员都应把握这个机会，树立国际化的职业观，用发展的眼光看待旅游工作，不局限于仅仅完成现有的工作，应不断提升个人职业水平、综合素质，进行合理的职业规划，积极谋求自身的发展。

有了远大的奋斗目标，还要坚持不懈，持之以恒。旅游从业人员为旅游者所提供的服务，多数是直接的、面对面的，在服务的过程中往往会出现一系列的不可预知的事件或问题，这就要求旅游从业人员除具备良好的知识、技能外，还应具备良好的心理素质和处理突发事件的能力。初入职场的旅游从业人员，面对旅游行业中纷杂的事务和各异的服务对象，往往不能进行良好的处理或沟通。对此，要坚持不懈，持之以恒，在投身工作以前，要练就扎实、过硬的基本功；在实际工作中，要勇于面对问题，面对挫折，不断学习，不断完善自己。只有这样，才能成长为一名合格的旅游工作者。

总之，"钻研业务、提高技能"作为旅游从业人员的职业道德规范要求，为旅游从业人员在职业素养的自我提高方面指明了努力的方向。只有刻苦钻研业务，掌握现代化科学文化知识，不断提高业务技能及职业素养，才能适应未来旅游业发展的需要，才能在优胜劣汰的竞争中经受住考验。

课堂思考

在课堂学习之外，你最近有没有利用课余时间主动学习与专业相关的知识，例如听一场讲座、读一本书？

第六节　锐意创新　勇于竞争

近年来，中国旅游业的迅速崛起令世人称奇。加入世界贸易组织后，中国旅游业面对的是来自世界的激烈的行业竞争。这对每一个旅游从业人员提出了新的、更高的要求——如何面对未来？自然，答案应该是以积极的态度去迎接挑战，在建设有中国特色的社会主义旅游业实践中，把自己锻炼成为锐意创新、勇于竞争的人。

相关链接| 🔍搜索

最简单的数字

在奥斯威辛集中营，一个犹太人对他的儿子说："现在我们唯一的财富就是我们的智慧，当别人说一加一等于二的时候，你应该想到一加一大于二。"纳粹在奥斯威辛集中营毒死5万多人，这父子二人却活了下来，真不知是出于侥幸，还是因为他们"一加一大于二"的信念。

1946年，他们来到美国，在休斯敦做铜器生意。一天，父亲问儿子一磅铜的价格是多少，儿子答是35美分。父亲说："对，整个得克萨斯州都知道每磅铜的价格是35美分，但作为犹太人的儿子应该说3.5美元。你试着把一磅铜做成门的把手看一看。"

20年后，那位父亲死了，儿子独自经营铜器店。他做过铜鼓、瑞士钟表上的簧片、奥运会的奖牌。他曾把一磅铜卖到3500美元，不过，这时他已是麦考尔公司的董事长。

然而，真正使他扬名的，并不是他的铜器，而是纽约州的一堆垃圾。

1974年，美国政府为清理给自由女神像翻新时扔下的废料，向社会广泛招标。由于美国政府出价太低，有好几个月没人应标。正在法国旅行的他听说了这件事，立即乘飞机赶往纽约，看过自由女神像下堆积如山的铜块、螺丝、各种木料，他喜出望外，未提任何条件，当即就揽了下来。

许多人为他的这一愚蠢举动暗自发笑，因为在纽约州，对垃圾的处理有严格的规定，弄不好就要受到环保组织的起诉。就在一些人准备看这个犹太人的笑话时，他开始组织工人对废料进行分类。他让人把废铜熔化，铸成小自由女神像；把水泥块和木头加工成底座；甚至把从自由女神像身上扫下的灰尘都包装起来，出售给花店。不到3个月的时间，他让这堆废料变成了350万美元的现金，使每磅铜的价格整整翻了1万倍。

——资料来源：唐旭峰.用智慧创造财富［EB/OL］.维普资讯网，http://www.cqvip.com

一、"锐意创新、勇于竞争"的道德含义

创新，是以新思维、新发明和新描述为特征的一种概念化过程。它起源于拉丁语，原意有三层含义：更新；创造新的东西；改变。创新是人类特有的认识能力和实践能力，是人类主观能动性的高级表现形式，是推动民族进步和社会发展的不竭动力。中国旅游业要与国际旅游业接轨，必须锐意创新，勇于摒弃不合理的旧传统，改掉因循守旧的经营管理和服务接待方式，结合不断发展的旅游大环境，通过

产品创新、生产工艺创新、市场营销创新、企业文化创新、企业管理创新等，积极开创旅游业发展的新局面。

　　勇于竞争，就是要发扬积极进取的精神，不断前进；要勇于面对改革创新中遇到的各种困难，不退缩，争做时代发展的"弄潮儿"。

　　勇于竞争的职业道德原则要求旅游从业人员在自己的工作岗位上发挥主观能动性，积极开拓，大胆创新，勇于进取，不怕冷嘲热讽，敢于承担责任，善于纠正错误，以高度的事业心、进取心和创造精神去做好自己的本职工作。

 搜索

燕子的道歉信

　　日本一家依山而建的高级饭店生意一向很好。可是，有一年春天，一个意想不到的局面突然出现了：一群春归的燕子来到这里，在房前檐下飞来飞去，还东一摊西一摊地留下许多粪便，严重污染了这里的环境；即使服务员们全力以赴地擦洗也无济于事。怎么办？如果旅客们怪罪，那肯定会严重影响旅店的声誉。也就是在这时，聪明的老板想了个绝招，连夜打印了许多封以燕子父母口气"写"的致歉信，并将这些信悄悄放在了一间间客房的写字台上。信中用燕子的语气"写"道："尊敬的旅客，真对不起，我们是一群从南方归来的燕子，由于热爱这里美丽的景色，未经主人同意就住了下来。我们本想与您一起分享美妙的景色，不料我们的孩子太小，太不懂事，在房间里、走廊里随便撒污，弄脏了您身边的环境，真对不起！这些小不点儿们实在太淘气了，请您千万原谅，而且，请千万不要怪罪服务小姐，她们实在忙不过来了。敬礼！您忠实的新朋友——燕子。"果然，当人们看到这封短信时，不仅全然理解了旅店的苦衷，还格外爱上了这样一群淘气的小精灵。

　　——资料来源：范运铭.客房服务与管理案例选析［M］.北京：旅游教育出版社，2005.

二、"锐意创新、勇于竞争"的重要性

　　（1）"锐意创新、勇于竞争"是中国旅游业参与国际旅游市场竞争的必经之路。"逆水行舟，不进则退。"中国旅游业在持续、稳定发展的同时，面临着许多亟待解决的问题，如丰富的旅游资源还没有得到合理、充分的开发；传统旅游管理模式

已经远远不能适应现代化科学管理的要求；旅游管理人员和服务人员的素质亟待提高；旅游业的接待、服务水平与发达国家相比还有相当大的距离。另外，在市场开拓、企业形象策划、对外公关意识的提高、服务观念的改变、工作效率的提高以及竞争观念、创新意识的树立等方面还有许多工作要做。要改变目前的滞后状况，只有在行业内锐意创新、勇于竞争，才会有中国旅游业可持续发展的前景。

（2）"锐意创新、勇于竞争"是促进旅游工作者尽快成长的重要举措。传统的旅游行业用人机制往往是"从一而终"，员工提拔按部就班，管理人员能上不能下；不是唯德是举、唯才是举、唯贡献是举，而是走后门、凭关系；有的甚至搞家族裙带关系，使得许多国有企业人际关系复杂，人浮于事，企业缺乏团队精神，更不用说凝聚力和向心力，因而严重干扰和影响了旅游企业的健康发展；有的企业甚至被人际关系搞得举步维艰，旅游人才人心思动、大量流失。

"锐意创新、勇于竞争"就是要打破传统的用人机制，能者上、庸者下，让真正德才兼备的旅游人才能够脱颖而出；并通过竞争营造一种"比、学、赶、帮、超"积极奋发的工作氛围，让人才在竞争中获得施展才华的机会，让每一名旅游从业人才在竞争中进步、成长。

三、"锐意创新、勇于竞争"的基本要求

（一）树立竞争意识

竞争意识是一种充分发挥主观能动性的自主精神。伴随着商品经济的发展和改革开放的不断深入，这种意识在逐步强化，这是现代社会逐步发展、不断进步的结果。它由创业、立志、应变、勤奋、机敏、奋斗等积极向上的道德素养所组成，而良好的职业素质是正确开展竞争的保证。

旅游企业、旅游从业人员应树立积极、健康的竞争意识，应努力从提高企业的社会形象和知名度、提高服务质量和员工的素质入手，坚持以质量求生存、以信誉求发展，将质量第一、宾客至上的思想贯穿于服务的全过程；要反对一切不正当的竞争手段，如利用回扣来向有关人员行贿，故意压低价格，与同行不协作，甚至故意拆台，尔虞我诈，明争暗斗，用克扣客人钱财来降低成本等，因为这些都严重违反社会主义的公平竞争原则，违反职业道德。

旅游从业人员要有远大的职业理想。既然投身到了这一充满挑战性的行业中来，就要有为旅游业的发展做贡献的信心和决心。随着旅游行业对人才素质的要求越来越高，每一位旅游工作者都应当"居安思危"，要以竞争的心态不断学习，不断提高自己的素质和能力。选择了这一行，就要精这一行、专这一行，让自己成为行业骨干、行家里手。

（二）赋予创新精神

创新精神是能够综合运用已有的知识、信息、技能和方法，提出新方法、新观点的思维能力和进行发明创造、改革、革新的意志、信心、勇气和智慧。创造海尔文化的张瑞敏说过，企业不断高速发展，风险非常大，好比行驶在高速公路上的汽车，稍微遇到一点屏障就会翻车；而要想不翻车，唯一的选择就是要不断创新。创新就是要不断战胜自己，也就是明确目标，不断打破现有平衡；在新的不平衡的基础上，再建一个新的平衡。

21世纪是高科技时代，是信息网络飞速发展的时代，也将是一个竞争更趋激烈的时代。创新精神正逐渐成为企业文化的精髓，变为企业长盛不衰的法宝。如松下电器、IBM、英特尔、柯达等百年企业之所以生存至今，原因就在于其创新精神长盛不衰。随着外资企业的大量进入，其先进的管理理念、经营方式给中国旅游企业带来了较大的冲击。作为旅游从业者，在改革的浪潮中一定要保持奋发进取、努力争先的心态，要敢于面对一切可能遇到的困难，并努力去克服和战胜它们。在借鉴与学习的同时，时刻保持创新精神，积极发展具有中国特色的旅游业，以大无畏的精神迎接来自21世纪的挑战。

复习与思考

一、简答题

1．"真诚公道、信誉第一"的重要性有哪些？

2．"热情友好、宾客至上"的道德含义是什么？

3. "文明礼貌、优质服务"的具体要求有哪些?

4. "不卑不亢、一视同仁"的道德含义是什么?

5. "钻研业务、提高技能"的重要性有哪些?

6. "钻研业务、提高技能"的具体要求有哪些?

7. "锐意创新、勇于竞争"的道德含义是什么?

8. "锐意创新、勇于竞争"的基本要求是什么?

二、案例分析

案例一　对老年夫妇的导游服务

　　地陪张明按接团计划陪同一对老年教授夫妇参观游览。在游览某景点时,他向客人做了认真细致的讲解。老人提出了有关该景点的一些问题,张明说:"按计划还要游览三个景点,时间很紧,现在先游览,在回程路上或回饭店后对此再作详细回答。"游客建议他休息一下,他都谢绝了。虽然很累,但他很乐意,认为自己出色地完成了导游讲解任务。但出乎意料的是那对老年夫妇不仅没有表扬他,反而写信给旅行社领导批评了他。张明很委屈,但领导在了解情况后找他谈话时说老年游客批评得对。

——资料来源:中华管理学习网,http://www.100guanli.com

根据上述案例回答如下问题:

1. 领导为什么说老年游客批评得对?

2. 张明在导游服务过程中忽视了旅游职业道德规范的哪一条?

3. 作为一名优秀的导游员应该怎样为这对老年夫妇进行导游服务?

案例二　经济型酒店惊现小虫

　　日前,一名来上海参观世博会的游客在入住一家经济型酒店期间的不愉快经历,引起了业界的热议。

　　据中国质检网 7 月 7 日消息,6 月 24 日携子在沪参观世博会的赵女士在当晚回到所入住的上海某经济型酒店延安路店时发现"虫子满床爬"。报道称,"当她们进入房间,打开房灯,掀开被褥,就发现床上有许多虫子在爬动。细心的赵女士掀开床单,又看见更多这样的虫子。"

据报道，赵女士向总台投诉后，酒店服务员以"酒店经理下班，自己无权换房"为由拒绝了其换房的要求。在赵女士的再三要求下，另一位酒店服务员来到房间内，先是在床上掸了掸，然后拿着喷雾器给床四周围喷了喷除虫剂，说不碍事，连床单都没有更换。一个多小时后，赵女士的换房要求才得以满足。

一直广受追捧的经济型酒店为何会出现该类事件？《每日经济新闻》记者致电该连锁酒店总部，据公关部马经理称，此事件只是一起个例，纯属误会。

"只是一两个小虫而已，根本就没有爬满床那么夸张，在汉庭连锁酒店的其他门店暂时没有接到类似的投诉。我们已经就这件事对赵女士造成困扰的第一时间向她作出了道歉。"上述人士称，酒店内部管理设置明晰，有授权值班经理可全权负责门店的事务，不会产生当班者无权做主的情况。

而该经济型酒店上海城区营销经理潘小姐也向记者表示，"当天晚上从事件发生到最终换房解决，前后只有半小时左右。"她表示，"酒店内部有着一套详细的卫生和服务流程，所有事件都记录在案。这其中就包括了每周2次的除虫记录，流程的细化程度甚至严格到每块抹布擦什么地方。"

此外，据悉，为了消除客户的疑虑，该经济型酒店还将请长宁区卫生防疫部门进行检验。马经理表示："先求做好，再求做大。每家门店都要维持同样的服务质量，不会为求速度而牺牲质量。"

——资料来源：肖芬.汉庭酒店曝小虫事件成本和服务的双重考问［EB/OL］.

中国新闻网，http://www.chinanews.com

根据上述案例回答如下问题：

1. 酒店管理方对此事件的处理是否及时、有效？

2. 面对世博期间巨大的接待量，酒店服务能否跟得上？

3. 呈"井喷式"发展的经济型酒店在成本控制与顾客体验之间面临怎样的挑战？

案例三　这样的闲事管不管

昆仑饭店是上海锦江国际酒店管理有限公司在北京的旗舰店，1988年昆仑饭店正式营业。1996年昆仑饭店被国家旅游局评为"全国50佳星级饭店"，同年，还被美国优质服务科技学会授予其最高荣誉——第36届五星钻石奖；2009年、2010年昆仑饭店连续两年荣获《时尚旅游》中文版"读者票选旅游金榜"的北京首选商务酒店。

一日，一位先生打来长途电话说，有一件非常棘手的事情，希望北京昆仑饭店总机的话务员给予帮助。总机领班说："请您不要着急，慢慢说，看我是否能帮您解决问题。"这位先生说他有一位朋友出差现住在北京丰泽苑宾馆，因有急事需要立即与他取得联系，但北京市电话局114查号台说查不到丰泽苑宾馆的号码。他听说北京昆仑饭店总机的服务热情、周到，能够帮助客人解决各种困难，因此抱着试试看的想法打长途电话来寻求帮助。总机领班马上安慰这位先生，请他不要着急，并问清了他朋友也在北京市电话局查号台查不到丰泽苑宾馆的电话。总机领班又找出电话簿仔细查询，终于查到了丰泽苑宾馆的电话号码，马上打电话与丰泽苑宾馆核对，证实这位先生的朋友确实住在这家宾馆。总机领班立即打长途电话将查询结果告诉这位先生，这位先生连连道谢，说："昆仑饭店是一流的酒店，昆仑饭店的总机是一流的总机，我要告诉我的朋友们以后到北京一定要住昆仑饭店。"

——资料来源：职业餐饮网，http://jiudian.canyin168.com

根据上述案例回答如下问题：

1. 昆仑饭店总机服务人员的行为践行了职业道德规范的哪几项？

2. 结合昆仑饭店总机服务人员的卓越服务表现，谈一下旅游职业道德对旅游企业的重要意义。

三、实践与拓展

1. 课堂辩论

一起住宿纠纷的背后

来乌镇之前，乔先生在网上搜索了半天，找到一家名为"桐城楼客栈"的民宿，价格合适，而且看网上描述不错，有院子有草坪，房间宽敞，可以免费上网等。乔先生遂预订了两个房间。

7月24日，乔先生和朋友入住了"桐城楼"。据他说，到了之后才发现，旅馆与网上所描述的有些出入。没有看到所谓的院子和草坪，浴室里只有洗发膏没有沐浴露。不提供开水或矿泉水，也没有可以烧水的热水壶……

乔先生说，他们在归途中发现有一个行李包落在了民宿，所乘坐客车的司机师傅好心帮忙联系了乌镇汽车站的下一班车司机，只要行李包送到汽车站，就可以给乔先生带过来。但当乔先生与民宿的老板联系，想请他们帮忙将行李包送到汽车站时，老板却几番推托。最后，还是司机师傅联系车站的朋友去民宿取了行李包。

乔先生是一肚子火。网上介绍说老板热情好客，他们也就是奔着这点去的，没想到网上描述和事实不一致，败了游兴。

7 月 30 日，记者跟随乌镇工商所的工作人员，到乔先生所说的"桐城楼客栈"了解情况。"我们没撒谎，客栈后头是一所中学，那草坪就是操场呀。"老板倒是实话实说。当记者问起为什么没有提供沐浴露和开水时，老板表示："可能是工作失误，放了两包洗发膏，没放沐浴露。但开水我们是提供的，每个客房都送，矿泉水也是可以购买的。"

至于没有帮助送回行李包的原因，老板解释道："当时正是中午退房的时候，特别忙，实在是没有多余的人手。其实按以往的做法，我们会用快递把行李包寄还给游客的，绝不可能私吞他的东西。而且他遗留的行李只是一个简易的手拎袋（类似于超市的购物袋），应该没什么贵重物品。"老板娘也表示，这些都是小事，是游客过于计较。

辩论题目：

上例中，究竟是乔先生过于计较，还是民宿的服务存在问题，你是怎样看待客栈老板所认为的"小事"的？请班内持不同意见的同学进行辩论发言。

2. 情景模拟

班内分组围绕职业道德规范自编小品并表演，从而增强履行微笑服务、文明服务、优质服务的自觉性，把职业道德内化到学生日常言行中。

3. 实践调查

选择一家饭店或旅行社、景点进行一次或几次暗访，调查旅游职业道德规范的践行情况，并就如何从职业道德层面提高管理水平和服务质量提出建设性意见。

四、推荐阅读

美报：中国豪华饭店服务待改进　软件也要五星标准

过去，中国的五星级饭店屈指可数，因此对游客们而言，世界一流的饭店在此涌现是个可喜的消息。

在中国新建的豪华饭店里，奢华配套设施一应俱全：最先进的电器、幽雅的环境、国际美食、矿泉疗养设施和高档的装潢。更好的是，费用有时比西方的同类饭店明显低不少。

然而，在其他方面，中国的饭店有时达不到所谓的星级标准，这在一定程度上是由于政府设立的评级系统仅以硬件设施为基础，而忽视了服务质量。

缺乏训练有素的员工是主要的绊脚石。总部设在北京的太阳帝国旅行社专门从事中国豪华游项目，该旅行社的经营合伙人盖伊·鲁宾说："由于中国酒店管理学校的教育水平不高，优秀员工的数量有限。酒店管理学校毕业生对于要求他们达到的服务水平的无知程度令人吃惊。"

去年春天，为了搞清楚豪华在中国意味着什么，我先后住进几家新饭店。

我在长城脚下某饭店办理了入住手续，服务员向我推荐位于路尽头咖啡厅附近的一幢小别墅里的一套双人房。这间住宿费为每天260美元的双人套房大得令人直想打哈欠，让我觉得仿佛置身于某个新落成的住宅小区的样板间里。于是我婉言相拒，只好等别人退房，换一套舒服一些的房间。

大约3小时过后，我等到了另一套别墅里的一套双人房。这幢别墅由日本设计师设计，是一座笼罩在层层竹幕中的错层式建筑，令人啧啧称奇。不过，与附近峡谷中原有的房屋相比，这座仿生别墅似乎与周围环境不那么和谐。我的房间不仅看不到长城，而且除了铺着榻榻米的地上摆放着一张造型美观的日式床之外也没有多少家具。

这幢别墅的其余客房里住着一群吵闹的客人，他们走后，公共大厅里不仅烟灰缸的烟头多得都满了出来，而且到处都是汽水瓶。

次日清晨，我在房间用早餐也是麻烦不断。我一早就打电话叫客房用餐服务，可接电话的服务员不会说英语。当我试着用不流利的中文表达时，他竟然咯咯地笑了起来。最后，我终于设法告诉他我想要吐司和咖啡，但他却说，要求送餐的客人很多，而送餐车只有一辆。

他说："你到俱乐部会所去吃自助餐，好吗？"说完就挂断了电话。

我给前台打了电话，他们找来一名会英语的服务员，我觉得这名员工的英语说得相当不错，于是我开始解释我遇到的麻烦：我不想去俱乐部会所吃早餐，而且觉得一份吐司和咖啡要等一个小时实在是太久了，尽管客房用餐服务部只有一辆送餐车。

电话那端是短暂的沉默。最终，这名服务员开口了，他非常礼貌地问我是否需要一辆送餐车。

尽管如此，他最后肯定明白了我的意思，因为我的早餐在大约半小时后终于送到了。

——资料来源：新华网，http://www.xinhuanet.com

小事大做——情人节的祝福

来自上海某公司的赵小姐住在酒店的502房间，她只身旅居汕头，经常一住就是一个月。

这天，适逢西方的情人节。她刚刚送走一些来探望的朋友，看着大家送给她的一朵朵鲜艳的玫瑰花，像是在向她微笑似的，她心里美滋滋的。突然，她想起什么来了，立刻在房间里忙乎起来。她要找一个花瓶把花养起来，好好地欣赏它们。然而，除了原来的一个单枝花瓶外，她一无所获。最后，她想了个办法，用玻璃杯也未尝不可。就这样，她把玫瑰花插在了两个玻璃杯里。

在赵小姐外出后，服务员小吴进来整理房间，看到杯中插花，细心的她觉察到这有一点不平常。于是，她找来了一个精致的中号花瓶，把玫瑰花从杯中取出，依花瓶的高度修剪了每枝玫瑰花的长度，认真地插入花瓶中，并将花瓶摆在床头柜上。

晚上，赵小姐回房，她看到在柔和的床头灯光下那束玫瑰花显得格外的美丽，上面还夹着服务员写的一个小卡片："祝您节日快乐。"

——资料来源：范运铭. 客房服务与管理案例选析［M］.

北京：旅游教育出版社，2005.

景区接待游客应该量力而行

不管是黄金周还是节假日，对景区景点来说，都是属于"非常时期"，游客数量出现井喷式增长也很正常。但是作为景区景点的管理者和经营者，却应该保持理性的头脑，切不可单纯为了追求经济效益而罔顾其他，更不能为了多收取门票而损害游客的权益，破坏景区景点的生态环境和历史古迹。

据报道，6日是国庆黄金周的第六天。记者从成都市假日办获悉，虽然黄金周已接近尾声，但游客的旅游热情仍然很高。城市公园、近程主要景区景点、乡村旅游区成了游客们的主要选择。

不管是站在一个旅游从业人员的角度，还是站在一个普通游客的角度来看，我觉得目前全国景区景点都存在一个突出的、迫切需要解决的问题，那就是景区景点不顾自身条件，为了多收门票多挣钱而对游客采取多多益善、来者不拒的错误态度。这种做法带来的后果是多方面的，不能不引起我们的重视。

首先是游客多花了钱，但旅游质量却大大下降。本黄金周，我被单位安排在广西市内一家5A级景区值班，对这个问题有着深刻的认识。在这家公园门口，光是排队检票入园就要耗费半个多小时，而进到公园里，到处人山人海，连拍个风景照都找不到地方。更要命的是，因为景区内公厕有限，很多需要方便的游客都在厕所前面排着长长的队伍，有些人实在憋不住了，只能躲到树林草丛里去方便。

其次是超负荷接待让景区景点不堪重负，对生态人文环境和历史古迹造成了严重破坏。黄金周期间，游客数量成倍增加，而景区景点的服务管理却跟不上，结果就造成景区景点的生态环境和历史古迹不堪重负，损毁严重。

——资料来源：苑广阔. 景区接待游客应该量力而行. 人民网·天津视窗，

http://www.tianjinwe.com

主题旅游展露生机

主题旅游是指为满足旅游者某方面的特殊兴趣与需要，围绕某个主题推出的旅游活动。主题旅游是对传统观光形式的一种发展和深化，是一种更高形式的特色旅游活动。世界旅游组织一份报告中认为，主题旅游在未来将成为众多消费者的选择。1998年"戴安娜之旅"风靡德国，我国"三国旅游线""丝绸之路旅游线"成为拳头旅游产品，"胡同游"成为来华游客在北京旅游的保留项目，都充分证明了主题旅游的魅力和良好发展前景。主题旅游是否成功，与所选主题是否契合旅游消费者需求密切相关。而要选准主题，旅游经营者必须有敏锐的思维和洞察力，顺势而为，找准消费者的兴奋点。例如，20世纪80年代末期，中国抓住意、德合拍的《末代皇帝》荣获1988年9项奥斯卡金像奖的大好时机，适时向海外推出了"末代皇帝旅游线"，大获成功。各国旅游者沿着末代皇帝的足迹，参观故宫博物院、观看末代皇帝溥仪的遗物及拍摄《末代皇帝》的道具、服装，参观在恭王府的溥仪书画，参观在长春的溥仪生活了14年的"皇宫"，拜见溥仪4位"皇妃"之一李玉琴女士，参观在抚顺的曾关押过溥仪的战犯管理所等，了解了一个封建王朝的兴衰，获得了丰富的知识和精神享受。无独有偶，1998年上半年美国总统克林顿来华，访问了西安、北京、上海、桂林和中国香港五个著名旅游城市。考虑到美国公民素有"走总统线路"的传统，在有识之士的倡导下，五个城市积极筹划，联合推出"美国总统中国之旅"线路。1998年10月1日，西安迎来了"总统之旅"千人团。来自美国、新加坡、泰国、马来西亚、澳大利亚等国家和地区的近千名旅游者兴致勃勃地参观了秦始皇兵马俑和临潼下和村——克林顿曾与该村村民举行过圆桌会议。克林顿到访过的地点已成了新的旅游热点。发展主题旅游，有利于振兴旅游地经济。芬兰地处北极圈的城市罗瓦涅米就是一个范例。罗瓦涅米原本是个气候严寒、人烟稀少的边陲小城。1950年，有关方面在该市城外竖起了一个标明北极圈的标志牌，建起了小木屋，打出了圣诞老人村的牌子。随后，通过推出惟妙惟肖的圣诞老人，设立并完善圣诞老人邮局、圣诞老人购物中心以及开辟圣诞乐园和相关景点，圣诞老人的主题得到了强化，罗瓦涅米因而成了誉满全球的旅游城市。在圣诞前后和仲夏之时，世界各地成千上万的人乘坐各种交通工具来到这个神奇的城市，给白雪皑皑的罗瓦涅米带来了繁荣，芬兰也因而成为人们公认的圣诞老人的故乡。

——资料来源：邱重言的日志. 网易博客, http://riva7hedrick4v5.blog.163.com

善意的"谎言"

某年夏季的一天，北京的导游员廖先生带着一个10人的加拿大旅游团在城内游览。当车子行驶到长安街的时候，一位客人指着街道上方悬挂的彩旗询问，那些彩旗是欢迎何人的？廖先生因不知道那天有哪国的贵宾来访，此前又没有经过悬挂来访国国旗的地方，便说："今天有一个从加拿大来的旅游团访问北京，这些彩旗是专门欢迎他们的。"大家先是一愣，然后恍然大悟，开怀大笑，纷纷鼓起了掌。

在去往颐和园的途中，一位游客嫌车速太慢，要求司机加速超车。廖先生连忙用手指着一位警察说："那可不行，要是让警察看到了，不但要吊销司机的驾驶证，还要把我作为责任人带走，罚我的钱。那么谁还敢给你们导游啊！"听完他的话，那位客人连连点头。

当到了一个公园吃晚饭时，司机师傅告诉廖先生，最近那里的治安不好，曾有旅游团的汽车被盗，所以请客人下车时把自己的照相机带下去。廖先生想，直接告诉大家容易引起紧张情绪，而且有损首都的形象。于是他对客人们说："今天我们要在一个景致优美的公园里吃晚饭，吃完饭司机师傅还要去加点汽油，我们可以利用这段时间拍拍照。"听他一说，大家连忙拿起了准备留在车上的照相机。

——资料来源：程新造．导游接待案例选析［M］．北京：旅游教育出版社，2004.

职业精神概述

人们在一定的职业生活中能动地表现自己，就形成了一定的职业精神。职业精神是与职业活动紧密联系、具有自身职业特征的精神。这就决定了职业精神同时具有丰富的实践内涵，是个体精神运动与其实践活动的有机统一，具体体现在敬业、勤业、创业、立业四个方面。社会主义职业精神与社会主义职业构成和社会主义伦理体系相适应，是社会主义精神体系的重要组成部分，其本质是为人民服务。

职业精神对个人的成长和职业发展具有不可替代的促进作用，我们有必要结合实践对其进行深刻的理论分析。鉴于此，本章第一节概述职业精神的含义与特征；第二节介绍职业精神的基本要素，包括职业理想、职业态度、职业责任、职业技能、职业良心、职业纪律、职业信誉、职业作风。本章学习将使大家加深对社会主义职业精神体系的理解，从而更好地在实践中养成良好的职业精神，促进良好职业习惯的形成，提升个人和集体干事创业的能力。

学习目标

知识目标

1 掌握职业精神的含义、特征。

2 理解社会主义职业精神的基本要素。

能力与情感目标

1 能够理解良好职业精神对个人职业发展的重要意义。

2 能够通过对职业精神的理解和掌握分析某一具体职业中各职业精神要素所占比重。

3 能够不断内化职业精神要求，形成良好的职业习惯。

来到这个世界上，做任何事都要全力以赴。

——罗斯金

人在履行职责中得到幸福。

——罗佐夫

酒店管理者必须重申总经理的权威，尊重这种权威，承认这种权威的公益性，并培养员工对这种权威的服从意识。

——希尔顿

好的企业应该像军队一样，纪律严明，令行禁止。

——刘永好

在工作中，每个人都应该发挥自己最大的潜能，努力地工作，而不是浪费时间，寻找借口。要知道，公司安排你这个职位，是为了解决问题，而不是听你关于困难的长篇累牍的分析。

——杰克·韦尔奇

案 例

放心的合作

A、B 两家公司正在进行激烈的商业谈判。A 公司的谈判代表发现，B 公司的谈判代表非常坚持，而且不肯亮出自己的底线，如此下去无法按照计划取得谈判成功，将会使谈判陷入僵局。

因此 A 公司谈判助理说："实在不行，我们设法收买他们的谈判人员，事成之后给他们高额回报。"A 公司谈判主席说："可以，而且我想证明一个问题。"

谈判助理认为，重赏之下，必有勇夫，于是满怀信心去找 B 公司的谈判代表，没想到却遭到了坚决拒绝。谈判助理悻悻而归，把消息告诉了谈判主席，谈判主席却笑了。

第二天谈判开始的时候，没有人说话。A 公司谈判主席说话了："我同意贵公司提出的价钱，就按你们说的价钱办。"两家公司的谈判人员都感到很意外。

谈判主席接着说："我的助理做的事情我是知道的，我当时没有反对，就是想证明一件事情，最终证明了，贵公司的谈判人员不仅谈判技巧高，而且协作非常好。最重要的一点是，你们对自己的公司非常忠诚，这很令我敬佩。我们是对手，成交的价钱是我们分胜负的标准。但是，一个企业的生存并不仅仅依靠钱的多少，员工的忠诚和责任对于一个企业而言是命脉。和你们合作，我们放心。"

他的话没说完，全场就响起了热烈的掌声。

——资料来源：郝凤茹.职业精神［M］.北京：北京大学出版社，2006.

案 例 分 析

你认为案例中 B 公司的谈判代表是凭借什么获得了 A 公司谈判主席的认可？如果你是 B 公司的谈判代表，当时你会怎样做？

第一节　职业精神的含义与特征

一、职业精神的含义

在全面建设小康社会，不断推进中国特色社会主义伟大事业，实现中华民族伟大复兴的征程中，从事不同职业的人们都应当大力弘扬社会主义职业精神，尽职尽责，贡献自己的聪明才智。社会发展的进程表明，人类的职业生活是一个历史范畴。一般来说，所谓职业，就是人们由于社会分工和生产内部的劳动分工而长期从事的具有专门业务和特定职责并以此作为主要生活来源的社会活动。人们在一定的职业生活中能动地表现自己，就形成了一定的职业精神。

职业作为社会关系的一个重要方面，对社会成员的精神生活和精神传统产生着重大影响。其一，职业分工及由此决定的从事不同职业的人们对社会所承担的责任不同，影响着人们对生活目标的确立和对人生道路的选择，以致很大程度上影响着人们的人生观、价值观和职业观。其二，人们的职业活动方式及其对职业利益和义务的认识，对职业精神的形成有着决定性作用。一个人一旦从事特定的职业，就直接承担着一定的职业责任，并同他所从事的职业利益紧密地联系在一起；他对一定职业的整体利益的认识，促使其产生对具体社会义务的文化自觉。这种文化自觉，可以逐步形成职业道德，并进而升华为职业精神。其三，职业活动的环境、内容和方式，以及职业内部的相互作用，强烈影响着人们的情趣、爱好以及性格和作风。其中包含着特定的精神涵养和情操，反映着从业者在职业品质和境界上的特殊性。可见，所谓职业精神，就是与人们的职业活动紧密联系、具有自身职业特征的精神，反映出一个人的职业素质。社会主义职业精神是社会主义精神体系的重要组成部分，其本质是为人民服务。

职业精神的实践内涵体现在敬业、勤业、创业、立业四个方面。

（一）敬业

敬业是职业精神的首要实践内涵，即社会成员特别是从业者对适应社会发展需要的各类职业特别是自己所从事的职业的尊敬和热爱。敬业本质上是一种文化精神，是职业道德的集中体现；是从业者希望通过自身的职业实践，去实现自身的文化价值追求和职业伦理的观念。敬业与人的存在方式、人的本质、人的全面发展都有着直接的联系，并共同构成职业精神的完整价值系统。从事职业活动，既是对社会承担职责和义务，又是对自我价值的肯定和完善。职业精神所要求的敬业，承载着强烈的主观需求和明确的价值取向，这种主观需求和价值取向构成从业者实践活动的内在尺度，规定着职业实践活动的价值目标。马克思在中学毕业论文《青年在选择职业时的考虑》中写道："在选择职业时，我们应该遵循的主要指针是人类的幸福和我们自身的完美。不应认为这两种利益是敌对的、互相冲突的，一种利益必须消灭另一种。人类的天性本来就是这样的：人们只有为同时代人的完美、为他们的幸福而工作，才能使自己也过得完美。""如果我们选择了最能为人类服务的职业，我们就不会为任何沉重负担所压倒，因为这是为人类而献身。那时，我们所感到的就不是可怜的、有限的、自私的乐趣，我们的幸福将属于千百万人，我们的事业虽然并不显赫一时，但将永远发挥作用。当我们离开人世之后，高尚的人将在我们的骨灰上洒下热泪。"马克思在青年时期就树立的为全人类服务的崇高敬业精神，为我们树立了光辉的榜样。

"阳光导游"李静娜

　　李静娜是海南省兴旅导游服务公司的一名普通导游，因为讲诚信，把游客当亲人看待，李静娜被海南旅游界誉为"阳光导游"。她是全国第一个荣获"全国五一劳动奖章"的导游，同时荣获过"全国道德模范"称号。

　　2008年3月，李静娜被查出患有宫颈癌晚期，她却隐瞒病情坚持带团。2010年3月23日，李静娜病倒在工作岗位上。10月25日中午，带着对导游事业的深深眷恋，"阳光导游"李静娜永远地离开了我们……

大姐的一个"谎言"——再过两个月就可以带团啦

　　2010年10月27日下午，导游们陆续接到一条短信：大姐李静娜一天前走了！"怎么可能？8月份不是说已经战胜病魔了吗？"不少导游都不太相信、也不愿相信这条短信。

因为 8 月份许多导游也曾收到过这样一条短信："大姐李静娜已经战胜了癌症！"

直到昨天，海南省兴旅导游公司办公室主任王小鸥才把真相告诉大家。8 月初，王小鸥打电话到北京向大姐李静娜了解病情，当时，李静娜已经病得几乎接不了电话。但和王小鸥聊到带团的事时，电话那头的李静娜声音突然高了起来，她信心满满地告诉王小鸥，自己吃了中医偏方，又配合医院的治疗，身上的癌细胞已经基本上"没有"了。李静娜说，那么久没见大家，非常想念。她再过两个月就可以回海南了，到时候又可以带团了。

"当时大家都很开心，以为真有奇迹在大姐身上发生了。"王小鸥说，因为导游们都很关心大姐的病情，所以一听到这个好消息，马上就发短信告诉大家。

现在大家才知道，其实，那个时候大姐的病情已经进一步恶化。但大姐又不想让大家担心她、挂念她，才编出这样一个战胜癌症的"谎言"骗大家。

大姐最珍贵的"家当"——几本翻破的导游书、一个特殊的文件夹

在从事导游工作的十余年间，李静娜带过的旅游团近千个，游客来自四面八方，要让每一位游客满意，几乎是"不可能完成的任务"，但游客对她的满意率却是 100%。

总有年轻导游问李静娜，带团有什么技巧？李静娜总是笑眯眯地说，技巧其实是无形的，关键是你要把游客放在第一位，用自己的真情感动他们。

在接待一个来自内蒙古的离退休老干部旅游团时，李静娜自费请摄像师随团全程录像，制成名字为"海南之旅"的光碟赠送给老人。送别时，老人们激动地说："这里山好水好人更好，我们不会忘记你这个好闺女！"

游客一声发自内心的"大姐"，是李静娜背后不为人知的辛苦付出。

两个月前，李静娜的培训老师蔡晓明随央视记者一起到李静娜的家里拍摄采访，这是大家第一次走进李静娜的家。房间里除了床和衣柜外，几乎就没什么大件的东西，就连一台电视机也还是坏的。衣柜里，几乎是出团穿的导服。家里仅有的几本书，全部是导游资格考试的教材，因为翻的次数实在太多，早就已经破烂不堪。

李静娜仅仅是初中文化，中级导游的考试教材《汉语言文学》几乎等同于大学中文系一二年级水平，看着这些已经破烂不堪的考试资料，蔡晓明终于明白了，仅有初中文化程度而且年近 60 岁的李静娜，是凭借着什么样的毅力考取导游资格证的，又是怎么记下那么多导游知识的。

房间里，和其他导游一样，李静娜也有一个出团用的文件夹。但里面的内容或许和大家的不尽相同。在文件夹里，李静娜认真记录了自己即将带团的每一位游客来自哪里，有什么爱好。如今，汇聚起来的出团记录已经有厚厚的几大本。

"李静娜带团技巧不是最好的，知识储备也不是最丰富的，但她的热心和服务却是最好的。"蔡晓明说，李静娜身上的苦学精神令人感动，她对待导游工作的执着和认真精神值得所有导游学习。

大姐的十余年导游路——至少可以绕地球赤道十圈

在导游圈里，李静娜是出了名的任劳任怨。患病前，李静娜平均每年出团超过百个，出团时间超过300天，一直是全省导游中出团量最高的。即使是在癌症晚期，从去年5月至今年2月，李静娜仍出团46个，接待游客2000多人；出团时间139天，每月平均出团14天。

有导游替李静娜算过，按每个团800公里的行程计算，她当导游十余年，带团走过的行程至少可以绕地球赤道十圈。在天涯海角景区，无论是景区管理人员还是导游，都对李静娜印象深刻，因为她几乎是唯一一个每次都能全程陪同游客逛完景区的导游。

经常有人问李静娜，每天起早贪黑，那么辛苦，究竟图什么？李静娜说："导游是我的事业，不仅仅是工作！只要和游客在一起，我都是快乐的。"

"阳光导游"李静娜不仅是海南导游的一面旗帜，也是全国导游的一面旗帜，她的精神会永远激励着大家！

（二）勤业

古人说"业精于勤"，职业精神必须落实到勤业上。毛泽东在《纪念白求恩》一文中对"勤业"给予了充分的肯定和高度的评价。他指出"白求恩同志毫不利己、专门利人的精神，表现在他对工作的极端负责任，对同志、对人民的极端热忱。白求恩同志以医疗为职业，对技术精益求精，在整个八路军医务系统中，他的医术是很高明的。这对于一般见异思迁的人，对于一般鄙薄技术工作以为不足道、以为无出路的人，也是一个极好的教训"。为了做到勤业，我们不仅要强化职业责任，端正职业态度，还需要努力提高职业能力。在新世纪、新阶段的今天，想要提高职业能力，就要在推进改革开放和现代化建设的实践中去提高，在驾驭社会主义市场经济的实践中去提高，在解决复杂矛盾和突出问题的实践中去提高，在应对各种挑战和风险的实践中去提高。

（三）创业

所谓创业，就是要以高度的主人翁精神，进行创造性的劳动，并积极参与企业管理，推动改革开放，使我国社会得到更快更健康的发展。我们正在进行的全面建设小康社会的事业是一项全新的事业。这意味着我们仍处在持续不断的创业进程之中，需要继续发扬创业精神。创新是一个民族的灵魂，是一个国家兴旺发达的不竭动力。职业发展的动力在于创新。面对世界科技日新月异的挑战，面对我国现代化建设提出的巨大需求，我们的职业活动必须开阔眼界，紧跟世界潮流，抓住那些对经济、科技、国防和社会发展具有战略性、基础性、关键性作用的重大课题，抓紧攻关，自主创新，不断有所发现，有所发明，有所创造，有所前进。历史证明，推进职业发展，关键要敢于和善于创新；有没有创新能力，能不能进行创新，是当今世界范围内经济和职业竞争的决定性因素。我们要坚持解放思想、实事求是，一切从实际出发，主观与客观相一致，理论与实践相统一，及时提出适应职业实践发展要求的方针政策，及时改革生产关系中不适应生产力发展、上层建筑中不适应经济基础发展的环节，不断从人民群众创造的新鲜经验中吸取营养，改进和完善我们的工作。

（四）立业

当人类社会跨入 21 世纪的时候，全面建设小康社会是我们所要"立"的根本大业，各行各业的职业精神必须服从和服务于这个大业。需要清醒地看到，我国正处于并将长期处于社会主义初级阶段，现在达到的小康还是低水平的、不全面的、发展很不平衡的小康，人民日益增长的物质文化需要同落后的社会生产之间的矛盾仍然是我国社会的主要矛盾。巩固和提高目前达到的小康水平，还需要进行长期的艰苦奋斗。纵观全局，21 世纪头 20 年，对我国来说，是一个必须紧紧抓住并且可以大有作为的重要战略机遇期。我们一定要发扬社会主义职业精神，集中力量，全面建设惠及十几亿人口的更高水平的小康社会，使经济更加发展、民主更加健全、科教更加进步、文化更加繁荣、社会更加和谐、人民生活更加殷实。我们核心的职业任务就是用"三个代表"重要思想指导职业实践，全面推进社会主义物质文明、政治文明和精神文明建设，努力开创中国特色社会主义事业新局面。

二、职业精神的特征

（一）内容方面

职业精神总是鲜明地表达职业根本利益，以及职业责任、职业行为上的精神要求。也就是说，职业精神不是一般地反映社会精神的要求，而是着重反映一定职业的特殊利益和要求；不是在普遍的社会实践中产生的，而是在特定的职业实践基础上形成的。它鲜明地表现为某一职业特有的精神传统和从业者特定的心理和素质。职业精神往往世代相传。

（二）表达形式方面

职业精神比较具体、灵活、多样。各种不同职业对于从业者的精神要求总是从本职业的活动及其交往的内容和方式出发，适应于本职业活动的客观环境和具体条件。因而，其不仅有原则性的要求，而且往往很具体、有可操作性。

（三）调节范围方面

职业精神主要调整两方面的关系：一是同一职业内部的关系，二是同一职业内部的人同其所接触的对象之间的关系。从历史上来看，各种职业集团为了维护自己的利益，为了维护自己的职业信誉和职业尊严，不但要设法制定和巩固体现职业精神的规范，以调整本职业集团内部的相互关系，而且还要注意满足社会各个方面对于该职业的要求，调整该职业同社会各方面的关系。

（四）功效方面

职业精神一方面使社会的精神原则"职业化"，另一方面又使个人精神"成熟化"。职业精神与社会精神之间的关系，是特殊与一般、个性与共性的关系。任何形式的职业精神都不同程度地体现着社会精神；同样，社会精神在很大程度上又是通过具体的职业精神表现出来的。社会精神寓于职业精神之中，职业精神体现或包含着社会精神。职业精神与职业生活相结合，具有较强的稳定性和连续性，形成具有导向性的职业心理和职业习惯，以至在很大程度上改善着从业者在社会和家庭生活中所形成的品行。社会主义职业精神不同于其他社会制度下的职业精神，具有以下三个重要特征：

（1）**它是社会主义精神体系的重要组成部分。**人们的社会生活分为三大领域，即家庭生活、职业生活和公共生活。社会主义职业精神就是在职业领域内对社会主义精神的特殊要求。

（2）**它的本质是为人民服务。**社会主义社会消除了人与人之间剥削与被剥削的关系，从根本上使职业利益同社会利益、同广大人民群众的根本利益一致起来，各种职业都成为社会主义事业的有机组成部分。因此，各行各业可以形成共同的精神追求，即为人民服务，并使之在调整人与人之间的关系上发挥前所未有的重要作用。

（3）**它的形成和发展具有"灌输性"**。社会主义社会的职业精神是在以公有制经济为主体的基础上形成的。它的主体内容不像旧的职业精神那样可以自发产生，而是在马克思主义的教育下，通过有觉悟的职业成员的努力建立起来的。从职业本身的要求到社会理想的追求，这种意识只能从外面灌输进去。

第二节　职业精神的基本要素

社会主义职业精神由多种要素构成，它们相互配合，形成严谨的职业精神模式。这些要素分别从特定方面反映着社会主义职业精神的特定本质和基础，同时又相互配合，形成严谨的职业精神模式。

一、职业理想

职业理想是人们在职业上依据社会要求和个人条件，借想象而确立的奋斗目标，即个人渴望达到的职业境界。它是人们实现个人生活理想、道德理想和社会理想的手段，并受社会理想的制约。

职业理想是人们对职业活动和职业成就的超前反映，与人的价值观、职业期待、职业目标密切相关，与世界观、人生观密切相关。

社会主义职业精神所提倡的职业理想，主张各行各业的从业者放眼社会利益，努力做好本职工作，全心全意为人民服务、为社会主义服务。这种职业理想是社会主义职业精神的灵魂。一般来说，从业者对职业的要求可以概括为三个方面：维持生活、完善自我和服务社会。这三个方面在社会主义初级阶段的职业选择中都是必需的。社会主义社会的公民在选择职业时应该把服务社会放在首位。因为，只有从社会的整体利益出发，分别从事社会所需要的各种职业，社会才能顺利地前进和发展。也只有在此基础上，广大社会成员包括从业者自身，才能过上幸福的生活。

案　例

最普遍的职业理想：高尚　体面　有钱

广州1月30日电（记者林炜）偶像都是影视歌明星，日后职业一定要有钱、体面……广州市天河区教育部门对该区中小学生的一项德育调查结果，让教育界人士感到忧虑。

广州市天河区教育部门有关人士介绍说，这次对中小学生的德育调查相当全面，反映的情况也比较真实。

数据显示，近60％接受调查的小学生有自己的偶像，但他们列出来的偶像超过90％是港台当红的影视歌明星，极少数是运动员、科学家以及自己的亲人、老师和同学。

在调查中发现，一些中小学生的理想、人生价值取向有偏误，过分重视个人利益和自我价值的实现，表现出较明显的利己性和功利性。

在对1200名高职学生进行职业理想调查时发现，33％的高职学生没有职业理想。在职业取向问题上，有70％以上的学生向往高尚、体面、有钱的职业。首选金融界管理者、企事业领导者、现代科技工作者等职业的各占一定比例，仅有1.4％的学生首选职业是技术工人。数据表明，高职学生崇尚对高薪职业的追求，不太愿意从事"蓝领"阶层的技术工作。

——资料来源：中国教育和科研计算机网，http://www.eol.cn

案　例　分　析

1. 此次调查反映出什么问题？
2. 应怎样树立正确的职业理想？

对于即将毕业的大学生来说，职业理想与"饭碗"的矛盾更会经常发生，一旦发生这种现象，既不要怨天尤人，也不要心灰意冷，而是要冷静地看待。

第一，职业理想要实际，职业素质要符合所选择职业的要求。职业理想因人而异，没有绝对的标准。但是，必须指出的是，理想职业必须以个人能力为依据，超越客观条件去追求自己的所谓理想是不现实的。这就要求大学毕业生在选择职业之前一定要正确估价自己，给自己一个合理的定位。

第二，要懂得职业理想不等于理想职业。一般认为当个人的能力、职业理想与职业岗位最佳结合时，即达到三者的有机统一时，这个职业才是你的理想职业。只要你的职业理想符合社会需要，而自己又确实具备从事那种职业的职业素质，并且愿意不断地付出努力，迟早有一天会实现自己的职业理想；而理想职业却带有很大的幻想成分。

第三，特殊情况下可以放低对职业理想的要求。如果你所选择的职业岗位已无空缺，而你又需要立即就业，那就先降低一点自己的要求。因为如果没有工作，即意味着没有实现职业理想的可能。而就业以后，可以在主观作用下向自己的职业理想靠近，如对自己的兴趣、爱好进行一定的调整。

二、职业态度

职业态度是指个人职业选择的态度，包括选择方法、工作取向、独立决策能力与选择过程的观念。简而言之，职业态度就是指个人对职业选择所持的观念和态度。

（一）职业态度的意义

树立正确的职业态度是从业者做好本职工作的前提。职业态度具有经济学和伦理学的双重意义，它不仅揭示从业者在职业生活中的客观状况、参与社会生产的方式，同时也揭示他们的主观态度。其中，与职业有关的价值观念对职业态度有着特殊的影响。一个从业者积极性的高低和完成职业的好坏，在很大程度上取决于他的职业价值观念。职业伦理学研究表明，先进生产者的职业态度指标最高。因此，改善职业态度对于培育社会主义职业精神有着十分重要的意义。

相关链接｜　　🔍搜索

从"零工"到"国务卿"

20世纪50年代初，有一位叫柯林的年轻人，每天很早就来到卡车司机联合会大楼找零工做。不久，一家百事可乐工厂需要人手去擦洗工厂车间的地板。其他人没有一个应征的，但柯林去了。因为他知道，不管做什么，总会有人注意的！所以他打定主意，要做最好的抹地工人。

有一次，有人打碎了 50 箱汽水，弄得满地都是黏糊糊的泡沫。他很生气，但还是忍着性子抹干净地板。

第二年他被调往装瓶部，第三年升为副工头。

他从这次经历中学到了一个重要的道理："一切工作都是光荣的。"他在回忆录中写道："永远尽自己最大的努力，因为有眼睛在注视着你。"

许多年后，全世界的目光都凝聚在他的身上——美国国务卿柯林·卢瑟·鲍威尔。

——资料来源：郝凤茹.职业精神［M］.北京：北京大学出版社，2006.

（二）影响职业态度的因素

（1）**自我因素**。自我因素包括个人的兴趣、能力、抱负、价值观、自我期望等。职业态度的自我因素与职业发展过程有相当密切的关系，因为个人因素的形成多与其成长背景相关，个人价值观是在成长过程中一点一滴慢慢养成的。个人若能对自我的各项因素有深入的了解，就能了解何种职业比较适合自己，并作出明确的职业选择。个人在选择职业时所表现出来的态度，也是对个人兴趣、能力、抱负、价值观、自我期望的一种反映。但若只是依照自我因素来选择职业，有时难免会产生与社会格格不入的感觉，因此，在选择职业时仍必须考虑其他相关因素。

（2）**职业因素**。职业因素包括职业市场的需求、职业的薪水待遇、工作环境、发展机会等。就理想而言，兴趣、期望、抱负，应该是个人选择职业的主要依据，但是事实上，却必须同时兼顾自我能力，以及外在的社会环境、职业市场动态等。对职业世界有越深的认识，就越能够掌握正确的职业讯息，也可以获得比较切合实际的职业选择。相反，对职业认知有限的人，可能连何处有适合自己需要的工作机会都不清楚，更何况要做出明确的职业选择呢。因此，个人对职业的认知会影响到个人的职业态度。

（3）**家庭因素**。家庭因素包括家庭的社会地位、父母期望、家庭背景等因素。由国内外研究来看，家庭教育对个人发展影响的数据并不明显，但是，不论父母的学历高低、社会地位如何，大多数的父母都希望自己的子女能拥有比自己高的学历，从事更有发展的工作。因此，在做职业选择时，家人的意见通常会影响个人的职业态度。

（4）**社会因素**。社会因素包括同事关系、社会地位、社会期望等因素。在职业发展的过程中，个人的最终目标是在其职业上能有所表现，有更多的人希望自己能成为社会中有身份、有地位的人。以目前的社会现象为例，一般人认为医生、律师、艺术家有较高的社会地位，清洁工作好像就是不入流的工作；虽然这并不是正确的观念，但或多或少也影响了个人的职业态度。

三、职业责任

职业责任是指人们在一定职业活动中所承担的特定的职责，它包括人们应该做的工作和应该承担的义务。职业活动是人一生中最基本的社会活动，职业责任是由社会分工决定的，是职业活动的中心，也是构成特定职业的基础，往往通过行政甚至法律方式加以确定和维护。

职业责任包括职业团体责任和从业者个体责任两个方面。例如，企业是拥有生产经营所必需的责、权、利的经济实体。在国家与企业的责、权、利关系中，责是主导方面。现代企业制度不仅正确划分了国家与企业的责、权、利，将三者有机地结合起来，而且也规定了企业与从业者的责、权、利，并使三者有机地结合起来。这里的关键在于，要促进从业者将客观的职业责任变成自觉履行的道德义务，这是社会主义职业精神的一个重要内容。

相关链接｜　🔍 搜索

南丁格尔——"伤员的天使""提灯女士"

南丁格尔于 1910 年 8 月 13 日在伦敦逝世，享年 90 岁。"伤员的天使"和"提灯女士"两个称呼使她闻名。她的名字就是人道主义的同义词。

南丁格尔生活在 19 世纪英国一个富裕的家庭中。在她小的时候，父母希望她能具备文学与音乐的素养，从而进入上流社会。但南丁格尔自己却不这么想，她曾经在日记中写道："摆在我面前的道路有三条：一是成为文学家；二是结婚当主妇；三是当护士。"而她最后不顾父母的反对，毅然选择了第三条道路——当一名护士。

要知道，在她生活的 19 世纪中叶的英国，医院肮脏不堪，患者无法得到很好的护理；护士是一些无知、粗俗的女人做的工作，她的父母甚至觉得她的选择损害了他们家的名誉。但南丁格尔却发誓要改变这一切。1853 年，她在伦敦担任了妇女医院院长。

1854 年，克里米亚战争爆发，她接受政府的邀请和任命，带领 38 名妇女离开伦敦，起程前往克里米亚担任战地护理工作。一开始，工作并不顺利，士兵们因为伤痛和不满，常常对着她们大喊大叫。但南丁格尔以她善良的品质和精湛的护理水平，赢得了伤兵们的好感，渐渐地，士兵们不再骂人，不再粗鲁地叫喊了。

夜静时，南丁格尔会提着一盏油灯，到病房巡视。她仔细检查士兵们的伤口，看看他们的伤口是否换过药了，他们是否得到了适当的饮食，被子盖好了没有，病情是不是得到了控制……士兵们都被她的举动感动了，有的患者竟然躺在床上亲吻她落在墙壁上的身影，以表示感谢和崇高敬意。

她还会安慰一些重病患者，做好他们的心理工作，并督促士兵往家里写信以报平安，她自己也寄了几百封信给那些死亡士兵的家属，安慰他们。这些工作虽然都是默默无闻的，却给士兵们带来了莫大的精神和身体的抚慰。很快，南丁格尔就成了士兵中一个传奇式的人物，大家都知道了这样一位"提灯女士"。在克里米亚短短半年时间里，伤兵的死亡率由原来的 40% 下降到 2.2%。

1860 年，南丁格尔用英国政府奖励的钱，创建了世界上第一所正规护士学校，她被誉为现代护理教育的奠基人。

——资料来源：搜狐圈子，http://q.sohu.com

四、职业技能

当今社会既处于知识与信息爆炸的时代，也处于职业技术迅猛发展的时代。报纸、电视、街头广告，总会传播许多职业技能培训方面的信息，职业技能培训已经成为中国最具发展潜力的市场。

相关链接 🔍搜索

职业技能决定财富

某大型企业的机修工杨翊，28 岁，个子 1.53 米，只有初中文化程度，按常理说他应该很自卑，然而他却十分自信，薪水高于一般的员工。他从小酷爱思考、学习，尤其是在机电方面。刚进入公司时，他只是普通流水线上的操作工，但他却从不在休息时间闲着，经常跟在老师傅后面看修机器；日积月累，他渐渐熟悉了这套机器的安装和检修过程，还摸索出一些零件检修的秘诀。

有一天下午，整个车间的机器突然停止了运转，热闹的车间顿时安静下来。这时老板慌了手脚，因为老师傅因病回老家了，要是停工几天，跟外商签的合同可就泡汤了。情急之中，杨翊毛遂自荐，换上工作服，拿着工具，钻进地下 2 米深的放发动机的地方，细细地查看了机床链条，他发现整个机器停运都是由这个链条的一个小缺口的错位引起的，于是他很快地用钳子将缺口矫正，没过 1 分钟，整个车间的机器又轰隆隆地正常工作了。

从这以后，他就成了该厂出色的专业维修人员。老板经常鼓励他，也特别器重他，公司凡是有大小活动，老板都第一个注意他，他成为老板身边一个不可或缺的人物。而那些大学毕业、自身条件也很好的员工，老板还叫不出他们的名字。正是当初对自己专业技能的自信给了他尝试的勇气。

职业技能好比一座矿，如果我们的个人矿产只比别人多一点点，那么我们能不能够使它更加丰富一些呢？如果我们不比别人更富有，那我们如何让自己成为那个不可或缺的人呢？要想不被人替代，你得有一手绝活。

——资料来源：周传林 . 职场"钱"规则［M］. 北京：科学出版社，2010.

（一）职业技能的内涵

职业技能是指从业人员从事职业劳动和完成岗位工作应具有的业务素质，包括职业知识、职业技术和职业能力。职业知识包含基础知识、专业知识以及人文素养在内的其他知识。职业技术是指驾驭本职业或岗位的科学技术。职业能力包括一般能力和特殊能力，它不仅指某种与职业相关的技能，还指从业人员需要具备的综合能力，包括学习能力、组织能力、交往与合作能力、专业能力、自主性和承受能力等。

职业知识、职业技术、职业能力三者有机联系，密不可分，共同构成从业人员职业技能的素质体系。在职业技能体系中，职业知识是基础，如果没有充分的职业知识储备，职业技术就难以发挥，职业能力也就难以进一步发展；职业技术是保证，没有专业技术，职业知识便无法转化为现实生产力，职业能力就是一句空话；职业能力是关键，没有职业能力，职业知识和职业技术就难以得到有效的运用进而发挥出切实的作用。

（二）职业技能的特点

职业技能反映了职业存在与发展对从业人员的客观要求，其具有以下特点：

（1）**职业技能具有时代性**。职业技能不是一成不变的，一般来说，它总是与时俱进、不断发展的。随着时代的进步，职业的发展会对从业人员职业技能提出更高的标准和要求。

（2）**职业技能具有专业性**。职业技能与特定职业和岗位相联系，是从业人员履行特定职业责任所必备的业务素质。不同的职业需要不同的技能，不同的岗位对职业技能提出不同的标准和要求。例如，教师的职业技能不同于医生的职业技能，医生的专业知识也不同于饭店员工的职业技能要求。在同一饭店，不同的岗位也需要不同的专业知识和技能。

（3）**职业技能具有层次性**。职业技能的层次性受两个因素的影响。首先，在同一职业领域的相同岗位上，由于工种的级别要求和技术含量存在客观差异性，导致职业技能出现层次差异性。例如，一个企业的同一种工种，根据技术含量和作业标准的不同要求，可以划分为初级工、中级工和高级工。其次，由于个人的天赋和主观努力不同，导致人们的职业技能存在一定的差异。比如，同样是高级工，在同样的岗位做同样的工作，其职业技能水平也往往有高下之分。

（4）**职业技能具有综合性**。许多工作任务的完成和职业责任的履行，仅仅依靠某项技能是远远不够的，而是多种素质综合作用的结果。例如，要成为一名成功的营销人员，不仅要掌握推销商品的一般性理论技巧，还要对所推销的产品性能、操作原理和售后服务，特别是顾客的消费心理等有所了解；同时，自身还要有良好的心理素质，以及一定的应变能力。

在社会主义现代化建设中，职业对职业技能的要求越来越高。不但需要科学技术专家，而且迫切需要千百万受过良好职业技术教育的中、初级技术人员，管理人员，技工和其他具有一定科学文化知识和技能的熟练从业者。没有这样一支劳动者大军，先进的科学技术和先进的设备就不能成为现实的社会生产力。我国经济建设的实践证明，各级科技人员之间以及科技人员和工人之间都应有恰当的比例，生产建设才能顺利进行。因此，良好的职业技能具有深刻的职业精神价值。

五、职业良心

马克思主义伦理学认为，良心就是人们在履行对他人和社会的义务过程中所形成的道德责任感和自我评价能力，是一定的道德观念、道德情感、道德意志和道德信念在个人意识中的统一。

（一）职业良心的内涵

职业良心是从业者对职业责任的自觉意识，在人们的职业生活中有着巨大的作用，贯穿于职业行为过程的各个阶段，成为从业者重要的精神支柱。职业良心能依据履行责任的要求，对行为的动机进行自我检查，对行为活动进行自我监督。在职业行为之后，能够对行为的结果和影响作出评价。对于履行了职业责任的良好后果和影响，从业者的职业良心会使从业者得到内心的满足和欣慰；反之，则会进行内心的谴责，表现出内疚和悔恨。

（二）职业良心在职业活动中的重要作用

（1）在从业人员作出某种行为之前，职业良心具有动机定向的作用。一个从业人员具有职业良心，就能根据履行职业义务的道德要求，对行为的动机进行自我检查：凡符合职业道德要求的动机就予以肯定，凡不符合职业道德要求的动机就进行抑制或否定，从而作出正确的选择或决定。

（2）在职业活动进行的过程中，职业良心能够起到监督的作用。对符合职业道德要求的情感、意志和信念，职业良心就给予激励并促使其坚持下去；对于不符合职业道德要求的情绪、欲望或冲动，职业良心则予以抑制，促使从业人员自行改变其行为方向和方式，纠正自私欲念或偏颇情感，避免产生不良后果。

（3）在职业活动结束以后，职业良心具有评价作用。职业良心能够对自己的职业活动及其结果作出自我表现评价。当从业者履行了职业义务并产生了良好的结果和影响时，从业者会得到内心的满足和欣慰；当他们因为没有履行职业义务而产生不良后果和影响时，职业良心会对他们进行内心谴责，使其表现出内疚、惭愧和悔恨，并促使其主动自觉地纠正错误。

（三）职业良心的作用形式

职业良心通常以两种方式作用于从业人员的职业道德实践，一种是直觉的作用形式，另一种是理智的作用形式。

案 例

职业良心有情无价

张明华是位导游。在接待一个澳大利亚华侨旅游团的时候，经历了一件小事，使他切实感受到了良心对人灵魂的震撼力量。他的行为，深深感动了一位澳大利亚阿婆，也深深感动了自己。"那个澳大利亚旅游团是我在1999年接待的，我关照了一位澳籍华人，这段经历，使我第一次切实感受到很多比金钱更加珍重的东西，切实认识了什么是客人给予的最有价值的回报。事情很简单，整个游程和其他的旅游团没什么区别，我和客人每天都是早出晚归，没多少空闲时间。在客人离开北京的前一天晚上，回到饭店后，团里一位岁数很大的阿婆，问我可不可以陪她去看一位老朋友。阿婆提出要求的时候很不好意思地说，自己年纪大了，又不懂汉语，虽然有地址，也不知道能不能找到；而她要看望的朋友比她年纪还要大一些，又不可能来饭店接她，所以求我帮忙。说实在话，我当时真是不想陪她去，不为别的，我真是太累了，走了一天，腿脚酸疼，饭店里又没有我的住房，我只想早一点回家睡觉，第二天还要早起送早上的航班。可我一看阿婆双眼中流露出来的恳切目光，我又不忍心拒绝她。北京实在太大了，让她这样来自异国他乡的老太太晚上一个人出去找人，我还真是放心不下，于是，我就陪她去了。经过一番周折，阿婆终于见到了自己分别多年的朋友。我虽然累得几乎要睡着在阿婆朋友家的沙发上，但心里很踏实。送阿婆回饭店的时候，她很激动，一路讲着她的朋友，最后她说：'我这次来中国，就是想在自己百年之前见一见老朋友，否则我会遗憾终生的，现在我可以安心地走了。'第二天，阿婆随其他客人离开了北京。分别的时候，老人家抱着我哭了，一连说了好几声'谢谢'。就在那一刻，我忽然觉出了人与人之间的真情、友情是一种比金钱更重要的东西，是更值得珍惜的。在我和阿婆告别的那一刻，我明白了导游员的职业良心对于导游员而言意味着什么。"

——资料来源：周立兴，韦明体．旅游职业道德专题讲座．云南大学出版社，2005．

案 例 分 析

导游员的职业良心对于导游员而言意味着什么？

直觉的作用形式是指职业良心以一种无形的力量，甚至是下意识的本能、顿悟，使人的行为沿一定的方向进行。理智的作用形式是指经过职业道德情感的冲突而做出的深思熟虑的、合乎理性的选择，自觉遵守职业道德规范，履行自己的职业道德义务。这种作用形式，是使从业人员的内心世界服从于职业道德的自我法庭。

职业良心对从业人员的职业活动有着重大的影响，往往左右着从业人员职业道德生活的各个方面，贯穿于职业活动的全过程，成为从业人员的重要精神支柱。因此，必须重视培养从业人员的职业良心。

六、职业纪律

职业纪律是劳动者在从业过程中必须遵守的从业规则和程序，它是保证劳动者执行职务、履行职责、完成自己承担的工作任务的行为规则。

加强从业人员的职业纪律教育，是职业道德建设的题中之意。作为组织的一员，遵守职业纪律是从业人员的基本义务。在职业活动中，从业人员不仅要树立强烈的责任意识、敬业意识、诚信意识，努力提高职业技能，更要树立强烈的纪律意识，以遵纪守法为荣，以违法乱纪为耻，自觉加强职业纪律修养，做一名合格员工，以实现自己的职业理想。美国管理学家彼得·杜拉克指出："管理是任务，管理是纪律，管理也是艺术。管理者的眼光、奉献精神和管理手段决定着企业的兴衰成败。"

为了保证职业活动有目的、有组织、有效率地进行，必须加强职业纪律建设。

（一）职业纪律影响到企业形象

制定和执行纪律是树立企业形象的现实需要。职业纪律是维系企业组织健康、保持良好企业形象的基本规矩。只有遵循这个基本规矩，每个组织成员才能准确把握自己的位置，懂得自己该做什么，必须做什么；不该做什么，坚决不能做什么。如果该做、必须做的事情没有人去做，不该做、不能做的事情人人敢做，这样的企业组织自然陷入混乱，失去希望。职业纪律折射着员工的劳动态度和敬业精神。例如，饭店职业纪律规定，从业人员要站有站相、坐有坐相，面带微笑、双手下垂、目视前方。为什么要制定这样具体的纪律和规范呢？显然，严守上述纪律规范，给人的直观感受是："我"已经做好为"您"服务的准备，"我"的心中只有"您"。它体现了对顾客的热情、尊重，展示了整个公司的形象。若相反，服务人员勾肩搭背、歪歪斜斜，对到来的客人爱理不理、冷眼斜视，必然会令顾客产生不快的情绪。谁愿花钱买不舒服、冷眼呢？因此，我们能够得出这样一个结论，严格的纪律等于优质的产品、严格的纪律等于优质的服务。同样，执行纪律松松垮垮，给人的印象也只能是从业人员只会提供粗糙、劣质的产品和服务。俗话说：没有规矩，不成方圆。对企业来说，职业纪律十分重要，它直接影响到企业的形象，影响到企业的市场竞争力，必须高度重视。

（二）职业纪律关系到企业的成败

职业纪律不仅影响着企业的外在形象，而且还关系到企业的生存和发展。职业纪律搞不好，会给企业发展带来危机。微软公司这样警示自己："微软离破产永远只有18个月。"海尔集团认为，抓企业管理必须"永远战战兢兢，永远如履薄冰"。在蒙牛乳业集团，员工形成了制度至上的理念，强化了维护制度和纪律权威的自觉性。"你可以贬低我个人，你甚至可以把我个人的利益全部拿走，但是无论是谁，都不能毁害我们企业的制度。"这是蒙牛集团员工对职业纪律的感受，职业纪律成为企业的生命所在。

成功的企业有许多共同之处，其中之一是丝毫不懈怠职业纪律。不懈怠纪律，就是抓纪律的贯彻和落实。回顾历史，那些纪律严明、步调一致、管理有序的企业，总能取得令人心悦诚服的管理成效。甚至，许多企业把纪律建设强调到极致，为了打造铁的组织，他们大量吸收军队建设的理念、方式，以此管理企业，增强了企业的市场竞争力。联想集团的柳传志、海尔集团的张瑞敏、华为技术有限公司的任正非、万科集团的王石都曾有着军人的背景，他们把军队纪律和管理方式运用到企业经营实践中，取得了成功。

失败的企业各有各的失败，成功的企业各有各的成功。但从某个角度说，看一个企业是否有希望，只要观察其员工的纪律观念和表现便可略见一斑，正所谓"尝一脔肉而知　锅之味"。一个团结协作、富有战斗力和进取心的团队，必然是一个纪律严明、赏罚有度、令行禁止、有凝聚力和战斗力的团队；反之，如果纪律得不到有效贯彻执行，企业组织就会斗志松懈、纪律松弛，组织目标就难以实现。

（三）遵守职业纪律是企业选择员工的重要标准

在企业选择员工的多种视角和标准中，接受企业文化，遵守职业纪律是最起码的要求。职业纪律是企业文化的重要内容，是支撑企业文化的骨架。有没有职业纪律观念、认同与不认同职业纪律的状况，反映了一个从业人员对企业文化的接受程度和执行程度，这在一定程度上成为企业选人用人的标准。美国通用电器公司前总裁杰克·韦尔奇曾经说过这样一句话："什么样的人企业坚决不能用？是有业绩、有能力，但不认同你公司的文化，也就是说和企业的价值观不同的人，这样的人坚决不能用，坚决不能在企业待着，更不能进入高层。"此话寓意深刻，耐人寻味，认同企业文化是企业选人的首要条件。

按照纪律要求做事的人，体现了对事业忠诚、老实、本分的职业追求，有助于赢得同事的信任；反之，便难以为企业所接纳，难以在企业立足。因为任何一个企业都不会容忍肆意违背其组织纪律的人员存在。纪律是企业的"高压线""禁区"，是触摸不得的。例如，某大学生毕业后来到一家外企工作，他充满朝气和活力，很受领导赏识。但是，就是这位员工对职业纪律熟视无睹，不注意改正自己的一些小毛病，晚上不睡，早上不起，上班经常迟到。将上司的提醒、劝告置之脑后，我行我素。后来，将上司的批评、警告当作故意刁难，经常与上司发生冲突，最终被企业除名。

作为企业的一名员工，对自己负责，就要严格遵守公司的一切规章制度和纪律。西方职业经理人玛丽·凯·阿什这样看待纪律："我每次遇到员工不遵守纪律时，都采取一种与他人十分不同的处理方法。我的第一个行动，是同这个员工商量，采取哪些具体措施以改进工作，我提出建议并规定一个合情合理的期限。这样也许会获得成功，不过，如果这种努力仍不能奏效，那我必须考虑采取对员工和公司可能都是最好的办法。当我发现一个员工不遵守纪律、工作老出差错时，就决定不要他！因为遵守纪律没商量。"

（四）遵守职业纪律关系到员工个人事业的成功与发展

任何从业人员都不会仅仅为了保住"饭碗"而满足于"干一天工作，拿一天报酬"的现状。要使职业生涯有所发展，就应该更加严格地要求自己，在遵守职业纪律上表现出比其他员工更高的标准。试看，优秀员工、成功的职业经理人都是严格执行职业纪律的模范。因此，是否遵守企业职业纪律，不仅关系到从业人员能否在企业立足，而且关系到员工个人事业的成功与发展。一个缺乏职业纪律修养的人，不会在一个组织、一个企业获得更多的发展机会。

相关链接 | 🔍 搜索

柳传志"罚站"

创造了联想神话的柳传志也有许多传奇故事，在"联想"创业征程中，有着"军人"背景的柳传志，把纪律看作企业的生命。因为，柳传志深深懂得，一支没有纪律的队伍，甚至打不赢一场小小的战斗。

柳传志重视纪律，带领"联想"人制定了难以胜数的纪律和规定。例如，联想用人规定：为防止裙带关系和山头主义作风，联想职工的子女一律不准进入联想工作；为创造平等、和谐的人际关系，从总裁到部门经理，再到普通员工，见面时一律直呼其名，不称呼职务。联想廉洁规定，不是自己的钱，一分钱也不要往自己的腰包里装，触犯财务和金融纪律，移交司法机关处理。联想的这些"天条"、铁的纪律，造就了联想文化，造就了联想事业，打造出一支锐利的"斯巴达克方阵"。

在联想诸多"铁"的纪律中，有一件小事令人难以忘怀。1986 年，针对一些人缺乏时间观念、开会总迟到这类问题，联想制定了"迟到一次，罚站一分钟"的纪律。纪律刚发布不久，一次开会，柳传志原来的一个老上级迟到了。这位老同志资格老，又是联想的创业元老，平时很受大家尊重。顿时，会场上鸦雀无声，大家都屏住呼吸，把目光投向柳传志。柳传志感到了巨大的压力。他想："如果制定了纪律而不去执行，那么，谁还会把纪律当回事儿？"这时，柳传志站起来对这位老上级说："现在你在这站一分钟，晚上我到你家给你站一分钟。"就这样，迟到罚站的规定坚持下来了。

柳传志也有自己被罚站的时候。有一次，他被卡在电梯里，开会迟到了。按照纪律规定，他自觉接受了罚站。类似的事情，在柳传志的经历中，一共发生了三次，三次开会迟到，他都按照纪律要求接受罚站。柳传志是遵守职业纪律的模范。像柳传志这样，领导带头按照纪律和规定办事，不仅体现了纪律面前人人平等的精神，维护了纪律的尊严和权威，而且也带动了整个组织遵守纪律风气的形成。

——资料来源：中国就业培训技术指导中心.职业道德［M］.

北京：中央广播电视大学出版社，2007.

七、职业信誉

职业信誉是职业责任和职业良心的价值尺度，包括对职业行为的社会价值所做出的客观评价和正确的认识。从主观方面看，职业信誉是职业良心中知耻心、自尊心、自爱心的表现。职业良心中的这些方面，能使一个人自觉地按照客观要求的尺度去履行义务，宁愿做出自我牺牲也不愿违背职业良心，做出可耻、毁誉和损害职业精神的事情。在这个意义上，职业信誉鲜明地体现着"全心全意为人民服务"的职业理想和主人翁的职业态度。从客观方面说，职业信誉是社会对职业集团和从业者的肯定性评价，是职业行为的价值体现或价值尺度。同时，职业信誉又要求从业者提高职业技能，遵守职业纪律。社会主义职业精神强调职业信誉，更重视把社会的客观评价转化为从业者的自我评价，促使从业者自觉发扬社会主义职业精神。

相关链接　🔍 搜索

诚心感动"上帝"

有一次，海尔洗衣机公司驻昆明售后服务站的员工接到云南昭通市洗衣机用户的电话，请他上门服务。此时，适逢大雨滂沱，这位员工毫不犹豫，披上雨衣去了车站。

公共汽车在山路上颠簸了16个小时，在距昭通市27公里处遇到意外险情——路前方山体滑坡，泥土沙石飞流直下，唯一通往昭通市的交通线路被阻断了。这位员工毅然下车，置生死于不顾，在茫茫黑夜，风雨交加中坚持步行前往昭通市，第二天一早准时赶到用户处。为了履行对用户的承诺，他在泥泞的山路上徒步走了4个多小时，险些献出了自己的生命。这样的诚心，当然能感动"上帝"。

——资料来源：郝凤茹．职业精神［M］．北京：北京大学出版社，2006.

八、职业作风

职业作风是指从业者在其职业实践和职业生活中所表现的一贯风格。

（一）职业作风是敬业精神的外在表现

敬业精神的好坏决定着职业作风的优劣，而职业作风的优劣又直接影响着企业的信誉、形象和效益。从某种意义上讲，职业作风关系到企业的兴衰成败，关系到企业的生死存亡。优化职业作风，就要反对腐败和纠正行业不正之风，以职业道德规范职业行为。

案　例

今天比昨天更努力

王琴在一家期刊发行公司工作，她刚进公司时只是一个打字员。应该说，打字是一件很枯燥的事情，但是她和别的打字员不一样，她在工作中找到了新的乐趣——偷偷地和别的打字员进行一场比赛。她是一个对自己的工作要求很严格的人，每天都要求自己在工作上有所进步。

刚开始，王琴每分钟只能打 100 个字，而她的同事的录入速度是每分钟 120 个字。20个字的提高，对于王琴来说是很容易实现的目标，可是，这却为王琴的工作带来了无尽的动力，她再也不觉得工作枯燥和无聊了，而是全力投入她为自己设定的工作比赛中去。很快，她的录入速度就超过了每分钟 120 个字。

一个月后，已经有每分钟 140 个字录入速度的王琴决定挑战自己的极限——向打字部的组长挑战，组长的速度是每分钟 180 个字。经过一段时间的努力锻炼，王琴的录入速度达到了每分钟 190 个字，竟然超过了打字部组长的录入速度。

王琴的变化逐渐被周围的人发现，她一天比一天努力，并且总能快速地完成工作，而且错误率极低，渐渐地，整个公司的人都对她刮目相看。

到了年底，在公司例行的业务考核中，王琴获得了第一名，而改变命运的机会也同时到来，打字部的组长刚好调换工作，王琴当然是最合适的接替人选。不过，这仅仅只是一个开始，王琴并没有放松对自己的要求，她不满足于只当一个打字员，于是她又给自己定下了一个新的工作目标：成为一个优秀的编辑。

王琴开始利用休息时间跑到公司的编辑部向编辑请教一些专业的问题，自己还买了专业书，规定自己每天看 1~2 个小时。

一年以后，王琴考取了北大成人夜校的中文系，并最终获得了第二学历。

现在王琴已经是这家期刊发行公司的正式编辑了，而她丝毫也没有放松对工作的要求，仍然不断地向专业水平更高的前辈挑战。

王琴"今天比昨天更努力"的实际行动，让她从一个小小的打字员变成现在的正式编辑。她在和自己较量的同时，赢得了别人的尊重，也改变了自己的命运。

有付出就会有回报，或许你的付出不可能马上得到相应的回报，但不要气馁，因为只是时间的问题；可是如果你半途放弃，不再努力，回报可能会在不经意间溜走。

——资料来源：陈浩，王洪凯.职业精神［M］.北京：中华工商联合出版社，2010.

案例分析

1. 我们看到了王琴的哪些职业作风?
2. 你今天比昨天更努力吗?

（二）职业作风是职业道德在从业者职业行为中的习惯性表现

从总体上看，职业作风是一种习惯势力。社会主义的优良职业作风具有积极的潜移默化的教育作用。它好比一个职业道德的大熔炉，能把新的成员迅速锻炼成有良好职业道德的从业者，使老的从业者继续保持优良的职业道德传统。一个职业团体有了优良的职业作风就可以互相教育、互相影响、互相监督，形成良好的职业舆论和职业风尚。这样，就可以使符合职业道德要求的好思想、好品质、好行为发扬光大，使不符合职业道德要求的坏思想、坏品质、坏行为受到抵制。

总之，职业作风具有深刻的道德意义。甚至可以说，职业作风就是职业道德。

第三节　职业精神的作用

职业精神是衡量旅游从业人员综合素质高低的关键指标。高等职业院校的大学生作为即将走向社会就业的职业人，塑造良好的职业精神，正确处理个人与行业、个人与社会的关系，将对社会经济发展及个人的成长进步具有不可替代的推动作用。总的来说，职业精神的作用主要体现在以下几个方面：

（1）**为社会主义市场经济发展提供了必要条件。**在社会主义市场经济已基本形成的我国，职业对知识化和智能化的要求越来越高，市场经济对人的素质要求也越来越高。具体体现在知识、技能和劳动者的职业道德素质的全面提高，这是市场竞争要求人才具备的基本素质。建立社会主义市场经济的新体制，必须学会尊重价值规律，按价值规律办事，必须讲求职业道德，确立符合市场经济的职业道德观和价值观，必须培育适应社会主义市场经济发展需要的职业精神。在激烈的市场竞争中，只有人们的职业道德观念增强了，职业道德高尚了，才能保证和促进社会主义市场经济的健康发展，才算是完整的社会主义市场经济体制。反之，如果人们的职业道德观念淡薄，职业道德败坏，诚实守信丧尽，社会充满虚假和欺诈，那么社会主义市场经济必然会走上邪路。因此，必须以培养职业精神为重点，全面提高职业素质，成为符合社会主义市场经济要求的、具备良好职业精神和职业素养的人才。

（2）**有助于促进构建和谐社会，全面实现小康社会。**目前，我国总体上进入了小康社会。但是，目前的小康，还是低水平、不全面、发展很不平衡的小康。这一现实状况，是和我国现阶段生产力发展水平相适应的，是和我国社会主义初级阶段基本国情相吻合的。我国仍然处在由农业国向工业国转变的历史时期，我国社会的主要矛盾依然是人民日益增长的物质文化生活的需要与落后的社会生产之间的矛盾。低水平、不全面、发展不平衡，必然会存在矛盾和问题，产生差别。构建社会主义和谐社会，全面实现小康社会就是一个从根本上解决矛盾和问题，逐步缩小差别的伟大实践的过程。其目标任务是要实现经济更加发展、民主更加健全、科教更加进步、文化更加繁荣、社会更加和谐、人民生活更加殷实。这一目标落实到旅游从业人员，就是要努力服务社会，成为高技能、高素质的社会主义事业的建设者，弘扬社会主义良好道德风尚，无私奉献，努力奋斗。因此培养职业精神成为工作的重中之重。

（3）**有利于更好地满足行业、企业对高素质人才的需求。**大学生职业精神是企业发展的软实力。职业精神是世界知名企业能够长寿的真正"秘密"。以"敬业"为核心的职业精神是弥补"市场失灵"的一剂良药。一个民族如果没点"精神"，这个民族就绝对不会是一个强大而优秀的民族；一个企业如果没点"精神"，这个企业也不会成为强大的企业；一个人如果没点"精神"，这个人也不会成为对社会、对企业有用的人。这种精神蕴藏的是使命感、责任、团队合作态度、敬业精神和良好的职业道德等核心元素。这些核心元素构成了职业精神，良好的职业精神对企业发展有着至关重要的作用。实践证明，职业精神是企业软实力，影响着企业发展的速度，左右着企业发展的质量。

（4）**有利于提高从业人员的自身修养。**社会价值的多元化导致一些人存在不恰当的价值取向，缺乏社会理想和信念，缺乏社会责任感和使命感。加强培养职业精神，可以使从业人员树立正确的人生观、价值观，认识自我价值与社会价值、自我发展与社会发展的辩证关系，在实现自我的同时为社会做出贡献。加强培养职业精神，确认自己所选择的专业和将要从事的职业是一项光荣而又神圣的事业，带着这种崇高的使命感端正学习态度，促进自身的学习和发展。加强培养职业精神，可以激发强烈的竞争意识与迎接挑战的勇气，从而克服惰性，形成百折不挠、积极进取的健康心理品质，在即将面临的社会激烈竞争中，抓住机遇，赢得未来。因此，职业精神的培养可以提高从业人员自身的内在修养，塑造出德才兼备的职业人。

（5）有利于增强个人就业竞争力。根据对 600 多家企业的调查，大部分企事业单位对青年就业人员的最大希望和要求是：懂得做人的道理和具备工作责任心。这些单位几乎一致认为，经验、知识和能力可以在工作实践中逐步培养，但是为人、工作责任心等基本素质必须从早抓起，逐步形成。在某些毕业生招聘会上，人们发现，在本科生和研究生面临着严峻就业压力的同时，高职生却成了人才市场上的"香饽饽"。企业招聘负责人都表示，"务实肯干"是高职生的突出特点，也是他们所看重的。所谓"务实、肯干"一方面指能深入到企业最基层的岗位，另一方面主要指能吃苦耐劳，不怕脏、不怕累的职业精神，所以加强培养职业精神有利于增强就业竞争力。

（6）有利于提高人力资本的附加值。纵观发达国家如日本、德国、美国等，其制造的产品总体上都做工精细而考究。其原因是企业员工对待自己所从事的工作勤奋、认真和执着，常常把本职工作做得是好是坏与自己的人格荣辱联系在一起，对工作有着严肃认真的态度，哪怕是十分不起眼的工作，也力求尽善尽美。我国也必须注重培养学生的职业精神，这样才能提高人力资本的附加值。

 复习与思考

一、简答题

1. 职业对人们生活的影响有哪些？

2. 职业精神的含义是什么？

3. 社会主义职业精神的特征有哪些？

4. 如何处理职业理想与现实的矛盾？

5. 影响职业态度的四个因素是什么？

6. 职业技能的特点是什么？

7. 职业良心在职业活动中的重要作用是什么？

8. 职业纪律的重要性是什么？

9. 职业信誉的含义是什么？

10. 培养职业精神的必要性和作用是什么？

二、案例分析

案例一　服从安排是企业员工的基本要求

服从是员工职业精神的精髓。每一位员工都必须服从上级的安排，就如同每一个军人都必须服从上级的指挥一样。服从是行动的第一步。大到一个国家，小到一个企业、部门，其成败很大程度上取决于是否完美地贯彻了服从的观念。

A公司的主要业务是为各品牌轿车生产汽车座椅。某年9月25日，公司接到了一张订单。根据订单要求，公司需要在一个月内为客户出货。时间紧、任务重，更麻烦的是，在这期间还有国庆的7天假期，但在激烈的企业竞争环境中，订单就是号角，订单就是命令。为了完成生产任务，公司领导经研究决定，国庆期间不休息，加班加点完成订单。

由于距离国庆长假只有几天时间了，员工大多早已为自己的假期做好了安排。小张也不例外，他早在一个月前就和女朋友约好，要在长假里和她到海南旅游。可公司要求加班，难道这个向女朋友求婚的大好机会就这样错过了？小张没有公开反对加班，继续努力工作。9月29日早上，开生产班组会的时候，小张缺席了。10点钟左右，小张从医院打来电话，说自己生病了，正在检查。下午上班时，小张拿着医院的病假条，来向班组长请假。虽然企业有很重的生产任务，但在人性化管理思想的指导下，公司还是批准了小张的病假。

但事情并没有就这样结束，当小张10月9日回到公司上班的时候，等着他的是班组长、车间主任和公司的人力总监。原来，公司在10月1日的时候，特意派了人力资源管理部门的一位同事到小张的家里去看望他。看到铁将军把守的大门，一切就都已经清楚了。

——资料来源：中华励志网，http://www.zhlzw.com

根据上述案例回答如下问题：

1. 小张的行为体现了他怎样的职业态度？

2. 你如何评价小张？

3. 讨论：如果你面临同样的情况，你会怎样做？

案例二　选择承担责任还是选择寻找借口

李克是一家家具销售公司的部门经理。有一次，他听到一个消息：公司高层决定安排他们这个部门的人到外地去处理一项非常难办的业务。他知道这项业务非常棘手，难度很大，所以便提前一天请了假。第二天，上面安排任务，恰好他不在，便直接把任务交代给他的助手，让他的助手向他转达。当他的助手打他的手机向他汇报这件事情时，他便以自己身体不适为借口，让助手顶替自己前去处理这项事务。同时他也把处理这项事务的具体操作办法在电话中交代给了助手。

半个月后，事情办砸了，他怕公司高层追究自己的责任，便以自己已经请假为借口，谎称自己不知道这件事情的具体情况，一切都是助手办理的。他想，助手是总裁安排到自己身边的人，出了事，让他顶着，在公司高层面前还有一个回旋的余地，假若让自己来承担这件事的责任，恐怕有被降职罚薪的危险。但是，纸是包不住火的，当总裁知道了事情的真相后，便毫不犹豫地辞退了他。

可以说，只有敢于担当起自己应尽责任的人，才能获得成长；而那些总喜欢找借口的员工肯定是失败的员工，很难得到大家的信赖和尊重。

——资料来源：陈浩，王洪凯.职业精神［M］.北京：中华工商联合出版社，2010.

根据上述案例回答如下问题：

1. 结合案例思考为什么说寻找借口就是推卸责任。

2. 在遇到问题的时候你是选择承担责任还是选择寻找借口？你是一个有责任感的人吗？

案例三　不要把问题丢给别人

甲、乙、丙三个人供职于同一家公司。虽然公司的产品和销路不错，但由于经营出现了一些问题，产品销售后总是无法及时收回货款。

公司有一位大客户，半年前购买了公司 10 万元的产品，但总是以各种理由迟迟不肯支付货款。公司决定派甲业务员去讨账。那位大客户说那些产品销得一般，让甲过一段时间再来。甲知道这位大客户不好惹，心想他欠的又不是我的钱，跟我没什么关系，于是便返回了公司。

甲业务员无功而返，公司又派乙业务员去要账。乙找到那位客户，那位客户说他这段时间资金周转很困难，还承诺说等他的资金到位了一定还钱。于是乙业务员也无功而返。

没办法，公司只得派丙业务员去讨账。丙刚跟那位客户见面，就被客户指桑骂槐地教训了一顿，说公司三番两次派人来逼账，摆明了就是不相信他，这样的话以后就没法合作了。丙业务员并没有被客户吓倒，他见招拆招，想尽了办法与那位客户周旋。那位客户自知磨不过丙业务员，最后只得同意给钱，他承诺开一张10万元的现金支票给丙。丙业务员很开心地拿着支票到银行取钱，结果却被告知账上只有99920元。很明显，对方又要了个花招，那位客户给的是一张无法兑现的空头支票。第二天就是春节了，如果不及时拿到钱，不知又要拖延多久。

遇到这种情况，一般人可能只好退回支票。但是丙业务员却觉得要让问题到此为止，因为这是他的工作。最后他灵机一动，自己拿出100元钱，把钱存到客户公司的支票里去。这样一来，支票里就有了10万元。他立即将支票兑现。

可以想象，要是丙也像甲和乙那样没有责任心，遇到问题不努力去想办法解决，而是随便找个借口，不尽力、不坚持就回来了，那他绝对不可能追回货款。

所以，我们在遇到困难的时候，一定要记得这句话：让该解决的问题到此为止。可以说，没有任何一个老板愿意自己安排的任务被人当成皮球踢来踢去。

——资料来源：陈浩，王洪凯.职业精神［M］.北京：中华工商联合出版社，2010.

根据上述案例回答如下问题：

1. 三个业务员的故事说明了什么？

2. 在遇到问题的时候，你会怎样解决？

三、实践与拓展

1. 课堂辩论

辩论题目1：

一些员工认为，"职业纪律不重要，提高职业技能最重要"。这样的看法正确吗？请以"职业纪律重要还是职业技能重要"为题，开展一次辩论。

辩论题目2：

有些员工认为，自己只是普通的打工者，干好活，拿到薪水，对得起良心就行了。奉献是劳动模范、先进人物的事，与一般人关系不大，也不是一般人所能做到的事。奉献只是劳动模范、先进人物的事吗？请以"职业奉献是不是必需的"为题，展开辩论。

2. 情景模拟

把自己置身在这样一个场景：到野外去玩，正巧下雨了。这个时候你看到了一个摇摇欲坠的草屋，你会不会进去避雨？可是这个草屋由于受不了风的力量，马上就要倒了，需要你去扶住它，不让它倒，因为它倒了，你就没有地方避雨了。那么这个时候，是你需要草屋，还是草屋需要你？

3. 职业精神测试

（1）你是一个有责任感的人吗？

① 与人约会，你通常准时赴约吗？

② 你认为自己可靠吗？

③ 你会未雨绸缪提前准备吗？

④ 发现朋友犯法，你会通知警察吗？

⑤ 外出旅行，找不到垃圾桶时，你会把垃圾随地乱扔吗？

⑥ 你经常运动以保持健康吗？

⑦ 你忌吃脂肪过高和其他有害健康的食物吗？

⑧ 你永远将正事列为优先，然后再做休闲活动吗？

⑨ 你从来没有错过任何选举权利吗？

⑩ 收到别人的信，你总会在一两天内就回信吗？

⑪ "既然决定做一件事情，那么就要把它做好。"你相信这句话吗？

⑫ 与人相约，你从来不会失约，即使自己生病时也不例外吗？

⑬ 在求学时代，你经常按时交作业吗？

⑭ 小时候，你经常帮忙做家务吗？

说明：选择"是"得1分，选择"否"得0分。分数在9~14分：你是个非常有责任感的人，行事谨慎，懂礼貌，为人可靠，并且相当诚实。分数为3~8分：大多数情况下，你都很有责任感，只是偶尔率性而为，没有考虑得很周到。分数为2分及以下：你是个完全不负责任的人，你一次又一次地逃避责任，造成每份工作都干不长，手上的钱也总是不够用。

（2）测一测，你是一个敬业的人吗？

仔细思考下面的问题，写下你认为自己存在的不足和下一步的改进计划。

① 工作中遇到问题和困难时，你是否总是千方百计找方法，将工作保质保量地完成，而从不推卸责任？

② 你的工作质量如何？是否总能让上级和自己满意？

③ 你是否经常在工作细节上出现问题？为什么？

④ 工作中你是否总是自动自发地为公司节约成本？

⑤ 你的工作效率如何？你是否积极追求最快的工作速度？

⑥ 对任何一项工作，你的表现是否总能超出公司的期望？

⑦ 你抱着什么样的心态工作？是用利工作、用心工作还是用命工作？

⑧ 接到上级安排的工作任务，你是否总是马上去做，从不拖延和敷衍？

⑨ 对于工作你是否总能怀抱满腔热情，有着浓厚的兴趣和愿望去实现工作目标？

⑩ 你是否能够主动检查自己的工作状况，做到不断改进，不断超越自我？

四、推荐阅读

同仁堂诚信经营，百年不倒常青树

北京的老字号"同仁堂"药店，经营300余年，从一家名不见经传的普通家庭药铺，发展成为国药第一品牌，金字招牌至今不倒，其重要的原因之一，是其始终如一的诚信经营赢得的良好信誉。

北京同仁堂是中药行业著名的老字号，创建于清康熙八年（1669年）。在300多年的历史长河中，历代同仁堂人恪守"炮制虽繁必不敢省人工，品味虽贵必不敢减物力"的传统古训，树立"修合无人见，存心有天知"的自律意识，确保了同仁堂金字招牌的长盛不衰。自清雍正元年（1723年）同仁堂正式贡奉清皇宫御药房用药之后，历经八代皇帝，长达188年，这就造就了同仁堂人在制药过程中精益求精的严细精神，其产品以"配方独特、选料上乘、工艺精湛、疗效显著"而享誉海内外。300多年来，同仁堂始终坚持传统的制药特色，保持质量优良、疗效显著的产品特点，形成了以牛黄清心丸、大活络丹、乌鸡白凤丸、安宫牛黄丸等为代表的十大名药。

目前同仁堂生产中成药24个剂型，800多个品种，经营中药材、饮片3000余种；47种产品荣获国家级、部级和市级产品称号。同仁堂之所以历久不衰，能够入选"名录"，不仅在于其继承了数千年中医药理论，结合宫廷制药最严格的质量标准和监控方法，而且在数百年实践中形成了特有的药品疗效和诚信经营。以诚信为本的药德经营理念，确保了同仁堂药品市场占有率的稳定提高，良好的信誉铸就了同仁堂老店的常青不衰。

——资料来源：中国就业培训技术指导中心. 职业道德［M］.

北京：中央广播电视大学出版社，2007.

常香玉——"戏比天大"

著名豫剧表演艺术家常香玉9岁学艺，十几岁登台，直到古稀之年仍活跃在舞台上，留下了许多光彩照人的艺术形象。常香玉终生献身豫剧事业，勤学苦练，兼收并蓄，推陈出新，形成了独树一帜的常派艺术。她把观众当作艺术工作者的衣食父母，认为自己的天职就是把最好的艺术奉献给人民。她的足迹遍及工厂、农村、军营、学校，为普通劳动者献上一台台精彩的演出，赢得了人民的喜爱。她为人民而唱，为百姓而歌，让观众们获得享受是她最大的心愿。

在朝鲜战场上，志愿军领导劝她改换相对安全的日子再去演出，她说："戏比天大，那么多志愿军都等着呢，他们不怕，我也不怕！"有一次，她准备去一家工厂慰问演出时，不巧遇到暴雨，有人建议先不要去了，她却斩钉截铁地说："戏比天大，就是下刀子也要去！"还有一次，她突然生病，人们劝她停演一场，她执意不肯，说："那么多人跑那么远的路，就是冲着我来的，我不能让他们失望，戏比天大。"

诗人王怀让深情地写下这样的诗句——"有的人活着，就没有声响；有的人死了，却仍在歌唱。"人们欣赏这位"豫剧皇后"炉火纯青的表演艺术，为她塑造的一个个艺术形象所倾倒，更为她"戏比天大"的敬业精神所感动。

——资料来源：中国就业培训技术指导中心．职业道德［M］.
北京：中央广播电视大学出版社，2007.

郎平成功的职业道路

郎平是原"五连冠"时的国家女排队员。由于她的有力扣球和在排球场上的拼搏精神，被人们誉为"铁榔头"。郎平从小爱画画，她的理想是长大后做一名风景画家。14岁那年，她观看了一场国际女子排球赛，中日双方激烈交战，最后日本队以3∶0战胜了中国队。当时日本姑娘高兴地欢呼、跳跃，中国队的姑娘眼含热泪离开了赛场，这场景深深地印在郎平的脑海里。她由此在心底渐渐产生了一个愿望，争取有一天成为国家队的队员，穿上印有国徽的运动衣，在赛场上为国争光。那时，尽管郎平身材比较高，但比较瘦弱，胳膊纤细，缺乏力量，与一名排球运动员的要求差距较大。她在爸爸的支持和帮助下，努力锻炼身体，为实现自己的理想一步步地攀登。她为争取进入体校进行系统训练，先当了业余体校的"临时学员"，后来才成为正式学员。在那段时间里，郎平为了增强体质，弥补身体的不足，比别人训练的时间更长，流的汗水更多。她不怕挫折，不怕失败，为扣好球，一次次地起跳、扣杀，经受了来自体力、技术和心理等各方面的考验。功夫不负有心人，郎平终于实现了自己的职业理想，成为著名的女排运动员。

——资料来源：周立兴，韦明体.旅游职业道德专题讲座［M］.
昆明：云南大学出版社，2005.

"失衡"的美景

几个人驾车，从澳大利亚的墨尔本出发，去往南端的菲利普岛（澳大利亚著名的企鹅岛）看企鹅归巢的美景。

从车上的收音机里他们得知，企鹅岛上正在举行一场大规模的摩托车赛。估计在他们到达企鹅岛之前，摩托车赛就要结束，到时候会有成千上万辆的汽车往墨尔本方向开。由于这条路只有两条车道，所以他们都担心会因为塞车而错过观赏企鹅归巢美景的最佳时间。

担心的时刻终于来了。离企鹅岛还有60多公里时，对面大批的车流蜂拥而来，其中有汽车，还有无数的摩托车。可是他们的车却畅通无阻！

后来他们终于注意到，对面驶来的所有车辆，没有一辆越过中线！这是一个左右极不"平衡"的车道，一边是光光的道路，一边是密密麻麻的车子。然而没有一个"聪明人"试图去破坏这样的秩序，要知道，这里是荒凉的澳大利亚最南端，没有警察，也没有监视器，有的只是车道中间的一道白线，看起来毫无约束力的白线。这种"失衡"的图景在视觉上似乎丝毫没有美感可言，可是却令人渐渐地感受到了一种心灵的震撼。

——资料来源：郝凤茹.职业精神［M］.北京：北京大学出版社，2006.

旅游职业精神

不同职业的职业精神既有相同之处，又有不同之处。旅游职业精神既体现了各行各业职业精神的共同要求，也体现了旅游业自身鲜明的个性特点。

旅游职业精神主要包括：人文精神、服务精神、敬业精神、精业精神、主动精神、忠诚精神、团队精神、执行精神等。本章通过对旅游职业精神的内涵、意义、要求等问题的分析，进一步明确了旅游职业精神的特点，丰富了旅游职业精神的内容，对于我们了解旅游职业精神的主要内涵，积极培养旅游职业精神具有非常重要的意义。

学习目标

知识目标

1 了解旅游职业精神的内涵。

2 理解旅游职业精神各项内容的含义。

3 掌握旅游职业精神各项内容的意义及要求。

能力与情感目标

1 能深刻理解旅游职业精神的重要意义。

2 能运用旅游职业精神知识对相关案例进行分析、评价。

3 能形成对旅游职业精神的认同感，努力加强个人修养，积极培养旅游职业精神，树立正确的职业价值观，在实践中养成良好的职业态度和职业行为，为成为一名合格的、优秀的旅游从业者奠定基础。

业精于勤，而荒于嬉。行成于思，而毁于随。

——韩愈

愉快只是幸福的伴随现象，愉快如果不伴随以劳动，那么它不仅会迅速地失去价值，而且也会迅速地使人们的心灵堕落下来。

——康斯坦丁·乌申斯基

人只有献身于社会，才能找出那短暂而有风险的生命的意义。

——爱因斯坦

一个真正而且热切地工作的人总是有希望的——只有怠惰才是永恒的绝望。

——卡莱尔

公司不能保证你的饭碗，只有顾客满意才能保住饭碗。

——杰克·韦尔奇

案　例

三个泥瓦匠

印度国王哈里什和儿子打猎途经一个城镇，空地上有三个泥瓦匠正在工作。哈里什国王问那几个匠人在做什么。

第一个人粗暴地说："我在垒砖头。"第二个工人有气无力地说："我在砌一堵墙。"但是第三个泥瓦匠热情洋溢、充满自豪地回答说："我在建一座宏伟的寺庙。"

哈里什国王回到皇宫后，立刻召见了第三个泥瓦匠，并给了他一个总督的职位。国王的儿子问："父王，我不明白，为什么您那么欣赏第三个工匠呢？"

"一个人有多成功，最终是由他做事时的态度决定的，"哈里什国王回答说，"有智慧的人可以看到事业最后的结果，而不是手头的任务，因为只有这样，才会有克服困难的动力。"

案　例　分　析

1. 哈里什国王为什么欣赏第三个工匠？他与前两个工匠的区别在哪里？

2. "一个人有多成功，最终是由他做事时的态度决定的。"谈谈你对这句话的理解。

3. 作为旅游工作者，应该具有哪些职业精神？

第一节　旅游职业精神概述

一、旅游职业精神的内涵与内容

职业精神是在特定职业实践基础上产生的，它不仅是对一定社会精神的反映，更是对特定职业的特殊利益和要求的反映。不同职业的职业精神既有相同之处，又有不同之处。例如，爱岗敬业精神、无私奉献精神、团结协作精神等是各行各业对从业者的共同要求；而救死扶伤、治病救人是医生职业精神的体现，传道授业、热爱学生是教师职业精神的体现。

　　旅游职业精神是旅游从业者在从事旅游经营、管理和服务的过程中形成的，并为旅游企业群体所认同的特有价值观和精神面貌的总和。

　　旅游职业精神的内容主要包括：人文精神、服务精神、敬业精神、精业精神、主动精神、忠诚精神、团队精神、执行精神等。伴随着旅游业的发展，旅游职业精神越来越受到人们的普遍关注。旅游职业精神的形成不是一朝一夕的事，而是一个漫长的过程，它体现在旅游从业者的行为举止和工作实践中。

二、旅游职业精神与旅游企业文化的关系

　　旅游职业精神孕育在旅游企业文化之中，没有旅游企业文化就没有旅游职业精神。旅游企业文化为旅游职业精神的形成提供了肥沃的土壤。旅游企业文化与旅游职业精神是包含与被包含、整体与部分的关系：一方面，旅游职业精神是旅游企业文化的重要组成部分，它体现了旅游企业员工的思想境界和整体精神风貌；另一方面，旅游企业文化是旅游企业在经营、管理、服务实践中逐步形成的，为全体员工所认同并遵守的、带有本组织特点的使命、愿景、宗旨、精神、价值观和经营理念，以及这些理念在经营实践、管理制度、员工行为方式与企业对外形象的体现的总和。因此，旅游企业文化的内涵更为丰富。

　　同时，它们之间也存在细微的差异：旅游职业精神是每个旅游企业员工所必须拥有的并使之成为在旅游经营、管理、服务中长期追求的方向；旅游企业文化对于每个旅游企业而言又有所不同。

企业文化的影响

　　美国哈佛大学对两组企业（一组重视企业文化，一组相反）进行了 11 年的考察比较，发现"前者总收入平均增长了 682%，后者仅增长了 116%；前者公司净收入增长了 756%，后者仅为 1%"。这个调查报告，为文化的超乎寻常的作用力提供了量化的证据。在良好的市场环境下，类似后者这种缺乏强劲企业文化支撑的企业，必将沦为被淘汰的

对象，退出市场。

现代中外许多成功企业的经营之道为现代企业提供了值得借鉴的宝贵经验。

民生文化

民生公司发展之所以如此迅速，和创始人卢作孚的成功经营有着极大关系。在卢作孚的长期经营实践中，一个突出的特点便是十分注重文化意识在经营管理中的作用。例如，他极为注意强化企业对职工的凝聚力，鼓励企业和职工的双向参与。他曾提出一个著名的口号：公司问题，职工来解决；职工问题，公司来解决。他把这一口号印在轮船的床单和茶杯上，逐步培养职工树立和公司同生存、共荣辱的集体意识，在企业发展中起到了良好的作用。

松下文化

松下公司在几十年的经营生涯中形成了独特的企业文化，制定了七大精神："产业报国、光明正大、和亲一致、奋斗向上、礼节谦虚、顺应同比、感谢报恩"，充分表现了松下那种谦和、执着、一以贯之的朴实风格。

执着文化

执着文化是鹰腾咨询公司的企业文化，以执着闻名。"因为执着，所以专业"是其真实写照，在任何场合任何时间，鹰腾咨询公司的员工无不体现出执着文化。

索尼文化

索尼公司的企业哲学中突出的一点是十分重视人的因素和民主作风，特别看重中层管理人员的作用，并设法淡化等级观念。该公司领导努力将工厂的车间搞得比工人的家庭更舒服，而把管理人员的办公室尽量布置得朴素些。另外，索尼人始终不满足现状，时时有"饥饿感""紧迫感"伴随，这可谓索尼文化的另一特色。正因为如此，他们才能不断学习世界上比自己先进的东西，经过消化，创造出别人没有的东西，适应了市场，赢得了声誉。

IBM 文化

IBM 公司即美国国际商用机器公司，该公司的信条就是"IBM 就意味着最佳服务"。因为他们懂得，优质服务是顾客最需要的。这不能不说是 IBM 公司多年来一直取得成功的一个奥秘。

——资料来源：根据网络资料整理

第二节　人文精神

一、人文精神的内涵与核心

在西文中，"人文精神"一词是 humanism，通常译作人文主义、人本主义、人道主义。是指对人的生命存在和人的尊严、价值、意义的理解和把握，以及对价值理想或终极理想的执着追求。人文精神主要表现为世界观、价值观和人生观。

人文精神的核心就是"以人为本"，以人为本的科学内涵需要从两个方面来把握。

（一）"人"的概念

"人"在哲学上常常和两个东西相对，一个是神，一个是物，人是相对于神和物而言的。西方早期的人本思想，主要是相对于神本思想，主张用人性反对神性，用人权反对神权，强调把人的价值放到首位。在中国，春秋时期的政治家管仲第一个明确提出了"以人为本"的思想，认为"夫霸王之所也，以人为本，本理则国固，本乱则国危"（《管子·霸言》）。中国历史上的人本思想，主要是强调人贵于物，"天地万物，唯人为贵"。

（二）"本"的概念

"本"在哲学上可以有两种理解：一种是世界的"本原"；另一种是事物的"根本"。以人为本的本，不是"本原"的本，是"根本"的本，它与"末"相对。提出以人为本，是要回答在我们生活的这个世界上，什么最重要、什么最根本、什么最值得我们关注。以人为本，就是与神、与物相比，人更重要、更根本，不能本末倒置，不能舍本逐末。

"以人为本"的人文精神其要旨在于尊重人的生命、尊重人的价值、尊重人的权利，肯定人的作用，关注人的生存和发展，将人置于至尊至重的地位，人类的一切活动与创造，只有在为了人的时候才具有意义。

二、旅游企业人文精神的要求

　　旅游企业文化首先是人本文化，以人为本的理念应该成为旅游企业文化塑造的出发点和归宿。旅游业是一种服务性行业，提供的产品是员工对顾客面对面的服务，人在旅游企业中起着非常重要的作用。因此，旅游的灵魂就是以人为本。旅游企业中的人文精神要求旅游开发、旅游经营与服务都要坚持以人为本。以人为本要做到以顾客为本、以员工为本、以公众为本。

（一）以顾客为本

　　"以顾客为本"是指旅游企业的经营活动应该以顾客为中心，尊重顾客、关注顾客，满足顾客的需求，按照顾客的需求来设计产品。顾客是企业生存的依据，市场的竞争就是企业对顾客的竞争。沃顿学院的一项跨行业研究发现：只要每年的顾客流失率能降低 5%~10%，公司的利润便可以增加 25%~75%。关注顾客需求、留住顾客并使顾客产生忠诚度将是未来商业发展和竞争的关键。旅游者是旅游的主体，游客是旅游业的"上帝"，不被旅游者认可的旅游是没有价值和意义的。"以顾客为本"实际上就是提高顾客满意度。只有旅游企业所提供的服务和产品能够满足消费者的需求，才可以增强旅游企业的生命力。

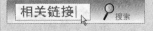

相关链接　🔍搜索

细节赢得好感

　　不久前，我和公司的开发总监，从中国香港坐港龙航空公司的飞机回长沙。当时，我们的座位在同一排，而一排座位有 3 个。

　　上飞机找到座位坐下来后，我发现我们的座位中间空出了一个位子。当时我就想：飞机上人比较多，要是这中间没有人坐就好了。等飞机舱门一关，我高兴得不行（因为中间座位没有安排人坐），这下可以不要这么挤了。此时，我往前后左右一看，发现整个客舱内，中间一列的位子都是空的，只有两边坐人。

就这个小小的动作，我佩服得五体投地。

（二）以员工为本

企业是由人组成的群体，人是企业生产力诸要素中最积极、最活跃的因素。旅游业的产品和服务是由旅游从业人员提供的，旅游从业人员的素质直接影响着旅游企业的形象，是旅游企业无形资产的重要构成。旅游从业人员是旅游企业的主体，是旅游企业的效益之本、人才之本。每一个从业者娴熟的技能，优质的服务和扎实的工作是旅游企业形象的保证。只有通过对"人"的有效管理，全面提高"人"的素质，才能使旅游企业保持良好的形象，在竞争中立于不败之地。因此，旅游企业的管理水平直接关系到旅游服务的质量，关系到旅游企业的生死存亡。ES 理念即由此而生。

ES，是英文"Employee Satisfaction"的简称，中文译为"员工满意"。它是在CS（Customer Satisfaction，顾客满意）经营基础上发展起来的新型企业管理方法。一般来说，企业的顾客有两种：一是外部顾客；二是内部顾客。外部顾客通称为消费者，"以客为尊，满意至上"是赢得他们青睐与忠诚的不二法门。内部顾客其实就是员工。目前的人力资源管理理论已由支配、控制、命令，代之以尊重、包容、沟通、服务的员工满意管理。ES 强调，企业在做好外部 CS 经营的同时还应当开展有效的内部员工营销。即把员工当作顾客，通过转变领导观念，找对具备服务态度的员工、改善条件、培训其服务技能，再激励他们为顾客提供优质服务，进而形成热心、专注的 CS 精神，使企业达到可持续发展。

ES 理念以"让员工满意"为核心，即在管理中，充分重视和最大限度地满足员工的物质和精神需求，调动员工的积极性、主动性和创造性，挖掘员工的潜在能力，从而真正赢得发展。这种思想从人本观念的角度理顺了这样一个传递关系：在管理者心中——员工第一，在员工心中——顾客第一，即"以满意的员工产生满意的顾客"。假日酒店的创始人威尔逊曾经说过："没有满意的员工，就不会有满意的顾客。有幸福愉快的员工，才会有幸福愉快的客人。"日本企业家松下幸之助在其著作《实践经营哲学》一书中指出："事业在人，经营的组织、手段固然重要，但掌握并使之发生效力的仍旧是人。"日本本阳公司总经理尚一郎积从多年经营管理的经验总结中得出："人不是机器，如果一个工厂把人和自动化机器置于同等地位，这个企业是不会长久的。"

旅游企业内部"以员工为本"，就是旅游企业管理者对员工要进行人文化关怀、进行人性化管理，让员工感受到自己对企业的价值和意义，培养员工对企业的归属感、责任感和忠诚感，只有这样才能充分调动内部员工工作的积极性，发挥员工劳动的能动性，激发员工内在的潜能，从而提升旅游服务质量。

旅游企业以员工为本要做到以下三点：

（1）**关心和爱护员工。**旅游企业管理者应该热爱员工、关心员工，给员工以温情，关心员工需要，心里时刻想着员工，让员工有种"归属感"，把企业当成自己的家。一个企业要想对社会做出贡献，让自己昌盛地发展下去，其关键在于爱护企业中的每一个人。日本饭店企业不断地向员工灌输"以企业为家""企业是员工生活共同体"的思想。在"大家庭"最困难的时候，日本饭店企业不轻易裁减员工而是实行终身雇佣制。这种"人情味"的文化造就了日本饭店员工对企业的"忠贞不贰"。

（2）**尊重和信任员工。**美国心理学家马斯洛提出了需要层次理论，即人在生理、安全、社交需要得到满足的基础上，还有被尊重的需要，这是人较高层次的需要。人的尊重需要包括自尊和受人尊重两个方面。在旅游工作中，职位的不同只是工作的内容责任不同，人都是平等的，没有贵贱之分。所以，旅游企业中每一个人都必须受到同等的尊重。员工的尊重需要得到满足，能使员工对自己充满信心，对工作充满热情。尊重需要一旦受挫，就会使人产生自卑感、软弱感、无能感等情感，有的甚至会使人失去对生活的基本信心。尊重和信任员工，可以使员工在工作中有更多的自豪感、自信心和责任心，从而极大地激发员工的工作积极性和主动性，挖掘他们的潜力，充分发挥他们的创造力，使他们心甘情愿地、愉快地为实现组织提出的目标而不断努力，从而为组织做出更大的贡献。

（3）**培养和激励员工。**人不仅有尊重的需要，还有自我实现的需要。员工不仅有物质方面的需求，还有对个人发展、学习知识等方面的需求。以员工为本，还要求旅游企业对员工进行职业生涯规划培训，为员工提供自我发展的空间。员工在清楚了解自己和职业前景的情况下，能够对自己设定的目标有更大的信心。管理者应结合员工的兴趣、能力、价值观等，建立员工满意的培训体系，营造持续学习的良好环境。同时还要通过改革创新人事管理制度，改善工作环境、生活环境、人际关系等，建立完善的激励机制，增强员工的主人翁责任感、自豪感，激发创优争先、争做贡献的工作热情。

星巴克的尊重文化

　　星巴克公司是世界一流的精制咖啡零售商及一流品牌的拥有者。在 15 年的时间里，星巴克从小作坊变成在多国拥有 5000 多家连锁店的企业，以其一流的服务享誉世界。在星巴克的管理中，一直把员工利益放在第一位。董事长舒尔兹认为，尊重员工所做出的贡献，将会带来一流的顾客服务水平，这自然会有良好的经营业绩。他还认为，所有的管理者都是员工的服务者，并通过各种方式投资于员工，为员工提供非常优厚的待遇和职业发展空间。在星巴克公司，员工不叫员工，而叫"合作伙伴"。合作伙伴之间的相互体谅、相互鼓励、相互信任也处处体现星巴克的尊重文化。员工之间建立的这种信任和自信的独特伙伴关系，是缔造星巴克伟业的基石。20 世纪 90 年代中期以来，星巴克的员工跳槽率仅为60%，远远低于快餐行业 140%~300% 的跳槽率，为同业水平的一半到 1/3。每一次对员工满意度调查的结果都表明：员工非常喜欢在星巴克工作。

　　　　　　　　　　——资料来源：宋豫书.服务精神［M］.北京：中国纺织出版社，2006.

课 堂 思 考

　　旅游企业中，你认为"员工满意"和"顾客满意"哪个更重要？

（三）以公众为本

　　以人为本要求企业不仅要以顾客和员工为本，还要承担社会责任。企业社会责任意味着一个企业要为自己影响人们、社会和环境的任何行为承担责任。企业必须超越把利润作为唯一目标的传统理念，承担对环境、对社会的责任。旅游企业是一个经济实体，其存在的目标是追求利润。但旅游企业同时也是社会的一个小细胞，一个微观群体，应肩负起对整个社会公众的责任。现阶段构建和谐社会的一个重要任务是要大力发展各项社会事业，教育、医疗卫生、社会保障等事业的发展直接关系人民的最直接利益，也直接决定着社会安定与否，和谐与否。旅游企业应充分发挥资本优势，为发展社会事业，为成为一个好的企业公民而对外捐助。旅游企业对社会负责，就是"以公众为本"的旅游企业文化的体现。

第三节　服务精神

一、服务精神的内涵与意义

（一）服务精神的内涵

"服务精神"是通过为某种事业、集体、他人提供良好的服务，实现双向互动、双边共赢的精神、意识。在社会中，我们每一个人对别人而言都是服务者，在某些时候我是你的服务者，而在另外一些时候你又是我的服务者。

从本质上讲，服务是一种企业哲学、一种领导形式、一种集体的精神、一种视品质与顾客价值为引导原则的经营方式和企业行为。一流的企业卖服务，二流的企业卖产品。在优秀企业中，服务的优化表达了某种卓越企业文化的精髓。这种文化的精髓展现在实际的服务中，就是可以吸引和打动顾客的服务精神。

（二）服务精神的意义

市场竞争日益激烈，产品不断趋于同质化，企业对服务的重视程度越来越高。对企业而言，有服务精神的企业才能真正吸引消费者，甚至锁定消费者，用优质的服务建立强大而稳定的品牌。因此，提升服务品质已经不仅是提升企业竞争力的重要手段，而且已经成为决定现代企业成败的关键因素。为客户提供持续的优质服务是企业竞争中的一把利器，是打造核心竞争力的重要内容。在西方企业界有这样一句名言：现代企业生产，只有服务，没有产品。无数的事例已证明：服务决定企业的生死存亡。在如今的时代，从一定意义上说，产品已经成为服务的附属品，客户要买的不仅是你的产品，更是你的服务。所以，对企业来讲，一流的服务水平变得越来越重要，具有优秀服务能力的员工也越来越受到企业的青睐，他们往往会因他们杰出的服务水平而获得更好的发展空间。提升服务品质不仅是一个人发展的动力，也是一个企业的立足根基。

美国民营企业家玛丽安娜·拉斯马森提出一个著名的公式，她说，提供优质服务、处理好消费者的投诉就等于提高消费者满意度，等于增加消费者认牌购买的倾向，等于更高的价值和利润回报。你的客户服务水平越高，就越能吸引更多的客户光顾，也就会吸引到更多的忠实客户，而企业也能相应获取更多的利润。

相关链接 🔍搜索

服务决定成败

一次，美国戴尔公司的一个客户，订了戴尔的笔记本电脑。在订货交款后，这个顾客为了使自己所订的笔记本电脑更适用，就买了很多电脑配置。然后，等着戴尔前来交货。到交货的那天，戴尔销售部打电话告诉她，你订的这个型号的电脑已经没有了。现在，我们生产的产品，是我们升级换代后的产品。并且，这个产品的性价比比原来的产品更好用。请您马上到公司来交款取货……这个客户想，当初我订这个型号的电脑的时候，你们没有告诉我这个情况。现在，你却告诉我没有这个型号的电脑了。再说我连该买的配置都买好了，这让我怎么办呢？通过一段时间的交涉无果后，双方最终对簿公堂。最终的结果，我们可想而知。

但是，IBM公司就不同，如果客户的电脑出了什么问题。只要客户打一个电话，他们马上就会派客服人员到客户家里把电脑搬走。然后，在规定的时间内，把客户电脑里存在的所有问题解决好（包括不是由IBM公司电脑配置引发的问题，他们也会解决好）。

华尔街一家金融公司用的是IBM公司的服务器，但有一天突然出现了问题。于是公司马上给IBM打电话，希望能在30分钟内有人来修好。当时，华尔街地区的维修部正处于调整中。IBM总部马上打电话给离华尔街最近的分公司，要求他们乘飞机赶到顾客那里。30分钟修好的要求得到了满足，那家公司的主管很感动，对这位IBM的维修员说："非常感谢你！我会告诉所有的人，用IBM的产品能真正找到当上帝的感觉。"

这就是IBM公司的服务。事实上，IBM公司的总裁格鲁夫也说："IBM不销售任何产品，它销售的是解决问题的方案。"

二、服务质量是旅游业的生命线

　　旅游服务是旅游业的核心和本质。旅游服务是指旅游从业者借助旅游设施和一定手段向旅游者提供便利的活劳动，是旅游活动的软件媒体。旅游服务同旅游资源、旅游设施一样，也是旅游消费产品；它们都是旅游活动的媒体，其中，旅游设施是旅游活动的"硬件"媒体，而旅游服务是旅游活动的"软件"媒体。旅游设施与旅游服务只有密切地结合在一起，才能使旅游者在旅游活动中得到一定程度的物质享受和精神满足。但是，旅游服务与旅游设施并不是平分秋色、并驾齐驱，而是一种主从关系——旅游服务为主，旅游设施从属于旅游服务。由此可见，旅游服务是旅游业的核心和实质，是旅游业中最本质的东西。因此，服务性是旅游业的本质特征。

　　旅游业是以出售劳务为特征的服务型行业，生产者与消费者直接面对面接触，服务主体和服务对象都是"人"。旅游产品不同于一般产品。在一般产品中，人的劳动价值物化在物质产品中，生产者与消费者之间的关系被具体的物所掩盖。而在旅游产品中，人的劳动价值不仅物化在物质产品中，而且以人对人直接服务的形式体现出来，服务者的每一个细节，甚至一个微笑，都是一种服务，都包含在旅游产品之内。这个特点决定了旅游从业人员个人素质的高低、服务态度的好坏将会对旅游产品、对消费者的旅游经历和体验产生极其深刻的影响，甚至决定着一次旅游消费活动的成败。实践证明，旅游服务人员热情、周到、礼貌、诚挚的服务可以在一定程度上弥补旅游硬件设备存在的某些不足。这些都说明了服务在旅游业中具有极其重要的地位。虽然科技越来越发达，但在旅游业的运行过程中，其"员工"向"顾客"提供的面对面、高接触的服务却无法被机器或物质生产过程所替代，"员工"提供的服务对于旅游产品给顾客带来的体验感受起着关键作用。美国市场营销专家菲利普·科特勒曾说："旅游企业的外部营销把顾客吸引到酒店或旅游地，但如果企业员工提供的服务达不到顾客的预期水平，再好的外部营销也白搭。"顾客是旅游企业最宝贵的资源，是决定旅游企业生死存亡的关键，只有为顾客提供满意的服务，赢得顾客的支持和信赖，旅游企业才能生存发展，焕发勃勃生机。因此，服务质量是旅游业的生命线。

北欧航空的制胜法宝

北欧航空公司总裁兼最高主管詹·卡尔森曾先后到 3 家亏损严重的公司任总裁，结果都在短时间内就使这些企业扭亏为盈。而他秉承的一个相同原则就是：在为顾客提供服务的时候，抓住每一个"关键时刻"。以下是北欧航空公司的一件案例。

有一名美国商人，下榻在瑞典斯德哥尔摩的丽华大饭店。有一天，他和同事约好，一起搭乘北欧航空公司的班机赴丹麦首府哥本哈根。等他抵达机场时，才发现忘了最重要的一件事：他在临行前把机票摆在写字台上，穿上外套后却忘了把机票带走。

谁都知道，没有机票休想上飞机。这个美国人也懂得这个道理，于是他打算不搭乘这班飞机，并且准备取消哥本哈根之行。可是，当他把情形告诉服务人员时，却得到令他惊喜的答复。这位票务人员面带微笑地说："先生，不用担心。请您先拿这张登机证，里面有一张临时机票，再请您把旅馆的房间号码及哥本哈根的通信地址告诉我就可以了。其余的事统统交给我们来办。"

该票务人员打了一通电话给旅馆，这个美国人和他的同事则坐在大厅候机。旅馆派人查看了这个美国人的房间，发现正如他所说的，他的机票就放在写字台上。票务人员立刻派人赶去旅馆取回这张机票，并在起飞前送到飞机上。当空中小姐走到这个美国人的身边，低头对他说"先生，这是您的机票"时，我们很难想象，这个美国人当时脸上的表情是多么的惊讶。北欧航空公司能够为顾客提供这样周全的服务，我们还能否认他们制胜市场的能力吗？

案 例 分 析

1. 詹·卡尔森使航空企业扭亏为盈的秘诀是什么？
2. 为顾客服务的关键时刻是什么？本案例给你哪些启示？

三、培养服务精神、追求卓越服务

（一）树立服务意识

服务意识是指企业全体员工在与一切企业利益相关的人或企业的交往中所体现

的为其提供热情、周到、主动服务的欲望和意识。即自觉主动做好服务工作的一种观念和愿望，它发自服务人员的内心。服务意识有强烈与淡漠之分，有主动与被动之分。

　　服务意识至关重要。美国相关消费者机构调查的资料显示，有近70%的顾客不再回头的原因是由于服务人员对顾客的态度不佳。之所以如此，这与服务人员在工作中推三阻四、老是抱怨、视客户服务如儿戏的态度是分不开的。他们不以服务为自己的工作，不愿意尽最大努力、最大限度地满足顾客的要求，也根本不想尽力超出顾客预期。

　　旅游从业人员应该树立这样的观念："服务，是我的工作职责。"只有旅游企业的所有员工都具备为顾客服务的理念，认识到服务对于工作和生命的价值，才会认真服务于顾客，真诚地听取顾客的意见，并向上司提出积极的改进措施。因此，优秀的员工不但要具有负责、投入的服务理念，还要有以服务为工作全部的价值观。对每一位员工而言，服务就是自己的工作，这种观念代表的是根植于内心的对服务的一种永久的追求。顾客满意更是永远的心愿，每一名员工应该把服务当作一种习惯，把服务视为一种修行，一种表达感谢的行动。

"家"一般的服务

　　有一次，我在北京出差，住在一家由美国人开的宾馆里。一天中午，因为临时有点事，我就在宾馆点了一碗清汤面。

　　在点餐的时候，宾馆的餐饮部经理就问我："先生，您还需要加点什么？"我说："那就加一点蔬菜，再加一个单面煎蛋。"这时，她犹豫了一下说："先生，您点的一个是中餐，一个是西餐……"（其意是有点麻烦）但是，她马上意识到话没说好，便紧接着说："先生，不要紧，我来帮您处理。"

　　挂了电话后，我心想：她这个话说得有点意思。她让我知道，我给她们的工作带来了难度，但同时她也让我知道，他们把这个问题解决了。

　　当他们把面送来，我吃完之后发现餐桌上摆着一张非常精致的小卡片。刚开始，我没怎么注意，因为一般宾馆都会有这样的小卡片。等我拿着小卡片一看，发现在它的背面是这么写的："您的点单我都亲自过目，请您放心享用。"后面的签名是餐饮部经理。

回长沙之后，我就把我经历的这个事情告诉了酒店界的朋友。他们说，要办到这一点不容易。因为，每个客人点的餐，餐饮部经理都亲笔签了名，这就是说她必须整天都守在餐厅，否则签名就是假的。这充分体现了他们对顾客的尊重，给顾客提供的是"家"一般的服务。

（二）加强职业责任心和道德义务感

职业责任心是个人对实现职业责任所持的态度；道德义务感是个人对履行某种道德要求的高尚情感。一个对社会有价值的职业的从业人员，只有正确认识本行业在整个社会生产中的地位、性质、职责、意义等，才有形成和提高自身道德品质的思想基础。有了这样的思想基础，从业人员才会自觉遵守道德规范，产生做好本职工作的强烈责任心。

道德义务感的建立，主要取决于对人生价值的理解。人生价值主要取决于对社会的贡献，也就是个人能为满足社会需要做有益的事情。人生最有意义的是工作。工作的过程就是服务的过程，工作为企业和顾客创造了价值，向社会传播了一种文明，实现了自己的人生价值。服务带给他人满足与快乐，也带给自己快乐与收获。

案　例

推销之神——原一平

在日本寿险业，原一平是一个声名显赫的人物。日本有近百万的寿险从业人员，其中很多人不知道全日本20家寿险公司总经理的姓名，却没有一个人不认识原一平。他在日本保险业连续15年全国业绩第一，被称为"推销之神"。

初次应聘，原一平并未得到主考官的青睐，勉强当了一名"见习推销员"。见习期间，没有办公桌，没有薪水，还被老推销员当"听差"使唤。在最初成为推销员的7个月里，他连一分钱的保险也没拉到，当然也就拿不到分文的薪水。为了省钱，他只好上班不坐电车，中午不吃饭，晚上睡在公园的长凳上。

然而，这一切都没有使原一平退却。他不断"抽打"自己，整日奔波，拼命工作，为了不使自己有丝毫的松懈，他经常对着镜子，大声对自己喊："全世界独一无二的原一平，有超人的毅力和旺盛的斗志，所有的落魄都是暂时的，我一定要成功，我一定会成功。"

他明白，此时的他已不再是单纯地推销保险，他是在推销自己。他要向世人证明："我是干推销的料。"

他依旧精神抖擞，每天清晨5点起床从"家"徒步上班。一路上，他不断微笑着和擦肩而过的行人打招呼。有一位绅士经常看到他这副快乐的样子，很受感染，便邀请他共进早餐。尽管他饿得要死，但还是委婉地拒绝了。当得知他是保险公司的推销员时，绅士便说："既然你不赏脸和我吃顿饭，我就投你的保险好啦！"他终于签下了生命中的第一张保单。更令他惊喜的是，那位绅士是一家大酒店的老板，帮他介绍了不少业务。

从这一天开始，原一平开始转运，他的工作业绩开始直线上升。到年底统计，他在9个月内共实现了16.8万日元的业绩。

曾经有一位顾客对原一平说："我目前买了几份保险，我想听听你的意见，也许我应该放弃这几份，然后重新向你买一些划算的。"

原一平告诉他："已经买了的保险最好不要放弃。想想看，你在这几份保险上已经花了不少钱，而保费是越付越少，好处是越来越多，经过这么多年，放弃这几份保险非常可惜！"

"如果您觉得必要，"原一平接着说，"我可以就您的需要和您现有的保险合约，特别为您设计一套；如果您不需要买更多的保险，我劝您不要浪费那些钱。"

原一平自始至终只想着如何诚实地做生意。如果他觉得对方的确要再投保一些，他会坦白地告诉对方，并替他计划一个最合适的方案；如果没必要，他会直截了当地告诉对方，不需要再多投一元钱了："您不需要再买保险啦！我看不出您有什么理由需要再买那么多的保险！"

原一平成了创造日本保险神话的"推销之神"。

——资料来源：范爱明.与顾客交往的69个禁忌［M］.北京：机械工业出版社，2008.

案例分析

1. 哪些理念和职业精神使原一平成为"推销之神"？
2. 谈谈本案例给你的启示。

（三）培养优良的服务态度

服务态度是指服务人员在对服务工作认识和理解基础上的对顾客的情感和行为倾向。良好的服务态度，会使客人产生亲切感、热情感、朴实感、真诚感。具体来说，为客人服务要做到：

（1）**认真负责**。要急客人之所需，想客人之所求，认认真真地为客人办好每件事。无论事情大小，均要给客人一个圆满的结果或答复；即使客人提出的服务要求是不属于自己岗位的服务，也要主动与有关部门联系，切实解决客人的疑难问题，把解决客人之需当作工作中最重要的事，按客人要求认真办好。

（2）**积极主动**。要掌握服务工作的规律，自觉把服务工作做在客人提出要求之前；要有主动"自找麻烦"、力求客人完全满意的思想，做到处处主动，事事想深，助人为乐，时刻为客人提供方便。

案　例

高素质的宝马公司的员工

有一次，一位宝马公司的员工到外地出差，准备到一家宾馆住宿的时候，发现不远的地方停了一辆满是泥土的车。出于职业的本能，他多看了几眼这辆车，结果发现那是一款自己公司生产的车。

那么有档次的车却脏成这样，别人看了会不会觉得：看起来宝马的车也不怎么样嘛，如果真那么有档次，车主怎么会那么不爱惜，任由它脏成这样？

于是他立即走过去，挽起袖子开始擦起来，直到车身光亮如新才停下来。

这时，车主正好回来了，一看车子，差点以为自己走错了地方。得知这位义务帮助自己擦车的小伙子竟然是宝马公司的员工时，他既感动又吃惊，不由对宝马公司的服务大加赞叹。

或许很多人会想，又不是自己卖出去的车子，干吗要多此一举？再说了，就算是自己卖出去的，公司也没有规定要义务帮别人擦车啊！

的确，如果不是出于对产品的热爱、对公司形象的关心，这位员工完全没有必要去做这些事情，但正因为有了这份关心，就会多了一份责任。既然是宝马的一员，那么走到哪里，都要体现出宝马公司员工最高的素质。

——资料来源：吴甘霖，邓小兰．做最好的执行者［M］．北京：北京大学出版社，2010.

 **案例分析**

1. 你怎样看待案例中宝马公司员工的行为？
2. 如果你是宝马公司的这位员工，你会怎么做？

（3）热情耐心。要待客如亲人，初见如故，面带笑容，态度和蔼，语言亲切，热情诚恳。在川流不息的客人面前，不管服务工作多繁忙、压力多大，都应保持不急躁、不厌烦，要镇静自如地对待客人。客人有意见，虚心听取；客人有情绪，要尽量解释，决不与客人争吵；发生矛盾要严于律己，恭敬谦让。

（4）细致周到。要善于观察和分析客人的心理特点，懂得从客人的神情、举止发现客人的需要；正确把握服务的时机，服务于客人开口之前，效果超乎客人的期望之上；力求服务工作完善妥当，体贴入微，面面俱到。

清洁车打造的"防盗门"

一次，我应邀给一家外地的五星级饭店做培训。课间休息时，我回宾馆房间取一份资料，正好碰上服务员在打扫卫生，房门被工作车挡着，我推了几下，根本推不动。没办法，我只好叫服务员。服务员应声从卫生间出来，很礼貌地请我出示了房卡，经过确认后，才将工作车移开让我进去。

我经常出差住饭店，这样的事情还是第一次碰到，很想问服务员为什么要这么做，不仅增加了自己的工作量，也让客人觉得麻烦。但因为上课的时间快到了，所以没来得及多问。

而饭店客服部经理和大家分享了自己亲身经历的一件事，恰好解开了我心中的谜团。

不久前，这位客服经理参加一个同行聚会，一位同行给大家讲了一件刚刚发生在自己饭店的事：

服务员在给一位外出的客人打扫卫生时，一个小偷绕过放在门口的清洁车，大摇大摆地走进了房间，对服务员说："抓紧时间清理，我得马上休息！"然后拿起床头的电话，假装给某个客户打电话，一边打电话还一边做手势，示意让服务员赶紧打扫。

服务员一看，以为是客人回来了，于是赶紧打扫完，关上房门出去了。

就这样，小偷轻而易举地拿走了客人放在房间里的2万元现金和一台笔记本电脑。

客人回来后发现自己的财物被盗，于是报了警。

尽管饭店后来给予了客人赔偿，但因为这件事情，饭店的声誉还是大大受损。

很多人听了这件事，也就是感叹一番而已，唯有这位饭店客服经理认真琢磨：虽然我们饭店营业10年来从未发生过这样的事情，但过去没有发生并不意味着永远不会发生，不怕一万，就怕万一。作为客服部经理，怎么做才能防患于未然呢？

就这样琢磨了好几天，他突然想到了一个好主意：将清洁车打造为临时"防盗门"。在和清洁车生产厂家的技术人员仔细沟通后，他请厂家过来给每一辆清洁车做了一点改造，安装了固定装置，规定所有的服务员在给外出客人打扫房间时，必须将清洁车从房间里面将房门堵上，并固定好。如果客人回来，要先请客人出示房卡，经过确认后，方可移开清洁车。

刚开始，也有客人抱怨不方便，但只要听了服务员的解释，都会很感动。尽管只是一个小细节，却让客人真正感觉到了饭店处处为他们着想的贴心服务，口碑相传之下，饭店的生意也越来越好。

——资料来源：吴甘霖，邓小兰．做最好的执行者［M］．北京：北京大学出版社，2010．

（5）**文明礼貌**。要有较高的文化修养，语言健康，谈吐文雅，衣冠整洁，举止端庄，待人接物不卑不亢；要尊重不同国家、不同民族的风俗习惯、宗教信仰和忌讳，时时处处注意表现出良好的精神风貌。

（6）**宽容厚道**。要心胸宽广、大度容人、待客真诚、表里如一。宽容是人类的一种美德，它意味着理解和通融，它是融合人际关系的催化剂，是拉近你和顾客之间距离的一把钥匙。对顾客宽容，可以让顾客更趋于感激和忠诚；一名优秀的服务人员要学会对别人宽容，因为那也就是善待自己。

旅游服务人员要牢记：顾客永远是对的。不管顾客要求什么，如何挑剔，都不应该与顾客争辩。平静、宽容和耐心，是旅游服务人员必须修炼的道德修养和良好素质。一个优秀的旅游服务人员应该把顾客的挑剔当成是提高服务质量的一次机会，从无理中找出道理，能使一个找碴儿者转变成为一个满意者。

在服务工作中应该杜绝推托、应付、敷衍、搪塞、厌烦、冷漠、轻蔑、傲慢、无所谓的态度。

支票风波

几年前，他在一家饭店担任大堂经理。有一天，他突然听到前台传来争吵的声音，于是马上走了过去。原来是一位客人想要兑换外币，但是在签支票的时候，不小心把名字写错了位置。按照规定，这样的支票无法兑现外币。服务人员请他再重新签一张支票，这让客户很不高兴，因为他只带了一张支票，于是大声责怪服务员为什么不事先告诉他名字要写在哪里。服务人员也觉得挺委屈，小声嘀咕说："明明是你自己写错了，凭什么全怪在我头上？"客人一听，火气更大了。大堂经理一看，连忙上去道歉，并且让客人先别着急，等他给银行打电话，看有没有什么办法可以解决。于是他马上给银行打电话，几经周折，终于弄清楚了解决的方法并不难，客人不需要重新签支票，只要在正确的位置再写一下名字就可以了。一听这么容易解决，加上看到大堂经理的态度那么好，客人火气一下子消了一大半，说："太感谢你了，要不我就要拨打投诉电话了。"

就这样，一场风波被他化解了。

——资料来源：吴甘霖，邓小兰. 做最好的执行者［M］. 北京：北京大学出版社，2010.

（四）追求卓越服务

卓越服务是随着顾客期望值一次又一次地提高，持续不断地提供超越顾客期望值的服务。卓越服务的核心是不断追求超越，使服务质量由"标准"提升到"无可挑剔"，是一种使顾客愉悦的艺术。

哈佛大学教授、营销学界的元老特德·莱维特曾有一句著名的论断："没有商品这样东西，顾客真正购买的不是商品，而是解决问题的办法。"所以说，顾客在消费时，他们买的不是商品，而是期望。在顾客使用产品或享受服务的过程中，产品或服务中任何的细枝末节都有可能引起他们足够的关注，并成为下次是否再购买该品牌的其他产品或是否进行产品更新时的理由。因此，企业要追求卓越，最大限度地满足顾客的期望。任何一名员工都应该明白，服务顾客不是一朝一夕的事情，而是长久之计。一个受过良好培训、能够提供优质服务的员工在每一次与顾客接触的过程中都会牢牢地把握住机会，让顾客感到他得到了比期望得到的服务更好的服务。而那些只是机械地进行服务，对顾客十分冷淡的员工就会浪费这些机会。卓越的服务需要每一个员工充分理解"人们买的不是东西，而是他们的期望""我们卖的不只是产品，更重要的是服务"这样的认知，把超越顾客期望作为优质服务的出发点。卓越的服务是长期性的，应该始终如一地保持着，将对顾客一视同仁、视顾客为上帝的行为培养成一种习惯。如果始终能够带给顾客以温馨、周到、礼貌的服务，就能够创造公司持久的辉煌。赢得顾客的好感和信赖，是与顾客成交和保持顾客忠诚度的根本途径，而为顾客提供超越他们期待的服务更能让顾客感动。一个优秀的服务人员总是能够以富有创意的服务来超越顾客的期待。因此，卓越服务是一种创新服务、一种个性服务、一种超值服务。

一件礼服的故事

　　四季饭店是全球一流的连锁饭店，它因一流的服务而吸引了许多商界和政界的名流。一次，芝加哥一家公司租用四季饭店举行慈善活动，他们邀请了美国前总统里根的夫人南希，请她在晚宴上演讲。为迎接第一夫人的到来，这家公司组织高层成员成立了欢迎队伍。公司总经理在办公室忙碌一天后，于晚宴前匆匆赶到四季饭店等待里根夫人的到来。这时他才注意到，大家都穿着正式的礼服，而自己却还是一身工作服。穿着工作服是没有礼貌的表现，但是回家换已经来不及了。这位总经理站在大厅门口正不知如何是好，一位侍者走了过来说："先生，我能帮助您吗？"得知总经理的麻烦后，侍者想了想，说："我有一个同事今天恰好休息，如果您不介意，可以穿他的礼服。"总经理只好随侍者来到了更衣室，但不巧的是，那位同事的礼服刚刚拿去洗了。总经理显得非常沮丧，但侍者却没有放弃，说："您可以穿我的礼服。"侍者说着便开始脱衣服，但他是个胖子，而总经理却有些偏瘦，总经理怕衣服不合体反而弄巧成拙，于是不肯穿。这时侍者又拿起了电话打给饭店的裁缝，饭店的裁缝立即赶了过来，并当场修改好衣服。不久，里根夫人来了，迎接她的是笑容可掬的总经理和他的员工们。

　　——资料来源：宋豫书. 服务精神［M］. 北京：中国纺织出版社，2006.

第四节　敬业精神

一、敬业精神的内涵与意义

（一）敬业精神的内涵

　　敬，原是儒家哲学的一个基本范畴，孔子主张"执事敬""事思敬""修己以敬"，即人在一生中始终要勤奋、刻苦，为事业尽心竭力。北宋程颐更进一步说："所谓敬者，主之一谓敬；所谓一者，无适（心不外向）之谓一。"朱熹指出，敬业就是"专心致志以事其业"，即用一种恭敬严肃的态度对待自己的工作，认真负责，一心一意，任劳任怨，精益求精。

敬业精神是指人们基于对工作、事业的热爱，以高度的责任感和使命感，对自己所从事事业的积极投入和执着追求的精神，是社会对人们工作态度的一种道德要求。敬业精神的核心、本质是无私奉献。古往今来，事业上有所成就者，都离不开两个条件：一是有强烈的事业心和责任感；二是锲而不舍的勤奋和努力。这两个条件有机结合，就是敬业精神。

敬业精神有不同层次：

（1）**为了谋生而敬业**。这是一种被动的敬业，但它是高度爱岗敬业的基础，这主要是由职业的竞争性决定的。从业者意识到职业对于生存的意义和社会职业竞争的残酷，不得不珍惜已有的工作岗位。

（2）**为了责任而敬业**。这里的责任感首先表现为对自己的责任，对家庭的责任，而后是对社会的责任。前者是自我责任，后者是社会责任。我们强调社会责任，但是个人责任感强的人社会责任感也会更强一些。一个人只有对他自己负责任，才能对社会负责任。自我责任感支配下的爱岗敬业，虽然也有被动的成分，但主动的成分会更多一些。

（3）**因为兴趣而敬业**。一个人如果能够从事自己喜欢的工作是一件非常快乐的事情。兴趣激励下的工作状态是最佳状态，从业者不但更富有创造性，而且会不计报酬自觉主动地工作，不知疲倦。

（4）**为了精神满足而敬业**。敬业的最高层次是为了实现个人的社会价值，从而获得精神上的满足。低层次的即功利目的的敬业由外在压力产生，是被动的；高层次的即发自内心的敬业，会把职业当作事业来对待，是自觉主动的，从业者会感觉工作是快乐的、幸福的。

课堂思考

谈谈你对"今天工作不努力，明天努力找工作"的理解。

（二）敬业精神的意义

敬业是我国劳动人民的一个优良传统，也是十分可贵的精神。敬业精神无论是对于个人的发展还是对于社会的进步都具有非常重要的意义。

（1）**敬业是人生成功的秘诀。** 现代经济生活中，每个人要想获得他人的尊重和企业的认可，就必须对自己所从事的工作保持虔诚敬仰之情，视工作职业为天职。如果一个人以一种尊敬、虔诚的心灵对待职业，甚至对职业有一种敬畏的态度，并上升到视自己职业为天职的高度，他就会对自己的职业有一种神圣感和使命感，会把自己的生命信仰与自己的工作联系在一起。具有这种敬业精神的人，无论职位高低，从事的工作是不是自己所爱，都会兢兢业业、全心全意地投入。他们会在自己的工作岗位上勤勤恳恳，尽职尽责，不断钻研，一丝不苟，精益求精。如果把工作比作航船的话，敬业的员工总是坚守着航向，即使有大风大浪，他们也能镇静地掌稳船舵，驶向远方。相反，那些缺乏敬业精神的员工，他们的航向一会儿往东，一会儿往西，他们的许多时间都浪费在寻找工作上，却一次次被拒之于工作的大门外。因此，敬业精神是优秀员工的职业基准，是职场从业者的基本价值观和信念。具有敬业精神，才能在工作中实现自己的人生价值，才能获得丰厚的薪水、更高的职位和更完美的人生。

相关链接 🔍搜索

为自己的人生打工

齐勃瓦出生在美国乡村，只接受过很短时间的学校教育。15岁那年，家中一贫如洗的他到一个山村做了马夫。但是齐勃瓦不甘心一辈子做马夫，他无时无刻不在寻找发展的机会。

3年后，齐勃瓦终于来到钢铁大王卡内基的一个建筑工地打工。从进入建筑工地那一天起，齐勃瓦就下定决心，要做同事中最优秀的人。当其他人在抱怨工作辛苦、薪水低的时候，齐勃瓦却默默地积累着工作经验，并自学建筑知识。

吃过晚饭，工友们往往扎在一起聊天或打扑克，只有齐勃瓦躲在角落里看书。有一天，公司的经理到工地检查工作，在视察工人宿舍时，看见了齐勃瓦手中的书，又翻了翻他的笔记，什么也没说就走了。

第二天，经理把齐勃瓦叫到办公室问："你学那些东西干什么？"

齐勃瓦不慌不忙地回答说："我想我们公司并不缺少打工者，缺少的是既有工作经验，又有专业知识的技术人员和管理者。"

不久，齐勃瓦就被破格提升为技师。那些打工者中有人讽刺挖苦齐勃瓦，齐勃瓦回答说："我不只是在为老板打工，更不单纯是为了赚钱，我是在为自己的梦想打工。我们只能在工作业绩中提升自己，我要使自己的工作所创造的价值远远超过所得的薪水。只要我把自己当作公司的主人，就能获得发展的机遇。"

正是抱定了这样的信念，他工作努力，刻苦钻研，系统掌握了技术知识。就这样，齐勃瓦一步一步升到了总工程师的职位上。25 岁那年，齐勃瓦做了这家建筑公司的总经理。

在建造布拉得钢铁厂时，齐勃瓦超人的工作热情和管理才能又被卡内基钢铁公司的天才工程师兼合伙人琼斯发现。琼斯立即推荐齐勃瓦做了自己的副手，主管全厂事务。两年后，琼斯因意外事故而丧生，齐勃瓦接任了厂长。由于齐勃瓦的积极努力和工作热情，加上他日渐成熟的管理艺术，布拉得钢铁厂成了卡内基钢铁公司的灵魂。几年后，卡内基亲自任命齐勃瓦担任钢铁公司董事长。

——资料来源：郝凤茹. 缺什么别缺职业精神［M］. 广州：广东经济出版社，2010.

（2）敬业是企业的灵魂。企业需要人人敬业才能顺利地运转，任何一家想在竞争中取胜的公司都必须设法使每个员工敬业。没有敬业精神的员工就无法给顾客提供高质量的服务，也就无法让公司在市场竞争中获胜。是否具有敬业精神已成为用人单位挑选人才的一项非常重要的标准。一个员工能力再强，如果他不愿意付出，他就不能为企业创造价值；而一个愿意为企业全身心付出的员工，即使能力稍逊一筹，也能够为企业创造最大的价值。一个人是否有能力固然很关键，但最关键的还是这个人是否具有敬业精神。对一个公司来说，员工是老板最重要的资本——品牌、设备或产品都无法和他们相比。员工创造了一切，包括产品、服务、客户等。员工的敬业态度是公司顺利发展的保证。如果他们拖拖沓沓、做事漫不经心、缺乏向上的斗志，那么这些消极因素最终都会在公司的生产和销售中表现出来，影响公司的长远发展。

（3）敬业精神是社会发展进步的精神动力。国家的发展、社会的进步，离不开一种文化精神对人类总体力量的整合和对实践活动的引导。作为伦理道德体系的重要组成部分，敬业精神在人类道德的发展进程中占有十分重要的地位，是一定社会文化精神在社会职业道德领域里的集中反映。一个国家、一个社会的发展，绝不能缺少敬业精神，它是动员、鼓舞和推动社会发展的无形力量。中国作为世界文明古国，在长期的历史过程中，逐步形成了民族传统的敬业精神，如奋发图强、鞠躬尽痹等，这些已成为维系、协调和推动中华民族生存和发展的巨大精神力量。

二、敬业精神的基本要求

敬业精神要求从业者有巩固的专业思想，热爱本职工作，忠于职守，持之以恒；有强烈的事业心，尽职尽责，全心全意为人民服务；有勤勉的工作态度，脚踏实地，无怨无悔；有旺盛的进取意识，不断创新，精益求精；有无私的奉献精神，公而忘私，忘我工作。

案　例

最傻的员工成功了

杨丽是一个只有高职学历的女孩，令人吃惊的是，她竟然只用了短短三年的时间，就从普通的前台接待成为部门经理。让她迅速脱颖而出的，正是她身上那种"傻乎乎"的精神。

第一点"傻"：别人都怕吃亏，而她却是主动找"亏"吃。杨丽刚到这家人才云集的大公司求职时，最后一轮考察要求她在人力资源部实习三天，任务是将公司去年的部分文件整理归类并在电脑里建档保存。然而，就在杨丽忙碌了一天之后，下班前却传来了坏消息，总公司紧急通知暂停招聘新员工。这个消息让参加实习的其他人都很愤愤不平，而杨丽却心平气和地继续工作，并对部长说："这些文件我都整理了一半了，如果换成别人又要从头开始。活儿没干完心里不踏实，我明天再来，一个上午就足够了。"第二天，杨丽果然又来到公司，把剩下的工作认真完成后才离开。

公司都已经明确表示不会招收她为员工了，她居然还不赶紧去找工作，而是白白给人家做工，相信大多数人看到这里都会觉得杨丽实在是很傻。但是故事的发展出人意料，两个月后，当这家公司完成调整，重新招聘员工的时候，部长第一个电话就打给了"傻乎乎"的杨丽。于是，杨丽这个"最傻的求职者"正式迈入了这家公司的大门。

第二点"傻"：别人在应付，她却下苦功。

一开始，杨丽在公司里的职位是前台接待。在大家眼里，这是公司里最"垃圾"的岗位，平时只要接听电话、做个来客登记就行了，虽然轻松，却毫无前途可言，这种工作只要应付一下就可以了。然而，杨丽却毫无怨言，她给自己立下了目标，要"问不倒、答得快"。不仅是公司所有的电话号码和房间号，甚至连公司的各种信息她全部背了下来。而且她还多做了不是一般的前台会做的工作：详细记录每次例会、年会时各个部门报告的业务情况。这样，无论客户在电话里提出什么问题，她都能够立即解答，做到让客户满意。

为了给来访客户最好的印象，她每天中午都把大厅打扫得干干净净。为了不错过客户的电话，她还少喝水，减少去厕所的次数。

知道的人都说她这么做简直是在犯傻劲，不值得。到底值不值得，她用成绩回答了这些人。在一次接待客户的时候，杨丽发现客户对公司的业绩不太了解，就礼貌地把公司的业绩等情况一一介绍清楚。客户觉得一个前台接待员都能把公司的业绩说得这么详细，可见这家公司的确值得信赖，由此增加了合作的信心。

正是以这样出色的工作表现，仅仅一年的时间，杨丽便获得了优秀员工的称号和丰厚的奖金。

对没有前途的工作采取应付的态度，大概是很多"聪明人"都会做的事。但是，只有最好的执行者才能想到：没有不重要的工作，只有不重要的人，即使是不起眼的工作也会做到最好。

第三点"傻"：别人走过场，她却加倍认真。

按照公司的要求，年末的时候，每个员工都要写一份年终述职报告，大家都觉得上千份报告摆在老总面前，老总肯定没时间看，所以都敷衍了事。

而杨丽却不这么想，她觉得自己工作这一年确实有很多的感想，而且她也想借此机会向公司提出自己的意见和建议。

于是，她精心制作了一份图文并茂的年终总结，分别阐述了自己的工作经验和对公司的看法、建议，每一部分都有详细的数据和直观的图表来作为依据。

这份报告获得了老总的赏识，结合这一年来杨丽的工作表现，他认为这个犯傻劲的员工应该在更适合的岗位上成长，决定大力提拔她。

杨丽没有让老总失望，在新的岗位上她一如既往地以"傻乎乎"的精神把每项工作都努力做完、做好，很快就担任了部门经理这样重要的职务。

——资料来源：吴甘霖，邓小兰.做最好的执行者［M］.北京：北京大学出版社，2010.

案例分析

1. 杨丽的"傻"精神体现了哪些做人的美德与职业精神？
2. 谈谈本案例给你的启示。

三、积极培养敬业精神

培养敬业精神，要求正确处理和职业相关的"责、权、利"关系。人们如何看待自己所从事的职业和岗位，是否认同和追求岗位的社会价值，是敬业精神的核心。如果没有任何认同，就不会有尊重和忠实于职业的敬业精神，而认可程度不同，也会产生不同的敬业态度。培养敬业精神至少要做到以下几点：

（一）树立正确的、崇高的职业理想，把工作视为生命的信仰

职业理想是敬业精神的思想基础。社会发展的需要是职业理想的客观依据，凡是符合社会发展需要和人民利益的职业理想都是高尚的、正确的。每个旅游工作者都应把自己的职业看成是为社会做贡献、为人民谋福利、为企业创信誉的光荣岗位，看成是社会、企业运转链条上的重要环节。只有这样才能树立起富有时代精神、健康向上的职业理想和目标，并以最顽强、最持久的职业追求把它落实在职业岗位上。大学生的职业理想应把个人志向与国家利益和社会需要有机地结合起来，把服务社会、奉献社会作为生命的最大价值和意义，建立把工作视为生命的信仰。工作是上天赋予每个人的使命，是人类幸福和欢乐的源泉，它和所有有价值的事情一样，值得我们用一颗真诚的心去对待。只有真正理解工作的价值和生命的意义，才会敬畏自己的工作，热爱自己的工作；才会觉得自己的工作具有神圣感和使命感；才会不甘平庸、不甘落后；才敢在逆境中拼搏，在奋斗中成功；才会使生活过得更加充实，人格变得更加完美，生命变得更有意义！因此，崇高的职业理想和对理想的信仰具有稳定而持久的激励作用，是敬业精神的源头与动力。

"记住，这是你的工作！"

杰克·法里斯 13 岁就在他父母的加油站工作，他的任务是，当有汽车开进来时，必须在车子停稳前就站到司机门前，然后快速地检查油量、传动带、蓄电池、胶皮管和水箱。法里斯注意到，如果他干得好、工作认真，顾客大多还会再来。于是，法里斯总是多干一些，尽量帮助顾客擦去车身、风挡玻璃和车灯上的污渍。有一段时间，有一位老太太每周都开着她的车来清洗和打蜡。老太太的车非常旧，车内地板凹陷极深，打扫起来难度很大。而且，这位老太太要求苛刻，每当法里斯给她把车准备好时，她都要再仔细检查一遍，并让法里斯重新打扫，直到清除掉每一丝灰尘她才满意。终于，法里斯忍受不了了，

他不愿意再为她服务了，并把满腔的怨气撒向父亲。这时，父亲告诫他说："孩子，记住，这是你的工作！不管顾客说什么或做什么，你都要记住，做好你的工作，并以应有的礼貌去为顾客服务。"

"记住，这是你的工作！"正是这句话让法里斯学到了严格的职业道德和应该如何对待顾客，并在他以后的职业经历中起到了非常重要的作用。也正是从这时起，法里斯开始怀着感激和敬畏的心情，尽自己的最大努力，把工作做到完美。最后，他当上了美国独立企业联盟主席。

美国前教育部长威廉·贝内特曾说："工作是我们用生命去做的事。"对于服务，我们没有理由去懈怠它、轻视它、践踏它。我们应该怀着感激和敬畏的心情，尽自己的最大努力，把它做到完美。

——资料来源：宋豫书.服务精神［M］.北京：中国纺织出版社，2006.

（二）培养积极的、强烈的职业情感，全心全意热爱旅游工作

职业情感，是指人们对自己所从事的职业所具有的稳定的态度和体验。从性质上讲，职业情感有积极与消极之分。积极的职业情感，是指从业者从自身工作的社会意义和性质上去认识职业，不计较个人得失，怀有满腔的热忱和执着的爱心，并善于克服各种困难，表现出强烈的职业责任意识，并能以高度的敬业精神付诸行动。积极的职业情感对个体履职尽责行为有重大的动力和强化功能，表现在外就是对职业的赞扬、热爱、尽力和完善等，能促使个体不断激发内心本能，散发个体潜能，以良好的心态、稳定的情绪和坚定的意志，努力实现客体职业与主体生命的完美结合。消极的职业情感，是指从业者把自身工作仅仅当作谋生的手段，较多地考虑个人得失和物质待遇，流露出对职业的不满情绪，对工作怀着消极的情感，缺乏强烈的职业责任感。消极的职业情感对职业行为产生着负面影响，起着减力的作用。集中表现为缺乏冲劲和拼劲，稍遇阻力便止步不前，半途中止，患得患失，"当一天和尚撞一天钟"，得过且过。消极的职业情感使人与职业产生离心力，让人从感情上厌恶、抵触职业，同时，这种消极的情感易"污染"健康的职业环境，影响同职业人员的情感情绪，从而大大降低工作效率。

旅游从业者只有努力培养积极的、强烈的职业情感，对旅游工作充满热情，全

心全意热爱旅游业，才可能竭尽全力、积极进取，以高度的工作热情和忘我的精神，全身心地投入到工作中去。

课 堂 思 考

　　有人说，吃亏是福。你认为这种观点对吗？谈谈你对工作、生活中吃亏（付出）与获得之间关系的认识。

（三）自觉遵守职业纪律，认真履行岗位职责

　　敬业的最基本实践，是自觉遵守职业纪律。不同的职业有不同的行为规范或劳动规则。充分理解和正确履行这些规则，直接反映了一个从业者的职业道德水平。在任何一个行业或岗位上，一个不遵守职业纪律的人，都不能被认为是具有敬业精神的人。

　　严格的组织纪律是搞好旅游服务接待工作的保证。这是因为：其一，旅游工作是为人民服务的工作，旅游者构成的多样性和复杂性使旅游部门在实施服务的过程中，需要一定的组织纪律来约束员工的言行；其二，旅游工作的分工很细，不同岗位、不同部门的工作内容、要求不同，需要一定的组织纪律来统一和协调；其三，旅游业，特别是饭店，属劳动密集型行业，人员众多，如何使员工按照规范要求进行工作，也需要组织纪律来保证。所以，旅游工作者应具有严格的组织纪律观念和法制观念，自觉遵守规章制度和员工守则，尤其要注意培养严于职守的工作作风和自觉的服从意识，一丝不苟、严谨认真地按岗位规范要求履行职责，保证工作质量，维护旅游者的人身安全、财产安全。

案 例

无视规定的营销主任

　　2007 年 4 月 17 日，酒店营销部出现了营销主任无视酒店规定，把本属于别人联络的客户划归为自己业绩的严重问题。

　　17 日，一位属前厅部联络的客人打电话到前台预订房间，接听人没有问清客人应属于

哪个部门联络，便向客人报了门市价。客人称每次订房都给1050元的优惠价，这次给的价格高了。前厅接待员便把电话转到国内营销部，某营销主任明知是前厅部联络的客人，却把客人的单位改为属于自己联络的海信集团，并给予低于1050元的价格，达到了把营销业绩划到自己账上的目的。

　　对于哪家客户由谁负责联络，酒店有明确划分。外资与合资客户归海外营销市场部，内资客户归国内市场部，散客和携程网的客户归前厅部。谁接待客人入住就是谁的业绩。

案例分析

　　1. 案例中营销主任的行为会造成哪些不良影响？如果遇到这种情况你会怎样处理？

　　2. 营销主任的做法会为客人省钱，客人会做出怎样的评价？

第五节　精业精神

一、精业精神的内涵

　　精业精神是指对业务熟悉，对工作专精，在工作中有着科学严谨、精益求精的态度和作风。它要求人们刻苦钻研业务技术，熟练掌握职业技能，对工作质量一丝不苟，对本职工作求精、求细、求实，完成每一项任务时都力求做精、做专、做强、尽善尽美。未来的竞争对人才的要求将越来越高，精业将成为首要条件。古人云，业精方可事成。因此，我们只有不断学习，努力提高自己的综合业务素质，做到学有所长、干有所精，才能够适应形势发展的要求。

课堂思考

敬业与精业有何关系？

相关链接 |　🔍搜索

做敬业又精业的人

敬业精神是竞争力的重要基础，却不是竞争力的全部。在科技日新月异、一日千里的今天，我们不仅要敬业，还要专业、职业、精业，这样才能从尽职尽责跨越到尽善尽美，才能从优秀跨越到卓越。

在我们身边，大体有四类人。有的人既敬业又职业，是企业的核心人才、核心竞争力。有的人敬业不职业，这样的人吃苦耐劳、精神可嘉，遇到紧急情况招之即来，可是，来了却不一定能战。有的人职业不敬业，虽然业务素质高、解决问题的能力很强，却三心二意、毛手毛脚，容易"大意失荆州"，一失足成千古恨。有的人既不敬业又不职业，"当一天和尚撞一天钟"，每天浑浑噩噩混日子，误己误人。

敬业不易，精业更难。梅兰芳在舞台上顾盼生辉、流光溢彩，可是很少有人知道，为了让眼神活起来，眼睛近视的他每天早晨放飞鸽子，极目苍穹，苦练眼功。邓亚萍打球快速凶狠，可是，很少有人知道，为了增强手腕的力量，身材娇小的她曾用铁拍子练球。成功没有捷径，辉煌的背后，是鲜为人知的努力和付出。

在职场上，既敬业又精业的人永远是供不应求的"抢手货"，既不敬业又不精业的人，常常成为被淘汰的"处理品"。同样，在国际舞台上，如果一个国家的人民既勤勤恳恳又有创新能力，就能引领科技、创造品牌，走在时代的前沿；如果一个国家的人民对工作敷衍了事、应付差事，就很难拿出有品质、有创意、有科技含量的产品，落伍是早晚的事。

不断强大的国家、民族，无不有着不断进取、精益求精的精神。在这个以实力说话的时代，在应对国际金融危机的今天，只有秉承敬业、职业、专业、精业的精神，才能迎接挑战、后来居上，中华民族伟大复兴的梦想才能变成现实。

二、旅游服务与精业精神

旅游服务的独特性决定了旅游从业人员更需要培养精业精神。同其他行业相比，旅游服务具有以下特点：

（1）**服务对象的多样性**。旅游业的服务对象是国内外广大的旅游者。在这些旅游者中间，他们的身份、年龄、国籍、政治态度、宗教信仰、风俗习惯、语言文字、品德修养、兴趣爱好、消费水平等各不相同。要接待好这些旅游者，为他们提供优质服务，必须具备丰富的知识、较高的专业技能、高尚的职业道德。作为旅游工作者，无论对任何客人都要做到宾客至上，热情友好，耐心细致，竭尽全力使客人感到方便、舒适、满意、愉快。

（2）**服务内容的多样性**。旅游业的服务内容是由旅游活动的内容决定的。旅游活动的内容极其丰富，有观光游览、探亲访友、学习考察、商务旅游、国事访问、朝圣拜佛、民间交往以及体育比赛、登山探险等。

（3）**服务方式的多样性**。旅游业的主要任务是要为旅游者提供食、住、行、游、购、娱等一条龙服务。这必然牵涉很多行业，形成许多分工细致的部门。如旅游业由旅行社、旅游交通、旅游饭店三大支柱构成；三者缺一不可，相互依赖。其中旅游饭店内部又有许多部门，如餐饮部、娱乐部、客房部等。

正是由于旅游服务对象、服务内容、服务方式的多样性，决定了旅游服务的综合性、复杂性、灵活性、不可捉摸性，增加了服务的难度。任何一个环节或细节出现问题，都会影响旅游服务的质量，影响旅游者的满意度，甚至会影响企业的信誉，危及企业的生存发展。所以，旅游服务过程中，更需要旅游工作者培养科学严谨、精益求精的精业精神，为旅游者提供卓越优质的服务。

三、积极提升精业精神

（1）**要有丰富的专业知识和娴熟的专业技能**。精业首先必须具备科学知识、科学思想、科学方法、科学精神。它要求我们用丰富的科学知识、诚恳的科学态度和正确的思维方式把自己所从事的工作做得精益求精。只有专业才可能做到精业，如饭店服务工作人员必须掌握丰富的饭店服务知识：语言知识、社交知识、旅游知识、法律知识、心理学知识、服务技术知识、商业知识、民俗学知识、管理经营知识、生活常识等；具备了丰富的服务知识，掌握了娴熟的服务技能，服务员才能在饭店这个万花筒式的世界里，应对自如，得心应手。否则，服务员就不可能很好地回答顾客提出的各种问题，也不可能提供优质的服务。

（2）**注重工作中的细节**。细节决定成败。老子云："天下难事，必作于易；天下大事，必作于细。"20世纪世界上最伟大的建筑师之一的密斯·凡·德罗，曾用一句话描述他成功的原因，他只说了五个字——"魔鬼在细节"。员工的竞争，企业的竞争，更多的是细节的竞争。细节影响品质，细节体现品质，细节显示差异。只有把小事做精，细节做细，才能在竞争中立于不败之地。旅游服务内容丰富，环节多而复杂，每一个细节都很重要，比如旅游合同可能会因为一字之差而招致游客投诉。旅游服务工作细致周到才能赢得顾客的满意。

案　例

诺顿百货的服务精神

诺顿百货公司成立于1963年，它是由8家服装专卖店所组成的公司。诺顿公司自创建开始，就确定了靠服务而不是靠削价竞争取胜的策略。诺顿的定价虽然与其他公司不相上下，但它不靠价格竞争，也不降价求售。前来购买的顾客都相信不会上当受骗，他们绝不会发现上周花了290美元买来的衣服，现在只卖120美元。诺顿公司靠杰出的服务赢得顾客。

退货是顾客头疼的一件事，原因是大多数商店会找出各种理由拒绝，包括要求看原来的发票、要求顾客说明退货的理由，并且拒绝已使用的、或售出已久的、或是打折的商品。对顾客来说，退货是件令人尴尬、羞辱、沮丧且极费时间的事。正因为有这种想法，人们宁可不买可能要退回的东西。

对顾客的退货要求，诺顿公司的政策是二话不说——退货。只要顾客提出退货要求，就准予全额退钱或换货。其他商店也会这样说，但只有诺顿真正做到了。该公司有位兼职员工在网球俱乐部听到一位妇女抱怨两年前购买的一件毛衣，这位兼职店员走过去打断她的话，并坚决请她到店里退货，即使这位妇女已把毛衣送给一位朋友。

对诺顿的员工来说，这种英雄行为可以说是家常便饭。他们都是零售超人，不时在找机会协助顾客。他们会替要参加重要会议的顾客熨平衬衫；会为在试衣间忙着试穿各种衣服的顾客准备餐点；会替顾客到别家商店购买他们找不到的货品，然后打七折卖给顾客；会拿着各种可供选择的衣服或皮鞋送到懒得出门，或不能抽身到店里购买的顾客那里；会在天寒地冻的天气替顾客暖车，以便他们能在店里多买些东西；会替准备赶赴宴会的顾客紧急送去衣服；他们甚至会替把车子停在店外的顾客付罚款单。

诺顿公司在不慎冒犯顾客时会不惜代价来弥补。有位企业主管对该店的名声感到怀疑，特别选在出差旅行前拿了两套西装到该店修改。他等到非赶往机场不可时，该店还没有把西装改好，这时他心中沾沾自喜，心想该店还不够完美。但等他到达另一个城市的旅馆时，发现有一个联邦快递的包裹在等他，里面正是已改好的西装——还附有3条价值25美元的领带，以表示歉意。另一位企业主管写信给董事长诺顿，抱怨到该店跑了几趟，仍未把西装改好，现在只好把这套西装退回，诺顿先生亲自带着一套新西装和一位裁缝到这位企业主管的办公室试穿，等这套西装改好后，再免费送给这位顾客。

在诺顿公司，每位店员都有一本个人笔记本，里面记着有关一再光顾的顾客的各种资料：姓名，地址，衣服尺寸，型号，颜色偏好，甚至还记得顾客及其家人的生日。有了这种资料之后，每当有了某位顾客喜欢的商品时，店员都会打电话通知；或在生日来临时，建议他选购什么礼物。在顾客来店里购买时，例如买一件衣服，店员也可以参照这本笔记本，建议他到其他部门购买什么尺寸、颜色及什么样式的配件。完成这笔生意后几天，店员又会拿出这本笔记本，给顾客一封感谢函，同时查看当初承诺的每一件事是否都做到了。这种服务水准使其他百货公司只能吃到诺顿丢下的骨头。该店最忠心的顾客甚至称自己是"诺家帮"。

诺顿公司提出的一句口号是："百货店唯一的差别在于对待顾客的方式。"对企业而言，只要你追求向顾客提供最佳服务的宗旨，并始终如一地坚持下去，成功并不遥远。

案 例 分 析

1. 诺顿公司的杰出服务体现在哪些方面？体现了哪些服务精神或理念？
2. 诺顿公司成功的关键是什么？
3. 本案例对旅游服务业有哪些启示？

（3）脚踏实地，从小事做起，把平凡的事做得不平凡。工作无小事，平凡见伟大。世界上能做大事的人，一般都能把小事做细、做好。据世界心理协会测试，愿意从小事做起的人，往往不怕挫折，具有较强的忍耐力和意志力。每个人的工作，都是由一件件小事构成的，大多数人的工作都是平凡的。饭店服务员每天的工作就是对顾客微笑、回答顾客的问题、打扫房间、整理床单等小事、平凡事。能把小事、平凡事坚持做到最好，必须具备锲而不舍的精神、脚踏实地的务实态度、坚持到底的信念。只有这样，才有可能成为行业的精英。

第六节　主动精神

一、主动精神的含义与特征

　　主动精神是指以主人翁的态度，随时准备把握机会，展现超乎他人要求的工作表现，主动自发地采取行动完成工作目标，以及拥有"为了完成任务，必要时不惜打破常规"的智慧和判断力，同时为自己的所作所为承担责任的精神态度。

　　主动精神包括以下特征：一是自发性。员工要实现的目标不是由上司或他人设定的，而是由本人自身设定的；同时这些目标要符合工作实际，与公司总体目标一致。二是前瞻性。员工要努力通过周密思考去预测可能出现的情况，可能发生的困难，努力通过相关征兆去寻找背后规律，控制事态发展。三是坚持性。在完成长期目标的时候，员工要能够提出创新性解决方案。即使该方法可能会遇到多种困难、挫折，可能会遇到来自上司、同事的反对质问，但员工应该依然能够坚持不懈，直至成功。要有一种不达目的不罢休的精神。

二、主动精神是成功的基础

　　主动是一个人能否成功的基本条件。一个人能否成功的因素很多，但最具决定性的还是是否具有"主动"的心态，即在没有人要求、强迫的情况下能否出色地做好自己。主动的意义是：在没有人要求的情况下，付出超乎工作预期和原有需要层级的努力，这些付出可以改善及增加效益，以及避免问题的发生，或创造一个新的机会。如果想登上成功之梯的最高阶，就得永远保持主动率先的精神，纵使面对缺乏挑战或毫无乐趣的工作。当一个人养成这种自动自发的习惯时，他就有可能成为老板和领导者。因为，老板不在身边却更加卖力工作的人，将会获得更多奖赏。如果你对自己的期望比老板对你的期许更高，那么你就无须担心会失去工作。同样，如果你能达到自己设定的最高标准，那么升迁晋级也将指日可待。那些成就大业的人和凡事得过且过的人之间的最根本的区别在于，成功者懂得为自己的行为负责，主动积极地参与工作，得过且过者则相反。

几乎每个人都知道，要想获得成功就必须寻找到一个合适的机会；但是，还是有很多人因为各种各样的原因最终失败了。究其原因，是因为他们太被动了，一味地等待着机会的到来，一味地期盼着上天的眷顾。其实，只要他们主动一些，再主动一些，一切都会因此而变得有所不同。竞争环境越激烈，被动的人所经受的打击就越多，只有主动才可以占据优势地位。

因此，主动自发地做事，同时为自己的所作所为承担责任，是一个人能否成功的基础。

相关链接 🔍搜索

每桶 4 美元

美国标准石油公司曾经有一位小职员叫阿基勃特。他在出差住旅馆的时候，总是在自己签名的下方，写上"每桶 4 美元的标准石油"字样，在书信及收据上也不例外。他因此被同事称作"每桶 4 美元"，而他的真名倒没有人叫了。

公司董事长洛克菲勒知道这件事后说："竟有职员如此努力宣扬公司的声誉，我要见见他。"于是邀请阿基勃特共进晚餐。

后来，洛克菲勒卸任，阿基勃特成了公司的第二任董事长。

——资料来源：郝凤茹. 缺什么别缺职业精神［M］. 广州：广东经济出版社，2010.

三、积极培养主动精神

培养主动精神的关键是树立主人翁意识，以主动、积极、负责、奉献、坚持的精神态度投入工作。具体来说，要做到以下几点：

（一）学会换位思考，胸怀大局

换位思考，就是设身处地地为他人着想，即想人所想，急人所急，理解至上的一种处理人际关系的思考方式。人与人之间要互相理解、互相宽容、互相信任，并且要学会换位思考，多站在别人的角度思考，这是人与人之间交往的基础。

（1）换位思考要求旅游从业人员要拥有老板心态，像老板一样思考。旅游公司、企业是一个集体，身为集体的领军人物，老板要时时站在公司的全局考虑问题，因为公司里的事往往牵一发而动全身，自然要思考全面。然而，仅有老板站在全局角度思考问题是不够的。在企业内部，部门之间经常会出现推诿、扯皮现象，由此造成协作困难、效率低下的后果，出现这些情况是因为各级管理人员缺乏全局意识与老板心态。当个人利益与集体利益、部门利益与公司利益发生冲突时，每个员工都要从全局出发，像老板一样，把大局放在第一位，协调一致，采取行动。

对于公司里每一位员工而言，都要学会换位思考，也就是说，员工要站在老板的角度去思考问题，充分理解老板的苦衷。如果你是老板，你肯定希望当自己不在公司的时候，员工还能够一如既往地勤奋努力、踏实工作，做好自己的分内之事，时刻注意维护公司的利益。既然老板希望员工这样做，那么，当员工回到自己岗位的时候，就应该考虑：老板既然为我们提供了就业的岗位，为我们发工资和奖金，我们没有理由不把公司的事情做好。特别是当老板不在的时候，更应当把自己当作公司的老板，这样就可以一心一意地处理好自己的事情。同时，我们还应该意识到，我们不仅是在为老板工作，更是在为自己工作，为自己的过去工作，也为自己的未来工作。拥有老板心态，从根本上说是解决了为谁工作的问题。当你的潜意识认为你在为自己工作时，就会更用心、更主动，你就唤醒了自己内在的潜力，从而在事业上取得更大的成绩。

博士品检员

在美国，有一个年轻人取得博士学位后，自愿进入一家制造燃油机的企业担任品检员，薪水比普通工人还低。工作半个月后，他发现该公司生产成本高，产品质量差，于是他便不遗余力地说服公司老板推行改革以占领市场。身边的同事对他说："老板给你的薪水也不高啊，你为什么要这么卖命啊？"他笑道："我这样是为我自己工作，我很快乐。"几个月后，这个年轻人晋升为副总经理，薪水翻了几倍，尤为重要的是这几个月的改革，让企业的利润增加了几千万美元。

——资料来源：袁文龙.成为企业最受欢迎的人［M］.北京：中华工商联合出版社，2006.

（2）换位思考要求旅游从业人员要站在顾客角度考虑，为顾客着想。为顾客着想要求充分了解顾客的真正需求，站在顾客的立场上看问题，坚持每件事都应该对我们的用户有益。在与顾客打交道时，必须坚持让对方感觉所做的事情是对双方都有利的，你的个人行为让对方觉得放心（有诚信）；你能站在别人的立场上考虑问题，甚至可以为对方解决一些他自己难以解决的问题，同时，给对方一定的时间自由考虑并决定，这样，你才会成功。据美国纽约销售联谊会统计，71%的人之所以从你那里购买商品，是因为他们喜欢你、信任你、尊重你。向顾客推销产品前先要推销自己，就是让顾客喜欢你、信任你、接受你。顾客的需求就是我们的职责，顾客的满意就是我们最高的追求。因此，旅游服务人员要学会站在顾客的角度，为顾客着想。

案例

松下幸之助：为你配副好眼镜

每一个生意人都想赚钱，这是天经地义的事。可是，满脑子都是生意经，这只是一般人的想法。

很久以前，我曾接到一封从北海道札幌市寄来的信件，内容大致如下："我是一位眼镜商人，前几天，在杂志上看到了您的照片。因为您所佩戴的眼镜不大适合脸形，希望我能为您服务，替您装配一副好眼镜。"

我认为这位特地从北海道写信给我的人，必定是位非常热心的商人，于是寄了一张谢函给他。后来我将这件事情忘得一干二净。由于应邀到札幌市演讲，不久我终于有机会一游北海道。在我演讲完毕之后，那位寄信给我的眼镜商人立刻要求与我见面。他大约60岁。当时，他对我说："您的眼镜跟那时候的差不多，请让我替您另配一副吧。"我听了着实吃了一惊。

　　我被他的热诚所感动，于是便说："一切就拜托您了，我会戴上您所装配的眼镜。"那天晚上，我在旅馆的大厅跟四五个人洽谈商务。那位商人再度来找我，并且不断地找话题与我聊天。大约花了一个钟头，才完成测量脸部的平衡、戴眼镜的舒适感以及检查现在所使用的眼镜度数，并且言明16天之后将把眼镜送来。临别时，他对我说："您所戴的眼镜好像是很久以前配的，说不定您现在的视力已经改变了。假若不麻烦的话，请您驾临本店一趟，只要花费10分钟的时间就可以了。"因为10分钟并不妨碍我的行程，于是我跟他约好在回大阪之前，去他的店铺拜访。

　　翌日，临去飞机场之前，我来到了他的店铺。走近一瞧，真是吓我一大跳。那间店铺位于札幌市类似东京银座或是心斋桥的繁华街道上，站在店铺之前，宛如置身眼镜百货公司的感觉。

　　我被招待进入店内之后，注意到店里大约有30位客人正看着大型电视机，耐心地等待着。这里一切的检验装置都是世界上最精密的仪器，真是令我叹为观止。这的确是间不同凡响的眼镜行。

　　尤其让我佩服的是，那些只有在二三十年代才看得见的年轻店员的举止。他们那种敏捷的动作，以及待人周到的礼仪，的确让人信服，那位老板如松鼠般在店内四处穿梭不停。

　　不错，这的确是做生意必须具备的作风，我的内心不禁对他钦佩万分。我走近他的身边说："您的事业这么繁忙，竟然在看到杂志之后，马上写信给我。我认为您的用意不只是为了做生意，到底有什么原因呢？"

　　老板笑着对我说："因为您经常出国，假若戴着那副眼镜出国。外国人会误以为日本没有好的眼镜行。为了避免日本受到这种低估，所以我才写信给您。"听了这番话，我直觉地认为他是世界一流的眼镜商。

　　我非常钦佩这位商人的坚定信念，并且感谢他教导我这招做生意的秘诀。我已被他处处为他人着想的观念和热诚所折服。当我也持有这种想法时，觉得自己仿佛年轻了十岁。

　　追求利益并不是做生意的最终目的。开阔视野，摒除铜臭味，以诚待人，努力工作，这是做生意的不二法门。

——资料来源：土木在线网，http://bbs.co188.com

案例分析

　　1. 案例体现了眼镜商人哪些宝贵的品质和精神？
　　2. 每个生意人都有自己的生意经，本案例中眼镜商人的生意经是什么？
　　3. 你怎样看待为他人服务和追求利益之间的关系？

海景花园酒店的唯一目标

我是家住海景花园酒店附近金都新村的一位普通居民。6月19日下午5点多，我有一件小物品需要送给住城阳的韩国朋友，他们将于6月20日晚7点飞回韩国。我因为患病发烧不能亲自前往，焦急地尝试了各种方法并联系了多家快递公司，但都无法保证在次日下午6点之前将物品送达我的朋友。

本着试试看的想法，我拨通了海景花园酒店的电话，想了解有没有出租车正好要去机场，请司机师傅帮助捎过去，我可以付费。接电话的服务员告诉我说没有出租车去机场。正当我万分沮丧的时候，海景花园酒店礼宾人员在请示了领导后告诉我，他们20日早8点30分有一趟班车发往飞机场，可以免费帮我将物品捎到机场。我喜出望外。平时早就知道海景花园酒店服务有口皆碑，但居然还能提供此种无私帮助是我绝没敢期待的。真是喜外之喜，解我燃眉之急。

6月20日下午6点多，我接到朋友的电话，他们已顺利拿到了礼物。我马上发短信向酒店服务人员致谢，没想到他很快回信说："请您不要客气，这是我们应该做的，让每一位客人满意是我们的唯一目标。"

我深深为海景花园酒店的服务所折服。

案 例 分 析

1. 你怎样评价案例中海景花园酒店为没有入住酒店的一位居民提供无私帮助的事情？

2. 你会为和你没有任何业务关系的陌生人提供力所能及的服务或帮助吗？为什么？

（二）培养责任感，勇于承担责任

责任，一是指分内应该做的事，二是指没有做好分内的事而应承担的过失。责任贯穿每个人生命的始终。在这个世界上，每个人都扮演着不同的角色，每个角色都承担着不同的责任。每个人只有承担起自己应尽的责任，家庭才会和睦美满，企业才能蓬勃发展，社会才能和谐安定。责任，让我们在最困难的时候能够坚持下来，让我们在成功时能够保持冷静。没有责任感的员工不会是优秀的员工，没有责任感的公民不是好公民。一个人无论职务大小，地位高低，都应牢记自己的责任。责任保证服务，责任促使敬业，责任胜于能力。

　　责任感的培养，更多依赖自觉自律。培养责任感，可以从以下几方面着手：一是认真履行各种义务，做好每件工作。二是言而有信。只要承诺，就一定努力实现诺言。三是不要过分依赖他人。四是不要寻找借口，推脱责任。工作的过程中，不可避免地会遇到各种问题或出现差错，这时不要推卸责任，寻找借口。借口的背后是逃避困难、惧怕失败、不负责任。要学会寻找方法，解决问题。

案　例

王娜的敬业精神

　　王娜从旅游学院毕业不久，就到一家著名饭店当接待员。参加工作不久，她就遇到了一个棘手的问题。

　　那天，一位来自美国的客人焦急地向值班经理反映：来中国前，他就预订了纽约—东京—中国香港—北京—哈尔滨—深圳—新加坡的联票。但是，由于疏忽，一张去哈尔滨的机票没有及时确认，预订的航班被香港航空公司取消了。这一下他急了，他到哈尔滨是去签订合同，如不能及时赶到，将造成很大的损失。

　　酒店的老总当即安排王娜和另外一位老接待员解决这一问题。他们一起到民航售票处，向民航售票员介绍了有关情况，希望他们能够帮忙解决这一问题。

　　但售票员的回答是："是香港航空公司取消的航班，和我们没有关系。"

　　还有其他什么办法吗？要不重新买一张票吧。但一问，票已经全部卖完了。

　　于是她们再一次向售票员重申，这是一个很重要的外国客人，如不能及时赶到会造成很大的损失。但售票员的回答仍然是："对不起，我也无能为力。"

　　王娜问："难道就再没有别的办法吗？"

　　售票员说："如果是重要客人你们可以去贵宾室试试。"

　　她们立即赶到了贵宾室。但在门口就被拦住了，工作人员要求她们出示贵宾证。这一下她们又傻眼了。此时此刻，到哪里去办贵宾证啊？

　　王娜不甘心，又向工作人员重申了一遍情况，但工作人员还是不同意让她们进去。她突然动了一个念头，于是问了一句："假如要买机动票，应该找谁？"

　　回答是："只有总经理。不过我劝你们还是别去找了，现在票紧张得很呢！"

　　碰了这么多次壁，同去的接待员已经灰心丧气了。她想，要找总经理，那恐怕更是没有希望。于是,她拉着王娜的手说:"算了吧,肯定没希望了,还是回去吧,反正我们已经尽力了。"

那一瞬间,王娜也有点动摇了,但很快她又否定了自己的想法,还是毫不犹豫地向总经理办公室走去。见到总经理后,她将事情的来龙去脉讲述了一遍。总经理听完之后,看着她满是汗水的脸,微微一笑,问:"你从事这项工作多长时间了?"得知她刚刚参加工作,总经理被她认真负责的态度感动了,说:"我们只有一张机动票了,本来是准备留下来给其他重要客人的。但是,你的敬业精神和对客人负责的态度让我非常感动。这样吧,票就给你了。"

当王娜把机票送到望眼欲穿的客人手上时,客人喜出望外,连声称赞,后来客人还特意给酒店的总经理写了一封表扬王娜的信。总经理知道这件事后,当着所有员工的面对王娜进行了表扬。不久,王娜就被破格提拔为主管。

——资料来源:袁文龙.成为企业最受欢迎的人〔M〕.北京:中华工商联合出版社,2006.

 **案例分析**

1. 案例中王娜的行为体现了怎样的职业精神?
2. 本案例给了你哪些启示?

案例

35 次紧急电话

一次,一位名叫基泰丝的美国记者,来到日本东京的奥达克余百货公司。她买了一台索尼牌唱机,准备作为见面礼,送给住在东京的婆家。售货员彬彬有礼,特地为她挑了一台未启封的唱机。

回到住所,基泰丝开机试用时,却发现该机没有装内件,因而根本无法使用。她不由得火冒三丈,准备第二天一早就去"奥达克余"交涉,并迅速写好了一篇新闻稿,题目是"笑脸背后的真面目"。

第二天一早,基泰丝在动身之前,忽然收到"奥达克余"打来的道歉电话。50 分钟以后,一辆汽车赶到她的住处。从车上跳下"奥达克余"的副经理和提着大皮箱的职员。两人一进客厅便俯首鞠躬,表示特来请罪。除了送来一台新的合格的唱机外,又加送蛋糕一盒、毛巾一套和著名唱片一张。接着,副经理又打开记事簿,宣读了一份备忘录。上面记载着公司通宵达旦地纠正这一失误的全部经过。

原来,昨天下午 4 点 30 分清点商品时,售货员发现错将一个空心货样卖给了顾客。

她立即报告公司警卫迅速寻找，但为时已晚。此事非同小可。经理接到报告后，马上召集有关人员商议。当时只有两条线索可循，即顾客的名字和她留下的一张"美国快递公司"的名片。据此，奥达克余公司连夜开始了一连串无异于大海捞针的行动：打了32次紧急电话，向东京各大宾馆查询，没有结果。再打电话问纽约"美国快递公司"总部，深夜接到回电，得知顾客在美国父母的电话号码。接着又打电话去美国，得知顾客在东京婆家的电话号码。终于弄清了这位顾客在东京期间的住址和电话，这期间的紧急电话，合计35次！

这一切使基泰丝深受感动，她立即重写了一篇新闻稿，题目叫作《35次紧急电话》。

——资料来源：国家职业资格考试网，http://www.100zyzg.com

1. 35次紧急电话体现了奥达克余的什么经营理念和职业精神？

2. 当我们在工作中出现失误的时候，应该如何去做？作为旅游工作者，怎样才能赢得顾客的喜爱？

（三）多为公司企业建言献策

针对公司企业存在的问题提出自己的建议，这既是每一位员工的权利，也是每一位员工的义务，更是公司健康发展的关键所在。有人认为，公司的好坏与自己没有太大的关系，总是抱着"事不关己，高高挂起"的态度。然而，"覆巢之下，焉有完卵"。公司面临危机，员工的前途必将受到严重影响。企业公司的兴衰与每个员工的切身利益息息相关。作为旅游工作者，为了旅游业的发展，也为了自身的前途，不要把自己当作旅游企业的过客，应把旅游企业当作自己的家，积极主动地为旅游业发展出谋划策，贡献力量。

有了积极主动精神，工作才会更好，服务才会更卓越。

请对目前学校管理或班级管理存在的优缺点进行分析，并从学生角度和学校管理者角度提出建议。

第七节　忠诚精神

一、忠诚精神的内涵与要求

（一）忠诚精神的内涵

忠，《说文解字》解释为"敬也，尽心曰忠"。忠诚是中国古代核心道德规范之一，也是今天市场经济最重要的道德要求。忠诚精神是指对国家、对人民、对事业、对上级、对朋友等真心诚意、尽心竭力、没有二心的精神态度，忠诚代表着诚信、守信和服从。

案　例

李明博的忠诚精神

大学毕业后，李明博进了现代集团，在一个建设工程工地担任出纳员。不久，就被派往了泰国，参与韩国建筑史上第一项海外工程芭堤雅——那拉迪瓦高速公路的建设，担任工地最基层的出纳员。

当时，为了节省成本，工地雇用了不少当地的工人。可是由于语言不通，管理上出现麻烦，导致工地上矛盾冲突不断。

一天，他正在整理账簿，一群工人冲进工地现场开始闹事，有的工人还挥着短刀。一见这样的架势，所有的人都逃离了现场，只有李明博留了下来。大约有15个闹事者冲进了他的办公室，其中一个人把短刀插到他面前的桌子上，让他把保险柜的钥匙交出来，但他坚决不交，闹事者两次将短刀插向他的脖子，但他还是拒绝交出钥匙。闹事者看威胁不成，就让他把保险柜打开，结果他把保险柜死死抱在了怀里。这下闹事者更加愤怒了，于是大家一齐上，开始对他拳打脚踢。但就算是这样，李明博还是紧紧抱住保险箱不放。这时候，传来了警车的鸣叫声，闹事者见势不妙，才一哄而散，李明博这才捡回一条命。

这件事情之后，"李明博不惜生命保住了公司的保险柜"的消息很快就在现代公司传开了，这也成了他扎根现代集团的契机，35 岁时，他成为现代集团的社长。

——资料来源：吴甘霖，邓小兰.做最好的执行者［M］.北京：北京大学出版社，2010.

案例分析

　　1.如果李明博为保险柜而失去生命，你认为值得吗？为什么？

　　2.李明博不惜生命保住了公司的保险柜与李明博今天的成功有没有关系？体现了李明博的什么精神？

　　3.李明博事例给了你哪些启示？谈谈你的认识。

（二）忠诚精神的要求

　　（1）**忠诚于旅游业。**旅游从业人员以强烈的进取心和对成功的渴望，孜孜以求，不断努力，这种强烈的事业心、对旅游业的执着追求和热爱就是对旅游事业的忠诚。忠诚旅游业，献身旅游业，以自己拥有这神圣而光荣的事业而感到无比自豪，是每个旅游工作者必须具备的最基本的职业精神。旅游工作确实很辛苦，工作繁杂；但苦中有乐，每当看到自己为旅游业做出了实际贡献，就会感到无比欣慰。每一个热爱旅游业、关心旅游业、有社会责任感和道德进取心的旅游从业者，都必须把自己的整个生命同旅游业紧密联系在一起，把忠于旅游业、献身旅游业，作为自己崇高的、不可动摇的理想信念，始终做到忠于职守、兢兢业业、勤奋踏实、精益求精。

　　（2）**忠诚于旅游企业。**员工是企业的一分子，企业给了员工展示才华的平台，员工必须依赖公司的平台才能获得物质报酬和满足精神需求。一个人失去了对公司企业的忠诚，也就失去了成功的机会。员工的个人价值会随着企业的发展而发展，随着企业的壮大而壮大。一个忠诚而有能力的人，是每一个部门争相聘用的人，也是受人尊敬且值得信赖的人。因此，忠诚是最可贵的品质，也是事业成功的法宝。对企业公司忠诚，实际就是对事业忠诚。旅游企业同样需要忠诚。对旅游企业忠诚，意味着对旅游企业有归属感，意味着自己将全部身心融入旅游企业，尽职尽责，处处为旅游企业着想，自觉为旅游企业做出最大贡献。

　　（3）**忠诚于同事。**同事是我们朝夕相处的伙伴，坦诚以待、相互支持、相互忠诚，就会建立良好的人际关系，形成良好的工作环境。彼此友好、和睦相处、诚恳交流、互相体谅，集体才有战斗力，企业才能稳定、有序、健康发展，充满生机、活力与希望。忠于同事，就要心胸开阔，虚怀若谷，宽容大度；要善于团结大家合作共事，不拉帮结伙；要宽宏大量、宽厚待人；要视人之长，省己之短，既要有自知之明，也要有知人之明；对同事的错误和缺点，要热忱帮助不歧视；当发现问题时，要善意批评，帮助其改进。

（4）**忠诚于顾客。** 顾客是我们的衣食父母，顾客和企业不是对立的关系，是相互依存、共存共荣的关系。旅游从业者为顾客提供优质服务是企业的生命，唯有优质的服务，才能使旅游企业在市场上站稳脚跟，在竞争中取胜。只有忠诚于顾客，想顾客所想，对顾客信守承诺，为顾客提供满意的服务，才能获得顾客的忠诚和信任。

相关链接 🔍搜索

营销行业的服务精神

（一）

德国大众汽车公司是世界知名的汽车制造商，大众负责售后服务的员工常常这么说："客户购买的第一辆车是销售人员推荐的，可客户购买的第二、第三辆车是我们售后服务人员推荐的。客户的事情就是我们的事情，真正的营销不是卖产品而是卖服务，而我们最终得到的是用户的忠诚度。"

（二）

有一名年轻的销售人员，在美国费城的一家百货公司工作。一天下午，天下起了大雨；一位老妇人这时走进了百货公司。由于老妇人并没有显示出要买东西的意愿，大多数的柜台人员都不理她。但这位年轻的销售人员却走过来问她，是否能够为她做些什么。那位老妇人回答说，她只是在这里等雨停。因此这位年轻人并没有推销给她不需要的东西。但他也没有转身离去，而是拿给她一张椅子。雨停了以后，这位老妇人向年轻人说了声"谢谢"，并向他要了一张名片。几个月之后，这个百货公司的店主收到了一封信，信中要求让这位年轻人去纽约收取一整座大楼的装潢订单。这封信就是那位老妇人写的，而她正是著名的钢铁大王卡内基的母亲。当这位年轻人前往纽约去收取该笔订单时，他已经成为这家百货公司的合伙人了。

——资料来源：宋豫书. 服务精神［M］. 北京：中国纺织出版社，2006.

二、忠诚精神的意义

忠诚是让个人受人信任、被人重视、获得尊重最重要的品质，也是一个人的立身之本、发展之基。忠诚旅游业会让人把旅游工作当作一项事业来做，把自己的职业生涯与工作联系起来。如此，员工就会觉得自己所从事的是一份有价值、有意义的工作，并且从中可以感受到使命感和成就感，从而彻底改变浑浑噩噩的工作态度。只有做到忠诚才会有个人能力的提升，才会赢得上级、领导的信任，才会得到领导的重用。因此，忠诚才会有发展。相反，不忠诚的员工也就无法在企业中得到良好的发展。只有所有的员工都对企业忠诚，才能发挥出团队的力量，才能拧成一股绳、劲往一处使、力往同处用，推动企业走向成功。不忠诚的员工无法认同企业文化，难以全身心地投入企业的发展，在短时间内对企业来说没什么问题，但无法对企业的长远发展提供帮助，更会影响企业长远的发展战略。企业的生存离不开少数员工的能力和智慧，更需要绝大多数员工的忠诚和勤奋。忠诚的员工是企业长期发展的基础，忠诚是国家、企业等组织对成员的重要道德要求。

目前，一些人认为从事旅游行业就是吃"青春饭"。尤其是导游工作，经常起早贪黑，跋山涉水，相当耗费体力、心力，非常辛苦。大家总认为年轻人的体力充足，比较适合导游工作。很多导游抱着"混几年就算了"的想法，得过且过，不负责任，甚至出现"宰客"的短见行为；他们少则三年，多则五载，就跳槽转行，这都是缺乏忠诚精神的表现。这样既不利于个人的提高，也不利于企业的发展，容易造成恶性循环，影响旅游企业的声誉和长远发展。

因此，忠诚于旅游企业，是每一个旅游工作者成功的根本，也是旅游业发展的基础。忠诚是一种高尚的职业道德和职业精神，既是企业的需要，也是个人的需要。在竞争激烈的职场中，忠诚并不是一种纯粹的付出，也会有丰厚的回报，个体是忠诚的最大受益者。

三、努力培养忠诚精神

要想不被企业和社会抛弃，充分实现自我价值，就必须培养忠诚精神，忠于自己的团队，忠于自己的企业。培养忠诚精神要求旅游工作者从以下几方面做起：

（1）**常怀感恩之心**。忠诚源自感恩，感恩是忠诚之母。一个人事业的成功与个人的努力分不开，但也离不开他人的帮助。企业给了我们生活、工作的平台，给了我们成长、锻炼和发展的机会，我们应该回馈企业、回馈社会，对企业、社会怀有一颗感恩之心，感恩企业和社会为我们提供的一切。怀有感恩之心，懂得感恩，才会懂得付出，懂得回报；才能学会关心、学会宽容；才能积极乐观、不会抱怨；才会富有责任感、使命感，自动自发勤奋工作。因此，感恩是忠诚的源泉，是忠诚的重要驱动力。无论我们取得了多大的成就，身处什么样的地位，都应该培养自己的感恩之心、回报之心，对企业、工作、朋友、同事心怀感激；唯有这样，才能胜不骄、败不馁，才能做到更好的、真正的忠诚。

（2）**认同旅游企业**。忠诚是一种归属感。员工只有认同企业的精神、理念和文化，与企业融为一体，把企业的文化、精神、价值观内化为自己的习惯、价值观，才可能对企业忠诚。如果员工对企业的文化观、价值观不认同，甚至抵触，他就不可能忠诚于企业、忠诚于工作。作为旅游工作者，必须深刻理解和高度认同旅游企业的文化、理念、价值观，这样才能增进个人与企业的工作效率。现在部分人认为"服务工作是伺候人的工作，服务工作低人一等，没有前途"，把饭店、导游工作当作一种临时性、阶段性的职业，只要有机会他们就会离开旅游业另谋职业。这种对旅游企业缺乏认同感的员工，是不会忠诚于旅游企业的。因此，认同接受旅游企业，与旅游企业的社会责任、社会价值保持高度一致，是忠诚于旅游企业的重要条件。

（3）**坚守职业良心**。职业良心是指有着特殊职业的从业人员在职业实践中，对职业道德责任的高度自觉意识和情感认识，以及对自己的职业行为进行道德调控和评价的能力。职业良心是内心信念的具体体现，和社会舆论共同起着维护社会职业道德的作用。有职业良心的人，必然具有强烈的荣誉感和羞耻心，为人正直诚恳，时时处处为他人和社会着想，不忍心损害他人和集体的利益；在发生利益冲突的情况下，职业良心能促使人们选择正确的道德行为，纠正不良动机，使他们自觉遵守道德规范，维护企业利益、顾客利益。旅游业的特点之一，就是从业人员分散或单独活动多。在旅游接待服务过程中，许多工作是从业人员在无人监督或别人难以干预的情况下进行的，这就需要旅游从业人员坚守职业良心。只有从业人员坚守职业良心，才能做到对旅游企业和顾客的忠诚。

（4）**像爱家一样爱旅游企业**。忠诚的员工会把企业当作自己的家，当作自己生存和发展的平台。以企业为家，像爱家一样爱旅游企业，会增加对旅游企业的忠诚度，会产生强烈的归属感，这种强烈的归属感会产生强烈的责任感和主人翁意识，会想方设法为旅游企业发展出谋划策，会自觉维护旅游企业的形象和信誉，会把工作做得更加完美出色，员工会像兄弟姐妹一样精诚团结。

（5）**在行动中落实忠诚。**实干胜于空言。优秀的员工会在实际行动中履行忠诚。作为旅游工作者要严格遵守旅游企业的规章制度，严格保守企业秘密，自觉维护企业形象，为企业节约每一分钱，与企业荣辱与共、同舟共济。只有这样，才能做一个真正忠于旅游企业的人，才能获得更大的成功。

相关链接　　　搜索

一间空房赢得了忠实的顾客

　　一天下午，在新加坡一家酒店的咖啡厅里，有四位客人拿着资料在座位上认真地讨论着问题。其中一位客人因为咖啡厅太吵闹而没听清楚朋友在说什么，就大声向对方要求再重复一遍刚才的话。他的这个要求正好被路过的服务员听到了。按照常理，事情与服务员是毫无关系的，因为四位客人是自愿选择在人多嘈杂的咖啡厅谈论事情，酒店也没有什么责任。但是她并没有无动于衷，她找到客户部经理说明此事，为四位客人申请了一间空房，暂时借给四位客人谈论事情；客户部也立即答应免费提供了一间客房。事后五天，酒店总经理收到四位客人寄来的一封信，信中写道：非常感谢贵酒店前几天提供的优质服务，让我们在贵酒店体会到了世界上最好的服务。拥有如此优秀的员工，是贵酒店的骄傲。我们将永远成为贵酒店最忠实的顾客，并且我们所属的公司以及海外的来宾也将为您广为宣传。后来，总经理把这名服务员提升为部门主管。

——资料来源：宋豫书.服务精神［M］.北京：中国纺织出版社，2006.

第八节　团队精神

一、团队精神的内涵与作用

（一）团队精神的内涵

团队精神，即所有成员相互信任、相互支持、相互协作，有全局观念，个体行为与团队目标相统一且能够毫无保留地投入自己的精力，为达成共同的目标而服务。团队精神是大局意识、协作精神和服务精神的集中体现。团队精神的基础是尊重个人的兴趣和成就，核心是协同合作。在企业内部，部门之间、员工之间的工作虽然相对独立，但又相互渗透，分工是为了更好地协作，协作是为了更好地工作。团队精神的最高境界是全体成员的向心力、凝聚力，反映的是个体利益和整体利益的统一，并进而保证组织的高效运转。

相关链接　🔍搜索

来自上帝的测试

　　在远古时候，上帝在创造着人类。随着人类的增多，上帝开始担忧，他怕人类的不团结，会造成世界大乱，从而影响他们稳定的生活。为了检验人类之间是否具备团结协作、互帮互助的意识，上帝做了一个实验：他把人类分为两批，在每批人的面前都放了一大堆可口美味的食物，但是，却给每个人发了一双细长的筷子，要求他们在规定的时间内，把桌上的食物全部吃完，并不许有任何的浪费。

　　比赛开始了，第一批人各自为政，只顾拼命地用筷子夹取食物往自己的嘴里送，但因筷子太长，总是无法够到自己的嘴；而且因为你争我抢，造成对食物极大的浪费，上帝看到此，摇了摇头，为此感到失望。

　　轮到第二批人开始了，他们一上来并没有急着要用筷子往自己的嘴里送食物，而是大家一起围坐成了一个圆圈，先用自己的筷子夹取食物送到坐在自己对面人的嘴里，然后，由坐在自己对面的人用筷子夹取食物送到自己的嘴里，就这样，每个人都在规定的时间内吃到了整桌的食物，并丝毫没有造成浪费。第二批人不仅仅享受了美味，彼此还获得了更多的信任和好感。上帝看了，点了点头，由此感到了希望。

　　但世界总是不完美的，于是，上帝在第一批人的背后贴上五个字，叫"利己不利人"；而在第二批人的背后贴上五个字，叫"利人又利己"！

（二）团队精神的作用

团队精神是企业的灵魂。一个群体不能形成团队，就是一盘散沙；一个团队没有共同的价值观，就不会有统一意志、统一行动，就不会有战斗力；一个企业没有灵魂，就不具有生命的活力。具体来讲，团队精神有以下作用：

（1）目标导向功能。具有团队精神，能使员工齐心协力，拧成一股绳，朝着一个目标努力。对单个员工来说，团队要达到的目标即是自己所努力的方向，团队整体的目标顺势分解成各个小目标，在每个员工身上得到落实。

（2）凝聚功能。任何组织群体都需要一种凝聚力，传统的行政指令管理方式淡化了对个人感情和社会心理等方面的需求，而团队精神则通过对群体意识的培养，通过员工在长期的实践中形成的习惯、信仰、动机、兴趣等文化心理，来沟通人们的思想，引导人们产生共同的使命感、归属感和认同感，反过来逐渐强化团队精神，产生一种强大的凝聚力。

（3）激励功能。团队精神要求员工自觉地要求进步，力争向团队中最优秀的员工看齐。通过员工之间正常的竞争可以实现激励功能，而且这种激励不是单纯停留在物质的基础上，员工还能得到团队的认可，获得团队中其他员工的尊敬。

（4）控制功能。员工的个体行为需要控制，群体行为也需要协调。团队精神所产生的控制功能，是通过团队内部所形成的一种观念的力量、氛围的影响，去约束、规范、控制员工的个体行为。这种控制不是自上而下的硬性强制力量，而是由硬性外化控制转向软性内化控制；由控制员工的行为，转向控制员工的意识；由控制员工的短期行为，转向对其价值观和长期目标的控制。因此，这种控制更为持久有意义，而且容易深入人心。

正是由于以上功能，所以团队精神既有利于增强团队成员之间的亲和力，又有利于提高组织的整体效率，是企业自由而全面发展的动力。优秀的团队能够有利于个人的成功，离开团队，个人则一事无成。因此，团队中的每一个成员都必须具有团队意识，担负起自己应有的责任，树立"团队利益为重，团队荣誉高于一切"的大局观。

饭店业除了有形的设施要使客人感到舒适、方便外，最重要的就是服务。饭店服务工作是整体的，并非某一部门、某一个人的事。在对客人的接待服务过程中，哪怕一个细小环节出问题，都会影响整个服务效果；服务 99 次客人都很满意，但只要一次服务不周，就会前功尽弃。所以团队精神至关重要，是决定服务质量好坏、影响服务效果评价的重要因素之一。为此，饭店各个部门和每一个员工都要有强烈的整体意识和主人翁精神，相互支持、相互协作，为客人提供整体优质服务。在饭店服务中，难免发生不尽如人意、不周之处，这时，不论何人都应快速补位，防止服务事故的发生。遇到宾客投诉，人人都应主动受理、虚心接受批评意见、主动承担责任，决不能因为与己无关而敷衍塞责，甚至把责任一推了之。

二、积极融入团队

团队精神是个人与企业发展的基石，是取得优异成绩的基础，旅游工作者要主动培养、增强团队精神，积极融入团队。

（1）树立"团队荣誉高于一切"的大局意识。团队为员工提供了施展才华的舞台，提供了实现理想的机会。作为团队成员，必须具有"以团队利益为重，团队利益高于一切"的大局观，不能为了个人私利而损害团队利益。团队的成败荣辱和每个员工息息相关。以团队利益为重，将团队利益摆在至高无上的位置，就会放弃任何借口，勇于承担自己的责任，处处为团队利益着想，就会为企业、为国家做出巨大贡献。

（2）培养信任感。信任是合作、创新的先决条件，是企业成功的关键，也是员工发挥潜能的关键。员工对领导同事的信任度越高，就越能全身心投入工作。信任能促进团队成员之间的沟通与协调、合作与支持。因此，团队的每个成员要加强自我修养，学会信任同事，真诚待人。缺乏信任感的团队，就缺乏凝聚力，缺乏沟通与合作，因而无法实现共同目标，同时也会影响个人的成长与发展。

（3）学会尊重、欣赏他人。尊重他人，是做人的起码准则，也是团队中相互合作的基本要求。只有给别人以尊重，别人才会尊重你。尊重别人也就是尊重自己。员工之间相互尊重，才可能建立良好的人际关系，才能建立合作共赢的团队，才能愉快工作。尊重他人的同时，还要学会欣赏他人。很多时候，我们更关注别人的错误和缺点，容易忽视他人的优点；这种行为是很难让我们融入团队的。因此，要想融入团队，就必须善于了解他人的长处并学会真诚地赞美欣赏。尺有所短，寸有所长。团队中的每个人都有自己的长处和短处，只关注他人的缺点，会破坏团队成员间的和谐关系，影响团队合作。只有善于欣赏他人的优点，诚恳地帮助他人改正缺点，才能更好地增强团队精神。

（4）**善于沟通**。沟通是我们生命中不可或缺的一部分。合作的过程就是沟通的过程，没有沟通，就没有团队合作。沟通能够增强员工之间的感情，增进了解，缩短彼此间的距离，从而培养信任感、巩固信任度，促使团队之间相互促进、共同提高。为了达到有效沟通，员工之间、管理者之间、管理者和员工之间要做到经常交流、主动交流，并将意见或建议及时反馈给对方，同时沟通还要直截了当、简明扼要，不要拐弯抹角、啰里啰唆。

此外，积极融入团队时还要具有多为别人考虑、谦虚谨慎、乐于助人等美德。只要遵循以上原则，慢慢学会与人合作，你才会变成一个善于合作的人，才会获得同事的认可、上司的青睐，你的能力才会不断提高，才能为顾客提供优质服务。

割草工的电话

一个替人割草的男孩出价 5 美元，请他的朋友为他打电话给一位老太太。电话拨通后，男孩的朋友问道："您需不需要割草？"

老太太回答说："不需要了，我已经有割草工了。"

男孩的朋友又说："我会帮您拔掉花丛中的杂草。"

老太太回答："我的割草工已经做了。"

男孩的朋友再说："我会帮您把草与走道的四周割齐。"

老太太回答："我请的那个割草工也已经做了，他做得很好。谢谢你，我不需要新的割草工。"

男孩的朋友便挂了电话，接着不解地问割草的男孩说："你不是就在这位老太太那儿割草吗？为什么还要打这个电话？"

割草男孩说："我只是想知道老太太对我工作的评价。"

这个故事的寓意是：只有勤与客户、老板或上级领导沟通，你才有可能知道自己的长处与短处，才能够了解自己的处境。

第九节 执行精神

一、执行精神的内涵与意义

（一）执行精神的内涵

执行精神指的是积极、主动、自觉贯彻战略意图，完成预定目标的精神和能力。执行是一种精神，也是一种能力。执行是把企业战略、规划转化成为效益、成果的关键。衡量执行力的标准，对个人而言是能否按时并保质保量地完成自己的工作任务；对企业而言，就是能否在预定的时间内完成企业的战略目标。

（二）执行精神的意义

企业成败的关键在于执行。旅游企业要实现"办一流企业、做一流服务、创一流效益"的经营宗旨，就必须在员工中打造一流的企业执行力。一个执行力强的企业，必然有一支高素质的员工队伍，而具有高素质员工队伍的企业，必定是充满希望的企业。执行力差是企业的最大内耗，不仅会消耗企业的大量人力、财力，还会错过机会，影响企业的战略规划和发展。因此，执行力就是企业的一种竞争力。

是否具有执行精神也是一个人能否成功的关键。人之所以能被区分为优秀与一般，在于优秀者更有实现构想的能力——这就是一个人的执行力，而不是更有思想。任何伟大的理想目标、计划，最终必须落实到行动上，才能达到想要的结果。

取得成功的唯一途径就是自觉执行，立刻行动。

二、提升执行能力、自觉主动执行

（一）明确自身目标

目标决定行动，行动决定结果。目标是催人奋进的动力，目标指引人生的航向。只有确立了明确的职业目标，并沿着目标前进，才可能实现职业理想。设定目标有一个"聪明原则"，即SMART原则。S（Specific）代表明确性，就是要用具体的语言清楚地说明要达成的行为标准；M（Measurable）代表可衡量性，就是目标是明确的、可衡量的；A（Acceptable）代表可接受性，就是目标虽然可以高一些，但执行人有把握实现；R（Realistic）代表实际性，就是目标要在现实的条件下可实行、可操作；T（Timed）代表时限性，就是完成目标要有时间限制。在制定目标时，个人目标和团队目标要协调一致。一个人只有不断追求更高目标，并朝着目标方向努力奋进，才能取得更高的成就。

相关链接　搜索

哈佛大学关于目标对人生影响的调查

哈佛大学有一个非常著名的关于目标对人生影响的跟踪调查。调查的对象是一群智力、学历、环境等条件差不多的年轻人。调查结果发现：27%的人没有目标；60%的人目标模糊；10%的人有清晰但比较短期的目标；3%的人有清晰且长期的目标。

25年的跟踪研究结果显示：

那3%的有清晰且长期目标的人，25年来几乎都不曾更改过自己的人生目标。25年来他们都朝着同一方向不懈地努力。25年后，他们几乎都成了社会各界的顶尖成功人士。他们中不乏白手创业者、行业领袖、社会精英。

10%的有清晰短期目标者，大都在社会的中上层。他们的共同特点是，短期目标不断被达成，状态稳步上升，成为各行各业里不可或缺的专业人士，如医生、律师、工程师、高级主管等。

而60%的模糊目标者，几乎都在社会的中下层，他们能安稳地工作，但都没有什么特别的成绩。

　　剩下的 27% 是那些 25 年来都没有目标的人群，他们几乎都在社会的底层。他们都过得不如意，常常失业，靠社会救济，并且常常都在抱怨他人、抱怨社会、抱怨世界。

（二）执行始于服从

　　（1）服从的意义。服从不仅是军人的天职，也是企业中每一个员工的天职。旅游企业是一个组织性、纪律性十分严格的单位，下级服从上级，个人服从组织，局部服从全局，从某种意义上讲，这是旅游企业的主要生产力。每一位员工，每一个基层都应该具备这种服从精神，这不仅是对自己负责，也是对企业负责。真正具有服从意识的人，会把服从当作自己的天职，充分认识到服从是一个人工作的必备条件。服从是一种美德，一个优秀的员工必须具有极强的服从意识。服从是行动的开始，只有无条件地服从，才能充分发挥主观能动性，才能发挥超强的执行力，想方设法完成任务，最终使个人与团队共赢。没有服从，任何绝佳的战略和设想都无法执行。没有服从，就没有一切。

　　（2）服从的标准。服从的标准有四个方面，即不讲情面、直截了当、先接受后沟通、有令即行。①不讲情面。是指不能把工作和个人情绪混淆。一旦上级安排了工作，具有职业素养的员工，就应该无条件地立刻行动；在服从面前没有面子可言。②直截了当。是指在企业中，执行命令要畅通无阻，没有"顾忌"、没有"烦琐"、无须"协调"、无须"磨合"，全力而迅速地执行任务。这是一个非常重要的指标，是衡量管理效能的一个非常重要的方面。③先接受后沟通。是要知道你的某项任务是你部门工作的一个环节，你这一环节执行不到位，会影响到其他工作的进程。所以，上司将任务分配给你，包含了他个人的判断，而你认为"不可行"，那只是你的判断；你可以先接受他分配给你的任务，如果在执行过程中出现了问题，再去和上司沟通。④有令即行。是指要立即行动，这是一种服从的精神。如果每一环节都有令即行，就能积极高效地、在第一时间内出色地完成既定的任务。

　　（3）服从的表现。服从表现在三个方面：第一，主动汇报工作。作为下属，要养成主动汇报工作的习惯，让上级随时掌握你的工作动态。第二，把直接上级当作第一顾客。上级是员工最重要的顾客，要像重视顾客一样重视上司。第三，协助上级达成目标。下属应该主动协助上级，通力合作，完成目标。

当然，服从不等于盲从、愚忠，而是讲求灵活性的理性服从。上级决策也有错误的时候，这时，你能做的事情也只能是竭尽全力陈述利害关系。当你的建议无效时，应该全力执行上司的决定，但要尽可能地将错误造成的损失降到最低。同时在适当的时机，委婉阐述自己的观点，以维护上司的威信和尊严。切忌工作中因意见不同当面指责顶撞上司。

（三）有效管理时间

对时间的有效管理，直接关系到企业工作效率的高低。工作过程中，在保证质量的前提下，要提高效率。工作生活中要合理分配时间，分清轻重缓急，先做最重要的事情，把主要精力放在主要问题、主要事情上，这样就会达到事半功倍的效果。

（四）养成良好的行为习惯

执行能力的培养，就是让自己养成良好的行为习惯，让执行变得自觉自发、积极主动，这是执行力的最高境界。每一个员工都应该按照原定计划去执行，不要养成拖延的习惯。拖延的人往往自制力薄弱，习惯于逃避困难，缺乏毅力。拖延是高效执行的最大敌人，关键时刻的拖延可能会带来致命的后果。要想成功就要养成立即行动的习惯。

相关链接　　搜索

执行没有借口

休斯·查姆斯在担任国家收银机公司销售经理期间曾面临着一种最为尴尬的情况：该公司的财务发生了困难。这件事被在外头负责推销的销售人员知道了，并因此失去了工作的热忱，销售量开始下跌。到后来，情况更为严重，销售部门不得不召集全体销售员开一次大会，全美各地的销售员皆被召去参加这次会议。查姆斯先生主持了这次会议。

　　首先，他请手下业绩最佳的几位销售员站起来，要他们说明销售量为何会下跌。这些被唤到名字的销售员一一站起来以后，每个人都有一段最令人震惊的悲惨故事要向大家倾诉：商业不景气，资金缺少，人们都希望等到总统大选揭晓后再买东西等。

　　当第五个销售员开始列举使他无法完成销售配额的种种困难时，查姆斯先生突然跳到一张桌子上，高举双手，要求大家肃静。然后，他说道："停止，我命令大会暂停10分钟，让我把我的皮鞋擦亮。"然后，他命令坐在附近的一名黑人小工友把他的擦鞋工具箱拿来，并要求这名工友把他的皮鞋擦亮，而他就站在桌子上不动。在场的销售员都惊呆了，他们有些人以为查姆斯先生发疯了，人们开始窃窃私语。在这时，那位黑人小工友先擦亮他的第一只鞋，然后又擦另一只鞋子，他不慌不忙地擦着，表现出一流的擦鞋技巧。

　　皮鞋擦亮之后，查姆斯先生给了小工友一毛钱，然后发表他的演说。他说："我希望你们每个人都好好看看这个小工友。他拥有在我们整个工厂及办公室内擦鞋的特权。他的前任是位白人小男孩，年纪比他大得多。尽管公司每周补贴那位白人小男孩5元的薪水，而且工厂里有数千名员工，但他仍然无法从这个公司赚取足以维持他生活的费用。"

　　"这位黑人小男孩不仅可以赚到相当不错的收入，既不需要公司补贴薪水，每周还可以存下一点钱来，而他和他的前任的工作环境完全相同，也在同一家工厂内，工作的对象也完全相同。"

　　"现在我问你们一个问题，那个白人小男孩没有得到更多的生意，是谁的错？是他的错，还是顾客的？"那些推销员不约而同地大声说："当然，是那个小男孩的错。"

　　"正是如此。"查姆斯回答说，"现在我要告诉你们，你们现在推销收银机和一年前的情况完全相同：同样的地区、同样的对象以及同样的商业条件。但是，你们的销售成绩却比不上一年前。这是谁的错？是你们的错，还是顾客的错？"

　　同样又传来如雷般的回答："当然是我们的错。"

　　"我很高兴，你们能坦率承认自己的错。"查姆斯继续说，"我现在要告诉你们。你们的错误在于，你们听到了有关本公司财务发生困难的谣言，这影响了你们的工作热忱，因此，你们不像以前那般努力了。只要你们回到自己的销售地区，并保证在以后30天内，每人卖出5台收银机，那么，本公司就不会再发生什么财务危机了。你们愿意这样做吗？"

　　大家都说"愿意"，后来果然办到了。那些他们曾强调的种种借口：商业不景气，资金缺少，人们都希望等到总统大选揭晓以后再买东西等，仿佛根本不存在似地统统消失了。

　　借口是可以克服的。只有不断朝着卓越的工作目标迈进才能让你找到成就感。

课 堂 思 考

1. 你怎样理解"执行没有借口"？
2. 谈谈你学习生活中成功或失败的原因有哪些，是否与执行力有关。

以上八大职业精神并不是孤立存在的，它们之间相互联系、相互促进、相互包含。职业精神是员工成功的条件，也是企业发展的基础。旅游工作者要不断学习，掌握专业知识、熟练专业技能、加强自我修养、培养旅游职业精神，在旅游业的发展中实现自己的人生价值。

复习与思考

一、简答题

1. 旅游职业精神的内涵与主要内容是什么？
2. 旅游企业人文精神的要求有哪些？
3. 旅游从业者应怎样培养服务精神、追求卓越服务？
4. 旅游从业者应怎样培养敬业精神？
5. 旅游从业者应怎样提升敬业精神？
6. 旅游从业者应怎样培养主动精神？
7. 旅游企业忠诚精神的要求是什么？如何培养忠诚精神？
8. 你怎样才能融入你所在的团队？
9. 执行精神的要求有哪些？
10. 你怎样提升自己的执行力？

二、案例分析

案例一　软件服务提升竞争力

我来自长春，经营一家准三星级的饭店，每年都会到各地的优秀饭店考察学习。

真诚地说，没有一家饭店包括我自己经营的饭店给过我像青岛海景花园酒店那么多的感动和惊喜。

从机场出来，青岛海景花园酒店亲情一家人的服务理念就展现得淋漓尽致。在班车上我随意说出很想看到海面上点点白帆的美景，第二天晚上我的案头就放上了一套奥帆的明信片；温馨的留言，让我感动至今。客房的服务员，贴心到发现我在非常时期，每天都在我房间的小桌上放一罐阿胶蜜枣和红糖，这样的事只有小时候，我的母亲为我做过。儿子赶海时，不小心跌伤了腿，贴着胶布回来，没想到细心的服务员发现了，房间里又多了创可贴和消毒棉。我和儿子要出游，我向服务员要了小礼品袋，送过来的不只有礼品袋，还有一袋水果、矿泉水和满满的一袋爱心。我曾经为如何提高自己饭店的竞争力而困扰，是青岛海景花园酒店使我找到了答案。同一级别的饭店在硬件上没有多大的差别，可是软件服务却是制胜的法宝，海景花园酒店做得太棒了。

根据上述案例回答如下问题：

1. 案例中青岛海景花园酒店亲情一家人的服务理念体现在哪些方面？
2. 怎样理解"软件服务却是制胜的法宝"这句话？

案例二　午餐时间的早餐服务

洛杉矶旅游区的一家宾馆到了午餐时间，很多客人正在用餐。这时，在服务台的凯丽接到一个电话，对方问有没有早餐。凯丽觉得不可思议，但她并没有笑，而是微笑地问："现在已经到了吃午餐的时间，您为什么想用早餐？"那位客人说，他们是欧洲的一个旅游团，有十几个人，手头剩有许多早餐票；他们昨天爬了一天山，很累，大家都没胃口，只想喝点牛奶，吃点早点。凯丽以前没有遇到过这种情况，她犹豫了片刻之后，便问了那位客人的房间号码，并表示5分钟之内再打电话去确定这件事。挂了电话之后，凯丽马上去跟厨房商量，看能否解决这一问题。厨房主管说，早上没吃完的东西已经处理掉了，我们不能为他们专门再做一次早餐。于是，凯丽马上请示餐饮部经理，经理表示这些客人的要求并不过分，所以就指示厨房满足客人的要求，他还指示将这批客人用餐的地点改到小餐厅，以免他们在其他客人目光的注视下感到尴尬。一切都安排好后，凯丽马上通知了客人。客人们听说宾馆不但满足了他们中午吃早餐的要求，还特意安排他们在小餐厅用餐，都非常感激，对宾馆的服务赞不绝口。后来，餐厅经理考虑到游客疲劳后起床较晚这种实际情况，决定将早餐时间推迟至中午12点，使游客中午吃早餐的要求合理化。

　　——资料来源：宋豫书.服务精神［M］.北京：中国纺织出版社，2006.

根据上述案例回答如下问题：

本案例体现了什么经营理念与职业精神？谈谈你的感受。

案例三　第八次微笑

　　飞机起飞前，一位乘客请求空姐给他倒一杯水服药，空姐很有礼貌地说："先生，为了您的安全，等飞机进入平稳飞行后，我会立刻把水给您送来。"可是，等飞机起飞后，这位空姐却把这件事给忘了，待乘客的服务铃急促地响起来时才想起送水的事情。空姐小心翼翼地微笑着对那位乘客说："对不起，先生，由于我的疏忽延误您吃药的时间，我感到非常抱歉。"那位乘客严厉地指责了空姐，说什么也不肯原谅，并说要投诉她。

　　接下来的飞行中，空姐一次又一次地询问那位乘客是否需要帮助，但那位乘客均不理不睬。

　　临到目的地时，那位乘客要求空姐把留言本给他送来，很显然要投诉她。此时空姐心中十分委屈，但她仍然显得很有礼貌，微笑着说："先生，请允许我再次向您表示真诚的歉意，无论您提什么意见，我都将欣然接受。"那位乘客准备说什么却没开口。

　　飞机降落乘客离开后，空姐不安地打开留言本，她惊奇地发现那位乘客在本子上写的并不是投诉信，而是一封热情洋溢的表扬信。信中有这样一段话："在整个过程中，你表现出的真诚歉意，特别是你的第八次微笑深深地打动了我，使我最终决定将投诉信改成表扬信。你的服务水平很高，下次如有机会，我还会乘坐你的这趟航班。"

　　——资料来源：光明网，http://www.gmw.cn

根据上述案例回答如下问题：

1. 案例中，深深打动乘客的是空姐的什么精神？

2. 本案例给你的启示是什么？

3. 作为旅游工作者怎样才能提高自己的服务水平？

三、实践与拓展

1. 课堂辩论

导游"小费"是否应转正

导游"小费"将转正! 记者从旅游业相关人士处获悉,深圳导游薪酬制度改革试行方案将会在一个月内出台,其中明确规定,允许导游合理加收导游服务费,即通常所谓的"小费",这在全国开了先例。

《羊城晚报》余丰慧指出:导游"小费制",首先,有可能演变成为"必须给"的局面,会加重游客负担。其次,鼓励了导游在钱上斤斤计较,反而会降低服务质量。再次,导游的变相小费已经不少了,如带游客去购物可享回扣分成等。最后,导游"小费制"会造成很不好的社会效果和影响。

——资料来源:腾讯大渝网,http://cq.qq.com

辩论题目:

以"导游是否应收小费或导游小费是否应该转正"为题,开展一次辩论活动。

导游是否应该拿回扣

来自海南省海口市的游客周芙宇说:"我和同事花了 3000 元参加了一个旅游团,旅游线路上的景点花费都包括在团费里。但是到目的地后,导游却带着我们去自费看杂耍、逛商场,我们不愿意去,导游的脸色立即就变了,说话特别难听,关系闹得特别僵。"

最终,为了缓和关系,周芙宇不得不参加了自费项目,多花了 500 多元。周芙宇说:"这钱花得特别窝囊,让人一想起来就感觉不痛快。出来游玩的好心情都被破坏了。"

本来是应该为旅途增添便利,但导游变相成了"导购",游客的利益肯定会受到损害。

导游揭秘:"没工资,没福利,不拿回扣靠啥活?"

"一没工资,二没福利,没有回扣让我们怎么活?"合肥市一位导游谈及

购物回扣，无奈之中更多的是对当前导游行业现状的不满。她说，一些旅行社为控制成本，不断减少导游的固定收入，不但导游出团没有薪酬，甚至还要求导游出团交人头费。导游便不得不指望着消费者购买商品来获取更高的提成。一般情况下，导游收入由两部分组成：一是旅行社发放的带团补助，一般每月千元左右；二是导游在服务过程中收受的各类回扣，其数量就难以统计。

——资料来源：腾讯大渝网，http://cq.qq.com

辩论题目：

请根据以上案例，以"导游是否应该拿回扣"为题开展辩论活动。

2. 职业价值观测试

请你根据自己的实际情况，回答下列每一个问题，并在1～5分打分（括号内填分数）。5分表示非常重要，4分表示比较重要，3分表示一般，2分表示比较不重要，1分表示不重要。

第一组

（1）你的工作能为社会福利带来看得见的效果。（　　）

（2）你的工作使你能常常帮助别人。（　　）

（3）你为他人服务时，他人满意你也很高兴。（　　）

（4）由于你的工作，经常有许多人来感谢你。（　　）

分数之和（　　）

第二组

（1）你的工作带有艺术性。（　　）

（2）你的工作能使世界更美丽。（　　）

（3）你的工作结果不是一般产品而是艺术品。（　　）

（4）你的工作需要与音乐、美术、文学、影视等艺术打交道。（　　）

分数之和（　　）

第三组

（1）你的工作使你有不断获得成功的感觉。（　　）

（2）你能从工作的成果中知道自己做得不错。（　　）

（3）你可以预见自己努力工作的成果。（　　）

（4）你的工作成果经常能得到别人的肯定。（　　）

分数之和（　　）

第四组

（1）你的工作能使你的朋友和同事非常羡慕。（　　）

（2）在别人眼里，你的工作是非常重要的。（　　）

（3）你的工作作风使你被别人尊重。（　　）

（4）你从事的工作经常被媒体提到，在人们的心目中很有地位。（　　）

分数之和（　　）

第五组

（1）无论你工作绩效如何，你总能和大多数人一样晋级和加工资。（　　）

（2）工作中你不会因为身体或体力等因素被人瞧不起。（　　）

（3）只要你干上这份工作，就不会再被调到其他意想不到的单位或岗位上
去。（　　）

（4）工作中不必担心因为所做的事情领导不满意而受到训斥或经济处罚。（　　）

分数之和（　　）

说明：

请你找出分数之和最高的两组，这两组代表了你的职业价值观倾向。如果你将
来从事现在的专业，思考一下你现在的专业和你的职业价值观一致吗？如果你想选
择其他工作，思考一下选择什么样的职业更符合你的职业价值观。

第一组：职业价值观倾向是服务社会。认为工作的目的和价值在于直接为大众
的幸福和利益尽一份力。

第二组：职业价值观倾向是美感享受。认为工作的目的和价值在于能不断地追
求美的事物，得到美的享受。

第三组：职业价值观倾向是成就事业。认为工作的目的和价值在于不
断创新，不断取得成就，不断得到领导和同事的赞扬，不断达成自己预期
的目标。

第四组：职业价值观倾向是社会地位。认为工作的目的和价值在于所从事的工
作在人们心目中有较高的社会地位，从而使自己得到他人的重视与尊敬。

第五组：职业价值观倾向是安全稳定。希望无论自己能力如何，在工作中都有
一个安稳的局面，不会为发奖金、加工资、调动工作或领导训斥等事情而经常提心
吊胆、心烦意乱。

——资料来源：郝凤茹. 缺什么别缺职业精神. 广东经济出版社，2010.

以上五种职业价值观，你更认同哪一种？为什么？

3.实践调查

通过调查研究，分析旅游业中存在哪些重点问题，影响旅游业发展的关键因素是什么。可就一个或几个方面开一场讨论会或撰写一篇调研报告。

四、推荐阅读

汤姆斯的服务精神

在美国旧金山的一个家具行，有一位杰出的推销员汤姆斯，他具有优秀的服务水平，并因此总是能够不断地获得订单。有一天，一位顾客来到他的家具行挑选家具。他热情地给那位顾客介绍了所有的家具，但顾客仍然没有看中任何一件，于是决定离开。这时，汤姆斯说：先生，我可以帮助你挑选到最好的家具，我是这里的推销员，我很熟悉附近的家具商行，我可以陪你一起去挑选，而且可以帮你谈价格。于是这位顾客就带上汤姆斯来到了其他家具商行，但是，他挑选了很久，依旧没有挑选到自己满意的。后来，这位顾客对汤姆斯说：我还是买你们的家具吧。不是你们的产品比其他的好，而是你的服务精神是任何一家公司都难以做到的。结果，这位先生和汤姆斯做成了一笔很大的买卖，之后还给汤姆斯介绍了许多客户。

可以看出，那位顾客之所以愿意与汤姆斯做生意，不是他的家具多么的出色，而是汤姆斯的服务精神打动了顾客，正是这种富有人情味的服务给他带来了意想不到的业绩。

——资料来源：宋豫书.服务精神［M］.北京：中国纺织出版社，2006.

敬业决定成败

在关键时刻，敬业与否可以造成巨大的差别。1956年李政道、杨振宁在《物理评论》上发表论文，提出在弱相互作用中宇称守恒定律可能不成立。他们和吴健雄商量是否能以实验来验证。吴健雄是这方面的权威，她建议用钴－60的衰变做实验。但她和夫婿袁家骝已订好了"伊丽莎白皇后"号的船票，将一起去欧洲旅游以纪念来美20周年。如果去的话实验就要推迟，怎么办？吴健雄当机立断：退掉船票，让袁家骝一个人去，她自己留下来做实验。实验场所在华盛顿市的国家标准局，时值严冬酷寒，吴健雄冒着风雪往返于纽约与华盛顿之间。1957年1月9日凌晨2点实验结果出来了：在弱相互作用中宇称果然不守恒！李、杨因此而获得1957年诺贝尔物理学奖——中国人的第一次。

差不多与此同时，芝加哥大学的一位实验物理学家泰利格第（V. Telegdi）看到李、杨论文的预印本后，提出以测量介子衰变来检验宇称是否在弱相互作用中守恒，并且马上动手做。正当实验进行中，泰利格第的父亲去世了，他利用圣诞节假期回意大利去探望母亲。当时他不知道吴健雄正在做实验，而且还有更多的人也加入了这场竞赛，大家都在争先恐后地抢第一。

1月中旬泰利格第回到芝加哥，获悉吴健雄的实验已成功了。他立即将实验结果写成论文急送《物理评论》，希望能与吴的论文同时刊出。可惜已晚了几天，编者不同意同期刊出，他找当时的美国物理学会主席威格纳去说情也没有用。结果泰利格第的论文发表在刊登吴健雄论文的后一期，编者加了一个注：“由于技术原因延迟了”，但未说明究竟是作者还是编者所造成的。泰利格第气得几乎要发疯，为此他宣布退出美国物理学会以示抗议。

吴健雄的敬业精神得到了应有的回报：她被誉为美国物理学界之女中豪杰，当选为美国物理学会主席——第一位女士获此殊荣。还有些人认为她应该得诺贝尔奖。李政道在一篇悼念吴健雄的文章中将她与居里夫人相提并论。

泰利格第悼父探母乃人之常情，当然不能因此而责怪他。但竞争是无情的，他为那次探母之行付出了沉重的学术代价。

近年来，在某些方面美国人的敬业精神似乎在衰退。不久前美国太空总署一艘探测火星的飞船与地面站失去联络，查出的原因竟是所用的电脑程序中将长度的公制和英制弄混了。程序师一念之差，几亿美元付诸流水。还有更荒唐的：某医院的外科医生将本来应该锯去右腿患者的左腿锯掉了。我在想：如果这种不敬业的苗头继续滋长，美国的超级强国地位会不会动摇呢？

——资料来源：[美] 詹姆斯·H. 罗宾斯. 敬业——美国员工职业精神培训
手册（实用版）[M]. 曼丽，译. 北京：世界图书出版公司，2004.

轮胎的故事

我于2007年4月22日中午到海景花园大酒店参加朋友的聚会。所驾车由引导员指挥入车位后，他又仔细检查车辆，发现左前胎有咝咝的撒气声，他马上告诉我。由于到达酒店已经迟到，接近下午1点30分了，朋友还在等着，引导员看见我焦急的心情，就试探性地问我：“先生，如果您放心的话，您先去忙，我来给您换轮胎行吗？”我很惊喜，他向我解释说帮人换过好几次了。我打开后备厢，他和另外几个引导员一起从中取出备用胎和工具，我急忙到芙蓉厅参加朋友的聚会去了。

当我参加完朋友的聚会回到停车场时，看到轮胎已经换好，换好的轮胎和工具整齐地倚靠在墙边。这时，引导员向我走来，说："先生，您再检查一下，看车胎是否牢固。"并帮我把换下的轮胎放在了后备厢。我真是敬佩他！

职业理想不等于高薪

很多求职者被问到"职业理想"的时候，给出的答案是：月薪过万，或者进入全球 500 强企业。

我们常认为，理想就是实现某些物质利益，比如钱、名誉或者地位。而这又基于一种心理定式，那就是我必须有钱才能快乐。我的一位同事，在认为自己赚够了钱之后，说了声"拜拜"就去享受他的环球旅行了，当时他才 30 多岁。然而几个月后，他发现自己当初的决定是错的，他不用担心温饱，但并不快乐。因为真正的快乐来自于工作的过程，而不是由它所获得的报酬。

所以，在确立职业理想时要考虑到这个前提：高薪并不等于职业理想。我们生命的价值不在于拥有多少钱，而在于做了多少有意义的工作。还有一些研究告诉我们，那些追求理想的人，在多年以后比那些只追求金钱的人会赚到更多钱。

从我个人的经历来看，树立理想时更应注重自己的兴趣、成就感。当初我从微软离开就是因为发现自己只是那个机器中的一个零件，工作激情逐渐消退。于是，我想自己该接受另一个挑战了。在 Google 这个富有创意的团队里，我看到了自我的价值、年轻的力量，这更符合我的职业理想。

所以，我希望所有的求职者都记住一句话：事业比金钱重要，机会比安稳重要，未来比今天重要。

职业理想不是在一天树立的

很多求职者说，刚开始找工作时还有目标，现在是越找越没有标准，感到很迷茫。我想说的是，如果在大学四年（甚至更长的求学时间）里没有培养起自己的理想，那么，迷茫是正常的。

求学十几年目标就是考上大学，这是家长为你树立的"理想"。而现在大学毕业了，面对求职，没有人告诉你该做什么了，于是迷茫产生了。那么，如何摆脱这种迷茫呢？当然是做人生规划，让自己有个目标。但是，这不是一步登天的过程，理想不是一天就能树立的。

我一直建议大学四年的时间应该用来做人生规划，当然也包括树立职业理想。大一大二是理解自己的过程：你喜欢什么？适合做什么？这些问题应该得到解决。我大学时选了很多不务正业、奇奇怪怪的课，都跟自己的专业没什么关系。但是这些课让我知道了自己的兴趣在哪里，这是我最大的收获，也是我确立职业理想的基础。

到了大三大四，你们的疑惑就不该指向自己了，而应该更多地去理解外界。比如我想做的这个行业现在发展到了什么程度？有哪些公司能提供相关工作机会？如果要得到这些工作机会，我需要做哪些准备？其实在这个过程中，你就逐渐树立了自己的职业理想，而且初步探索了一条通向理想的路。

先就业再择业，并不是理想向现实的妥协

鉴于紧张的就业形势，我建议求职者"先就业再择业"。第一份工作很重要，但尚未重要到决定终生。一个人一生换上四五份工作是正常的，很多时候，职业理想需要一个曲折实现的过程。

很多人说："不管怎么样我一定要实现目标，做不到我也要拼命去试。"其实这不见得是件好事。我建议大家采用"两步计划"来实现职业理想。假如你设定了一个目标，不要一毕业就想马上实现，好像做不到这辈子就算完了。你应该告诉自己：这个理想很好，我实现它的可能性有多大。如果目前可能性不大，那么我应该做些什么让我能够离它更近一步。

在此，我举一个例子。有一个在美国读大学的学生，他所在的学校不算很好，他的成绩还算可以。他立志进入 Google 工作，问我有没有这个可能。在问了他一些基础知识后，我发现他很聪明，但专业知识不够扎实，我不认为目前的他有机会进入 Google。因此我对他说："现在还很难，但如果再努力一下就有可能。"他继续问："我能做些什么事让这个可能性最大化呢？"于是，我建议他去读硕士，并向他推荐了 Google 很喜欢的一所大学——加拿大的滑铁卢大学，因为它的计算机学院教学务实，而且入学还算容易，学费也不贵。两年后他拿到了硕士学位，现在已经进入 Google 工作。

受挫的理想才是好理想

一蹴而就、没有经过挫折洗礼的职业理想，往往也面临着瞬间坍塌的危险。在此，我想跟大家分享一下我遭遇过的三次比较大的挫折，以及我的心得体会。

第一次是在 1984 年，那时候我读研二。我得到一个暑期工作的机会，为宾夕法尼亚州高中的 60 位高才生教授计算机。我设计了一个非常有挑战性的课程。短短的六个星期里，他们要学会编程、人工智能，完成大三的 80% 的课程。我很用心地编写讲义、授课，指导他们上机。学期结束后，他们都学会了，然而我却被评为最不受欢迎的老师，因为我不会与学生沟通。用心努力却换来这样的结果，当时我受到了很大的打击。但后来我遍访高人，学会演讲、沟通的技巧，演讲后来成了我的一项特长。

第二次是在 1998 年，当时我在一家公司与同伴研发一项叫作"三维浏览器"的新技术，但由于没有考虑到市场前景以及用户需要，最终彻底失败了。我苦心经营的部门被卖掉，团队中有 100 多名成员因为我的错误而失业。为此，我十分自责。但这个挫折让我知道做好一个产品必须考虑用户的需要。

最后一次是在 2004 年，当时我计划在中国创办一所世界一流的民办大学。我花了很多时间读书、学习，但后来由于资金问题而不得不放弃。但我从中学习了很多理念，结交了不少朋友，而且在此过程中完成了我的《给中国学生的第二封信》《给中国学生的第三封信》。我由此更加明晰了理想：虽然我不能够改变教育，但我可以通过写作、演讲和网站继续帮助学生。

举这些例子只是希望大家明白：从挫折中总结经验，能够让职业理想更清晰，并且更容易被实现。

墓志铭测试职业理想

2004 年，我想我的墓碑上应该刻着这样一段话：李开复，科学家，企业家，他曾经历三个顶尖的高科技公司，把繁杂的技术转换成为人人可用、人人获益的产品。但是，在我尝试办学之后，我发现我最希望的墓志铭变成了下面这段话：李开复，热心教育者，通过写作、演讲和网络，在中国崛起的时代里帮助了众多青年学生，他们亲切地称呼他："开复老师！"

洛克菲勒留给儿子的 38 封信（节选）

我们这个世界就如同一座高山，当你的父母生活在山顶上时，注定你不会生活在山脚下；当你的父母生活在山脚下时，注定你不会生活在山顶上。在多数情况下，父母的位置决定了孩子的人生起点。

但这并不意味着，每个人的起点不同，其人生结果也不同。在这个世界上，永远没有穷、富世袭之说，也永远没有成、败世袭之说，有的只是我奋斗我成功的真理。我坚信，我们的命运由我们的行动决定，而绝非完全由我们的出身决定。

就像你所知道的那样，在我小的时候，家境十分贫寒，记得我刚上中学时所用的书本都是好心的邻居为我买的，我的人生开始时也只是一个周薪只有 5 元钱的簿记员，但经由不懈的奋斗我却建立了一个令人艳美的石油王国。在他人眼里这似乎是个传奇，我却认为这是对我持之以恒、积极奋斗的回报，是命运之神对我艰苦付出的奖赏。

在你和你的姐姐们很小的时候，我就有意识地不让你们知道你们的父亲是个富人，我向你们灌输最多的是诸如节俭、个人奋斗等价值观念，因为我知道给人带来伤害最快捷的途径就是给钱，它可以让人腐化堕落、飞扬跋扈、不可一世，失去最美好的快乐。我不能用财富埋葬我心爱的孩子，愚蠢地让你们成为不思进取、只知依赖父母果实的无能者。

一个真正快乐的人，是能够享受他的创造的人。那些像海绵一样，只取不予的人，只会失去快乐。

我相信没有不渴望过上快乐、高贵生活的人，但真正懂得高贵快乐生活从何而来的人却不多。在我看来，高贵快乐的生活，不是来自高贵的血统，也不是来自高贵的生活方式，而是来自高贵的品格——自立精神，看看那些赢得世人尊重、处处施展魅力的高贵的人，我们就知道自立的可贵。

但你需要强化这样的信念：起点可能影响结果，但不会决定结果。能力、态度、性格、抱负、手段、经验和运气之类的因素，在人生和商业世界里扮演着极为重要的角色。你的人生刚刚开始，但一场人生之战就在你面前。我能深切地感觉到你想成为这场战争的胜者，但你要知道，每个人都有追求胜利的意志，只有决心做好准备的人才会赢得胜利。

我的儿子，享有特权而无力量的人是废物，受过教育而无影响的人是一堆一文不值的垃圾。找到自己的路，上帝就会帮你！

在凡夫俗子眼里，运气永远是与生俱来的，只要发现有人在职务上得到升迁、在商海中势如破竹，或在某一领域取得成功，他们就会很随便甚至用轻蔑的口气说："这个人的运气真好，是好运帮了他！"这种人永远不能窥见一个让自己赖以成功的伟大真理：每个人都是他自己命运的设计师和建筑师。

有一则寓言很有意味，也让我感触良多。那则寓言说：

在古老的欧洲，有一个人在他死的时候，发现自己来到一个美妙而又能享受一切的地方。他刚踏进那片乐土，就有个看似侍者模样的人走过来问他："先生，您有什么需要吗？在这里您可以拥有一切您想要的：所有美味佳肴，所有可能的娱乐以及各式各样的消遣，其中不乏妙龄美女，都可以让您尽情享用。"

这个人听了以后，感到有些惊奇，但非常高兴，他暗自窃喜：这不正是我在人世间的梦想吗！一整天他都在品尝所有的佳肴美食，同时尽享美色的滋味。然而，有一天，他却对这一切感到索然无味了，于是他就对侍者说："我对这一切感到很厌烦，我需要做一些事情。你可以给我找一份工作吗？"

他没想到，他所得到的回答却是摇头："很抱歉，我的先生，这是我们这里唯一不能为您做的。这里没有工作可以给您。"

这个人非常沮丧，愤怒地挥动着手说："这真是太糟糕了！那我干脆就留在地狱好了！"

"您以为，您在什么地方呢？"那位侍者温和地说。

约翰，这则很富幽默感的寓言，似乎告诉我：失去工作就等于失去快乐。但是令人遗憾的是，有些人却要在失业之后，才能体会到这一点，这真不幸！

我可以很自豪地说，我从未尝过失业的滋味，这并非我运气好，而在于我从不把工作视为毫无乐趣的苦役，我能从工作中找到无限的快乐。

我认为，工作是一项特权，它带来比维持生活更多的事物。工作是所有生意的基础，所有繁荣的来源，也是天才的塑造者。工作使年轻人奋发有为，比他的父母做得更多，不管他们多么有钱。工作以最卑微的储蓄表示出来，并奠定幸福的基础。工作是增添生命味道的食盐。但人们必须先爱它，工作才能给予最大的恩惠、收获最大的结果。

我初进商界时，时常听说，一个人想爬到高峰需要很多牺牲。然而，岁月流逝，我开始了解到很多正爬向高峰的人，并不是在"付出代价"。他们努力工作是因为他们真正地喜爱工作。任何行业中往上爬的人都是完全投入正在做的事情，且专心致志。衷心喜爱从事的工作，自然也就成功了。

热爱工作是一种信念。怀着这个信念，我们能把绝望的大山凿成一块希望的磐石。一位伟大的画家说得好："痛苦终将过去，但是美丽永存。"

但有些人显然不够聪明，他们有野心，却对工作过分挑剔，一直在寻找"完美的"雇主或工作。事实是，雇主需要准时工作、诚实而努力的雇员，他只将加薪与升迁机会留给那些格外努力、格外忠心、格外热心、花更多的时间做事的雇员，因为他在经营生意，而不是在做慈善事业，他需要的是那些更有价值的人。

不管一个人的野心有多么大，他至少要先起步，才能到达高峰。一旦起步，继续前进就不太困难了。工作越是困难或不愉快，越要立刻去做。如果等的时间越久，就变得越困难、可怕，这有点像打枪一样，你瞄的时间越长，射击的机会就越渺茫。

我永远也忘不了我做第一份工作——簿记员的经历，那时我虽然每天天蒙蒙亮就得去上班，而办公室里点着的鲸油灯又很昏暗，但那份工作从未让我感到枯燥乏味，反而很令我着迷和喜悦，连办公室里的一切繁文缛节都不能让我对它失去热心。而结果是雇主不断地为我加薪。

收入只是你工作的副产品，做好你该做的事，出色完成你该完成的工作，理想的薪金必然会来。而更为重要的是，我们劳苦的最高报酬，不在于我们所获得的，而在于我们会因此成为什么。那些头脑活跃的人拼命劳作绝不是只为了赚钱，使他们的工作热情得以持续下去的东西要比只知敛财的欲望更为高尚——他们是在从事一项迷人的事业。

天堂地狱都由自己建造。如果你赋予工作意义，不论工作大小，你都会感到快乐，自我设定的成绩不论高低，都会使人对工作产生乐趣。如果你不喜欢做的话，任何简单的事都会变得困难、无趣，当你叫喊着这个工作很累人时，即使你不卖力气，你也会感到精疲力竭，反之就大不相同。事情就是这样。

约翰，如果你视工作为一种乐趣，人生就是天堂；如果你视工作为一种义务，人生就是地狱。检视一下你的工作态度，那会让我们都感觉愉快。

——资料来源：淘股吧网，http://www.taoguba.com.cn

选读案例

附录

案例1

送他一轮明月

一位禅师，住在深山简陋的茅屋中修行，有一天散步归来，发现自己的茅屋遭到小偷的光顾。当找不到任何财物的小偷失望地离开时，却在门口遇见了禅师。原来禅师怕惊动小偷，一直站在门口等待，而且早就把自己的外衣脱下拿在手中。小偷看见禅师，正感到惊愕时，禅师却宽容地说："你走了老远的山路来探望我，我总不能让你空手而归呀！夜深天寒，你就带上这件衣服走吧！"说完，把衣服披到了小偷的身上。小偷不知所措，惭愧地低着头溜走了。

禅师看着小偷的背影渐渐消失在茫茫的夜幕深处，不禁感慨道："唉，可怜的人，如此黑暗的夜晚，山路又是那样的崎岖难行，但愿我能送给他一轮明月，在照亮他心灵的同时，也照亮他下山的路。"

第二天，当禅师从松涛鸟语的喧闹中醒来时，却惊讶地发现他送给小偷的那件外衣，已整整齐齐地叠好放回到茅屋的门口。老禅师的宽容，最终使小偷良心发现，归于正途。

——资料来源：韦明辉.道德经智慧新解［M］.北京：地震出版社，2007.

案例2

倔强的老妇人

木村事务所这几年发展顺利，就是有一桩事不顺当。近郊的一块地皮对于建造齿科材料厂再合适不过，可前后半年内董事长木村先生不知见过地主多少次，费尽口舌，但那倔强的老妇人丝毫不为所动。

一个下雪天，老妇人上街时顺路来到木村事务所。她本意是想见到木村并告诉他"死了买地这条心"。推开门，老妇人自觉穿着肮脏的木屐进去不合适，就在那儿呆呆伫立着。"欢迎光临！"这时一位年轻的女职员出现在老妇人面前。室内这时没有拖鞋可以给老妇人换，她就把自己穿的拖鞋脱下来，整齐地摆在老妇人脚前，笑着说："很抱歉，请穿这个好吗？"女职员不在乎脚底的湿冷，对踌躇不前的老妇人说："别客气，请穿吧！我没什么关系。"为老妇人穿好拖鞋，女职员再问道："老太太，您要找谁呢？""谢谢，我要见木村先生。""他在楼上，我带您去见他。"女职员像女儿搀扶母亲那样搀扶老妇人上楼。

老妇人穿在脚底的拖鞋是温暖的，而更使她感到温暖的是这素不相识的女孩子温暖的心。突然间，老妇人恍然大悟："是啦，人不能只求自己的利益，也该为别人着想呢。"于是她改变主意，决定把土地售予木村。

——资料来源：韦明辉．道德经智慧新解［M］．北京：地震出版社，2007.

救 援

几年前，在荷兰一个小渔村里，一个年轻的男孩教会全世界什么是无私奉献。由于整个村庄都靠渔业维生，自愿紧急救援队就成为一个重要的救援组织。在一个月黑风高的夜晚，海上的暴风吹翻了一条渔船，在紧要关头，船员们发出了 SOS 求救信号。救援队的队长听到了警讯，村民们也都聚集在小镇广场上望着海港。当救援的划艇与汹涌的海浪搏斗时，村民们也毫不懈怠地在海边举起灯笼，照亮他们前进的方向。

过了一个小时，救援船成功返航，欢欣鼓舞的村民们跑上前去迎接他们。当他们筋疲力尽地抵达沙滩后，救援队的队长说，救援船无法运载出所有的人，再多装一个人，船就会翻覆，所有的人都活不了，所以只得留下了其中的一个人。在忙乱中，队长要求另一队自愿救援者去搭救那个留下的人，16 岁的汉斯也应声而出。他的母亲抓住他的手臂说："求求你不要去，你的父亲 10 年前在船难中丧生，你的哥哥保罗三个星期前出海至今音讯全无。汉斯，你是我唯一的依靠呀！"汉斯回答："妈妈，我必须去。如果每个人都说：'我不能去，总有别人去'那会怎么样？妈妈，这是我的责任。当有人要求救援时，我们就得轮流去扮演我们的角色。"汉斯吻别了他的母亲，加入到救援的行列，消失在黑暗中。

又过了一个小时，对汉斯的母亲来说，这一个小时比永久还久。最后，救援船终于驶出迷雾，汉斯正站在船头。救援队的队长把手围成筒状，向汉斯叫道："你找到留下的那个人了吗？"汉斯高兴地大声回答："是的，我们找到他了。告诉我妈妈，他是我哥保罗！"

——资料来源：韦明辉 . 道德经智慧新解［M］. 北京：地震出版社，2007.

心随客动

陈先生来到酒店商务中心查询第二天到南京的航班，接待员小张为其预订了从广州出发的航班，并建议他乘坐 6∶30 或者 7∶10 珠海到广州的机场快线。

12 月 20 日 6∶30，前台接待员小王上早班，她习惯性地将前一天的交班记录翻开阅读。当看到陈先生的订票信息后，她迅速查询了陈先生所住的 2502 房，发现直到现在尚未退房。小王想客人可能睡过了，便立刻拨打了 2502 房的电话，电话铃响了一会儿后才听到客人睡意浓浓的声音："喂。"小王忙提醒他："陈先生，您好！我是酒店前台，因查询到您订购了今天 10∶55 到南京的航班，但直到现在仍未见到您办理退房手续，所以……"

小王的话还没有说完，陈先生就匆忙说道："啊，现在已经 6∶30 了，谢谢，谢谢。"电话随即挂断了，小王连忙放下电话，开始为客人忙起来。首先，小王叫来行李生："小赵，有位客人急着赶飞机，麻烦你帮忙先为他叫一辆出租车，他很快就下来了。"接下来，小王将客人的入住信息从电脑中调出来，并打电话通知客房服务员，请她们安排人员在 2502 房旁等候，一旦客人出门，立刻开始查房，确保客人可以赶上机场快线。10 分钟后，陈先生拖着行李匆匆来到前台办理退房手续，满脸疲惫的他连声说道："谢谢你啊，我昨晚工作太晚，忘记设叫早了，差点耽误了航班，多亏了你啊。"小王一边操作退房程序，一边笑着说："陈先生，这是我们应该做的，您不要着急，我已经为您安排了出租车，您一定可以赶上7：10的机场快线的。"

说话间，小王已经将所有手续办理完成，并引导陈先生来到了门口早已等候的出租车旁。陈先生边上车边激动地说："多亏了你，你们的服务很不错，真是感谢！"小王笑着说："不用客气，期待您的下次光临。"陈先生说："一定，一定。"

——资料来源：中国旅游饭店业协会．会员饭店报刊集锦［Z］．2010（5）．

案例 5

定点购物

正是春光明媚的四月。一天，杭州××旅行社的导游员小谢带了一批远方来的游客在杭州游览。这批游客是清一色的年轻人，他们喜爱杭州的山水，早出晚归，但对旅行社安排的购物活动却兴趣全无。在宣布行程时，有部分游客就声明他们只要游览，而不想去参观、选购杭州的丝绸，连有名的"龙井问茶"也不想造访。这样一来，使得地陪小谢十分尴尬：不去，这是旅行社规定的项目；去了，又怕游客闹意见。小谢处于两难之中。照原计划这天下午去"龙井问茶"。午餐时，小谢与游客闲聊对这次游程安排及对景点游览的反应。他想试探一下，如果游客仍对"龙井问茶"不感兴趣的话，那就只好取消该项目。游客们对游程安排及景点游览均表示满意，尤其是对小谢的热情服务表示感谢。小谢听了，心里美滋滋的。做导游的，有什么能比游客对自己的服务予以肯定而更令人高兴的呢！但小谢心里始终惦记着去"龙井问茶"的事，他想，这时候建议游客去"问茶"是个机会。于是小谢说："各位朋友，午餐这一餐不能吃好，但各位要吃饱，因为下午我们还有两个游览参观项目。其中一个是"龙井问茶"，大家从遥远的地方来到我们美丽的西子湖畔，确实不太容易。来到杭州，就一定要品尝一杯西湖龙井茶，这在我们杭州是个不成文的习俗，凡来者皆为客，请游客喝一杯香茶，这也是对游客的尊敬与欢迎。再说龙井茶名扬天下，它还是全国闻名的十大绿茶中的第一名茶。去'龙井问茶'，不光是喝杯茶，还可以更深入地了解中国茶文化。因此，我建议大家一定要去。"游客们听了小谢这番话后，一致同意去"龙井问茶"。

下午的第一站游览结束后，游客们都兴高采烈地去了"龙井问茶"。当游客们听了有关龙井茶的历史、传说、功用的讲解，观看了茶农的炒茶表演及茶道表演后，纷纷惊叹龙井茶的非同凡响，并认为不虚此行。最后，游客们还都掏钱买了龙井茶。

——资料来源：中华管理学习网，http://www.100guanli.com，2010—09—04.

烛光晚餐

某旅行社组织三国之旅，游客到达目的地后，入住星级饭店，当大家在餐厅用餐时，突然出现短时间停电。此时导游灵机一动，对游客说这是旅行社特意为大家准备的节目——烛光晚餐。当游客们后来得知这是一次因突发事件而引出的意外"礼物"后，纷纷给旅行社去信，感谢此次温馨之旅及导游的热忱服务。

——资料来源：中华管理学习网，http://www.100guanli.com，2010—09—03.

精洗高级裘皮大衣

北京长城饭店作为一家四星级的旅游涉外饭店，以曾经接待过美国总统里根而闻名全国。饭店洗衣房接到对面亮马河大厦一位住店客人的电话，询问是否能为他洗一件高级水獭皮大衣。客人说他一连走了几家饭店都说洗不了，亮马河大厦建议他到长城饭店来问一下。"这件大衣是我夫人最珍爱的，无论多少钱我都不在乎，条件是不能洗坏。不知长城饭店是否能洗？"客人问道。"裘皮大衣的洗涤工艺十分复杂，而且不同的皮毛有不同的洗涤方法，请您把衣服送来鉴定后再定。"洗衣房员工告诉客人。

几分钟后，客人偕夫人来到长城饭店洗衣房。大衣果然是精品，绒毛细密、色泽和顺、皮板柔韧、针迹考究，洗衣房牛经理亲自进行质地检测后断定可以洗。他向客人保证洗涤效果，毛、板的质量不会有丝毫影响，但由于衬里太脏，不可能洗到与衣服面子一样干净的程度，如果要清洗衬里，毛、板质量会受影响。客人对此无异议，但对洗涤效果仍不放心，再次询问牛经理是否有百分之百的把握。"我们长城饭店把信誉看得高于一切。"牛经理说，"我说的话代表我们饭店，我们一定保证质量。我告诉您三点：第一，万一洗坏，我们照价赔偿；第二，如果洗后达不到我讲过的标准，分文不取；第三，按国际标准，洗涤费用应为所洗物品价值的十分之一，这件裘皮大衣时价是18000元，我应收1800元，但考虑到我国消费水平还不高，我们就收取800元的洗涤费用。"客人看到牛经理的信心与诚意，便放心地把大衣留在洗衣房，牛经理答应客人第二天可来取衣。

翌日，客人夫妇来取衣时，上上下下、里里外外进行了极为细致的检查，果然无可挑剔。他们跷起大拇指赞道："长城饭店果然名不虚传，800元值得！"

——资料来源：新浪博客，http://blog.sina.com.cn，2007-08-01.

 案例8

房内吃瓜　两种说法

夏日炎炎，常有客人买西瓜回房间享用，瓜皮瓜汁极易沾染、弄脏地毯和棉织品，形成难以清洁的污渍。于是，服务员A对客人说道："先生，对不起，您不能在房内吃西瓜，会弄脏地毯的。请您去餐厅吧！"客人很不高兴地答道："你怎么知道我会弄脏地毯，我就喜欢在房间吃。"服务员A再次向客人解释："实在对不起，您不能在房间里吃西瓜。"客人生气地说："房间是我的，不用你教训。酒店多得是，我马上就退房。"说罢愤然而去。

相同情境下，服务员B是这样处理的："先生，您好，在房间里吃西瓜容易弄脏您的居住环境，我们可以为您切好西瓜，您在餐桌旁吃，好吗？"客人答道："到餐厅去吃太麻烦了，我不会弄脏房间的。"B又建议道："要么我们把西瓜切好，送到您房间，省得您自己动手，好吗？"客人点点头，说道："那就谢谢你了。"

——资料来源：范运铭.客房服务与管理案例选析.旅游教育出版社，2005.

下雨和道路拥挤问题解决了

一天，雷雨交加，北京某饭店门前车水马龙，拥挤得连停车的地方都难以找到。原来饭店门前正在临时施工，客人进饭店要从侧面的辅路上走过来，赶上下雨，辅路比较泥泞，而车辆由于交通制约又不能直接开到饭店门前，来就餐的旅游团队和到饭店来住宿的宾客只能在离饭店比较远的地方停好车，再打伞从泥泞的辅路上过来。餐厅的马经理看到一些面带愠色的客人随着领位员走进餐厅，立刻猜到了其中的原因。

"你们这里的条件太差了。这么差的条件根本不能开餐厅。"一位故意不打雨伞的台湾游客大声喊叫着。看着他已被淋湿的衣服和泥泞的裤腿，服务员急忙为他联系更换和洗熨衣服。

处理完这位"各色"宾客的问题之后，马经理想到，一会儿还有大批的预订团队到来，要想办法解决下雨和道路拥挤的问题。她一方面交代服务员要对那些满脚泥泞的宾客表示歉意，并加强对他们的照顾；另一方面，马上与总经理和前厅联系，解决饭店前拥挤和停车的问题。经过联系，饭店门前增加了几个服务人员。他们有的指挥疏导帮助停车，有的手拿雨伞为没有雨具的客人遮雨……经过疏导和与交警联系，终于开通了一条临时线路，车辆可以直接驶过饭店门前，客人下车后再去找车位停车，不必再走辅路，饭店门前也不再混乱了。

此后，从一批批接踵而来的宾客脸上再也看不到不满的情绪，有的客人连声夸赞饭店想得周到，下雨门前还有服务员帮助打伞。看到这种情形，马经理终于松了一口气，脸上露出了一丝微笑。

——资料来源：程新造，王文慧. 星级饭店餐饮服务案例选析［M］.

北京：旅游教育出版社，2005.

外宾走错了餐厅

　　一天晚上，一位下榻在我国北方某市一家三星级饭店的外宾来餐厅用餐。领位员很有礼貌地用英语向他问候说："您好，先生！请问您有没有预订？"客人微微一愣，笑着回答道："晚上好。我就住在你们饭店，现在想用餐。"领位员没有听明白，仍问客人有没有预订。客人不耐烦地告诉领位员，前台让他来这里用餐，并拿出住宿卡让她看。领位员看后，忙带客人走进餐厅。"请坐。"领位员把客人引到一张靠窗的餐桌前。奇怪的是，客人不肯坐下，并摇着头说出一串领位员听不懂的外语。领位员愣愣地看着客人，不知所措。此时，一位英文比较好的服务员走过来帮忙。经过询问才搞清楚，原来客人在前台说明要在饭店的西餐厅用餐，但他没有找到西餐厅，错来到了中餐厅。领位员在没有搞清楚的情况下，就把客人引了进来。领位员听明白后，忙向客人道歉，并主动引领客人去西餐厅。"晚上好，先生！欢迎您来这里。请问您是否住在我们饭店？"西餐厅的领位员微笑着问候客人。"晚上好，小姐。这是我的住宿卡。"客人满意地回答道。

　　临进餐厅前，客人又转过身对中餐厅的领位员说："你应该像这位小姐这样服务。"

——资料来源：程新造，王文慧. 星级饭店餐饮服务案例选析［M］.

北京：旅游教育出版社，2005.

绝不出卖公司机密

　　卢平是福建一家电子公司很有名的工程设计师。这家电子公司只是一家小公司，时刻面临着规模较大的蓝天电子公司的压力，处境很艰难。有一天，蓝天电子公司的技术部经理邀请卢平共进晚餐。在饭桌上，这位经理问卢平："只要你把公司里最新产品的资料给我，我会给你很好的回报，怎么样？"一向温和的卢平一下子愤怒了："不要再说了！我的公司虽然效益不好，处境艰难，但我绝不会出卖我的良心，做这种见不得人的事，我不会答应你的任何要求。""好，好，好。"这位经理不但没生气，反而颇为欣赏他。

不久，发生了令卢平很难过的事，他所在的公司因经营不善而破产。卢平失业了，一时又很难找到工作，只好在家里等待机会。没过几天，他突然接到蓝天公司总裁的电话，让他去一趟总裁办公室。卢平百思不得其解，不知"老对手"公司为什么找他。他疑惑地来到蓝天公司，出乎意料的是，蓝天公司总裁热情地接待了他，并且拿出一张非常正规的大红聘书请卢平来公司做"技术部经理"。卢平惊呆了，喃喃地问："你为什么这样相信我？"总裁哈哈一笑说："原来的技术部经理退休了，他向我说起了那件事并特别推荐你。小伙子，你的技术水平是出了名的，你的正直更让我佩服，你是值得我信任的那种人！"卢平一下子醒悟过来。后来，他凭着自己的技术和理论水平成了一流的职业经理人。

一个不为诱惑所动、能够经得住考验的人，不仅不会失去机会，相反会赢得机会。此外，还能赢得别人对他的尊重。大多数老板都是这样认为的：一点点忠诚比一大堆智慧更有用。毕竟在人生事业中，需要用智慧来做出决策的大事很少，需要用行动来落实的小事却很多。能保守公司秘密、有忠诚度的员工，他们的聪明和智慧才能为老板所用；这样的员工，也才能让老板心甘情愿地支付更高的薪水。

——资料来源：周传林.职场"钱"规则［M］.北京：科学出版社，2010.

把平凡的事情做好，就是不平凡

当老板安排你去扫地、扫厕所，甚至去做看起来更加卑微的工作时，你有两个选择：要么积极乐观地接受它，然后把它做到最好；要么消极被动地对待它，喋喋不休地抱怨，或者跳槽。但是，如果你能够把最简单、最不起眼、最让普通人认为不值得做的事情做到最好，你就拥有了做大事的潜质。

曾任麦当劳执行总经理的查理·贝尔，负责着麦当劳在全球 118 个国家多达 3 万多家餐厅的运营。贝尔的人生履历可谓光彩夺目。但是，让他铭记最深的是 1976 年他进入麦当劳做清洁工的经历。那一年，家境极其贫寒的他迫于生计，前往麦当劳求职。年仅 15 岁，瘦骨嶙峋的小贝尔在麦当劳找到店长，请求他给自己一份工作。看到他这副模样，店长便以"这里暂时不需要人手"为由婉言拒绝了他。生活没有着落的贝尔没过几天又来了，言辞更加恳切地请求店长给他份工作，声称就算没有报酬也可以。见店长没有吭声，贝尔感到了一点儿希望。他小声地说："我看到您这里厕所的卫生状况似乎不是太好，这样会影响您的生意。要不，安排我扫厕所吧。只要给我解决吃住就行了。"店长答应了贝尔扫厕所的请求。

扫厕所，在一般人眼中是最没有出息的工作，却成了贝尔人生事业的一块最坚强的基石。贝尔对待扫厕所的态度，就像现在很多父母对待独生子女一样认真，甚至是"溺爱"。每天早上天还没亮他就会起床，把厕所彻底清扫一次，然后每隔一段时间还会再去清扫。不久，他摸索出了扫厕所的要诀：先把大的纸张扫净，然后在那些又湿又脏的地方撒上干灰把水吸干，这样清洁起来不仅轻松很多，而且效果也很棒。他对扫厕所是如此认真，以至于有一次半夜里有人上厕所时，还看到贝尔睁着惺忪的眼睛在查看厕所是否弄脏了。为了能让顾客在麦当劳的厕所里也能够欣赏到美，贝尔在厕所里摆放了几盆花草；为了让这里更有文化气息，他将一些谚语、警句贴在厕所的墙上。贝尔把所有心思都放在了厕所上，由于他的到来，店里厕所的卫生状况大为改观。有客人说，这里的厕所比一些餐馆用餐的地方还要干净。

3 个月后，店长宣布正式录用贝尔，并让他接受了正规的职业培训。接着，店长又把贝尔放在店内的各个岗位进行全面的锻炼。后来，贝尔被提升为麦当劳在澳大利亚最年轻的店面经理，此时他年仅 19 岁。1980 年，他被派驻欧洲，很快，那里的业务扶摇直上。此后，他先后担任过麦当劳澳大利亚公司总经理，亚太、中东和非洲地区总裁，欧洲地区总裁以及麦当劳芝加哥总部的负责人，直至后来担任麦当劳的 CEO。

飞黄腾达的贝尔在接受媒体采访的时候，从来不避讳自己当年扫厕所的经历，反而引以为荣。他说扫厕所让他明白了人生的真谛：一件事，你可以不去做，如果你做了，就要全力以赴，并把它做到最完美。是啊，把厕所扫得比某些餐馆的用餐处还要干净的人，还有什么事情会做不好呢？

查理·贝尔之所以拥有成功的人生，就在于他对工作的坚定信念：就算是扫厕所，我也要做最出色的人。换言之，当你具备了勇气和信心，拥有了敬业精神和负责任的态度，你就会在工作上积极主动，就能为自己收获希望和成功。

——资料来源：林晓波. 做不抱怨的员工（提升职业精神的培训读本）［M］.

北京：华文出版社，2009.

乔·吉拉德的推销之道

乔·吉拉德被誉为"世界上最伟大的推销员",他在 15 年中卖出了 13001 辆汽车,并创下一年卖出 1425 辆汽车的纪录,这个成绩被收入吉尼斯世界纪录。

有一天,一位妇女走进吉拉德的展销室,说她想看看车打发时间。她告诉吉拉德,她想买一辆白色的福特车,但对面福特车行的推销员让她过一小时后再去。所以她就先来吉拉德这儿看看。她还说这是她送给自己的生日礼物。"生日快乐,夫人。"吉拉德一边说一边请她进来随便看看。然后,他走出展销厅,向秘书交代了一件事情后又走回来,与这位妇女聊天。正谈着,女秘书走了进来,递给吉拉德一束玫瑰花,他把花送给那位妇女,说:"祝您长寿,尊敬的夫人。"那位妇女非常感动,她说:"已经很久没有人送我礼物了,刚才福特车行的推销员一定是看我开了辆旧车,以为我买不起新车。所以在我提出要看一看车时,他就推辞说需要出去收一笔钱,我只好上您这儿来等他。现在想一想,也不一定非要买福特车不可。"最后,这位妇女就在吉拉德那儿买了一辆白色的雪佛兰轿车。

——资料来源:宋豫书.服务精神[M].北京:中国纺织出版社,2006.

执着——一种职业精神

当时我带了一个由 200 多人的日本修学旅游团,日程是北京、西安两地。由于人数众多,我们提前预订了北京—西安的往返包机。为了确保万无一失,去西安之前,我们已经买好了从西安飞回北京的机票。万万没想到的是,我们提前一天在西安机场办理领取登机牌手续的时候,突然被告知,团中的 20 余名客人已经被调到另外一个航班,因而不能与全团同乘一架飞机返回北京了。我得知这个消息的时候,正陪着全团客人在西安的西城墙上观光,闻听此事大吃一惊。由于事发突然,毫无思想准备,根本无法向日方领队及校方领导做出任何解释。当时我情绪大乱,非常为难。随后我冷静下来想办法。事情急转直下，一定是事出有因。我暗下决心，在飞机起飞前这十几个小时里一定要竭尽全力挽回局面。于是，我开始紧急联络方方面面的有关人员，从旅行社订票人到民航出票人，再到西安当地的接待社，结果得到的答复都是一样的，已经输入电脑，无法调整。但我还是不甘心，继续上上下下找个不停，直到最后找到了西北航空公司驻北京办事处的总负责人。我向他详细说明了事情的经过，反复强调事情可能引起的严重后果。由于我的态度诚恳且坚决，最终使这位总负责人做出了让步，问题得以圆满解决。民航更改电脑中的数据这样的结果，可以算是一个不大不小的奇迹。这件事使我进一步理解了导游员所肩负的职责，进一步增强了我的自信心。看起来，奇迹发生的原因正在于你的执着。

——资料来源：郭赤婴. 导游员职业道德实证分析［M］.

北京：中国旅游出版社，2003.

小孩小事大道德

一天，赵君和同事在公园游玩，其间他去公厕，在男厕所门外遇见一位焦急彷徨的女士。正在赵君纳闷之际，那位女士礼貌地请求赵君帮她一个忙——到男厕所里看看她 7 岁的儿子解手好了没有。因为她那 7 岁的儿子已经进厕所 1 个多小时了，到现在还没出来。

赵君进厕所里看见一个一脸稚气的小男孩正满头大汗，焦急却又不乏认真地在"研究"那些"高级"的冲便器按钮——他试图把自己产生的粪便给冲掉。赵君一边帮他冲厕所一边问："小朋友，你待在厕所里这么久没出去，是一直在想把厕所冲干净吗？"小男孩答："是。"赵君无语，又问："你是小孩，不会用冲具不冲也没关系，大人们看到会替你冲刷的。"小男孩又答："自觉爱护公共环境卫生，大人和小孩都是要做好的。"

——资料来源：百度知道，http://zhidao.baidu.com.

参 考 文 献

［1］陈吉瑞.旅游职业道德［M］.北京：旅游教育出版社，2003.

［2］马克思.青年在选择职业时的考虑［A］.中共中央马克思恩格斯列宁斯大林著作编译局.马克思恩格斯选集（第1卷）［C］.北京：人民出版社，1995.

［3］罗国杰.伦理学［M］.北京：人民出版社，1989.

［4］韦明辉主编.道德经智慧新解［M］.北京：地震出版社，2007.

［5］陈吉瑞，陈刚平，王奉德编著.旅游职业道德［M］.北京：旅游教育出版社，2008.

［6］周立兴，韦明体.旅游职业道德专题讲座［M］.昆明：昆明大学出版社，2005.

［7］陈浩，王洪凯.职业精神［M］.北京：中华工商联合出版社，2010.

［8］郝凤茹.职业精神［M］.北京：北京大学出版社，2006.

［9］中国就业培训技术指导中心.职业道德［M］.北京：中央广播电视大学出版社，2007.

［10］林晓波.做不抱怨的员工（提升职业精神的培训读本）［M］.北京：华文出版社，2009.

［11］周传林.职场"钱"规则［M］.北京：科学出版社，2010.

［12］宋豫书.服务精神［M］.北京：中国纺织出版社，2006.

［13］吴睿.做一个忠诚的员工［M］.北京：中国时代经济出版社，2008.

［14］崔华芳，王伟峰.与公司一起成长［M］.北京：企业管理出版社，2005.

［15］郝凤茹.缺什么别缺职业精神［M］.广州：广东经济出版社，2010.

［16］皮洪琴，陶明.电力职业精神［M］.北京：中国电力出版社，2009.

责任编辑：孙妍峰
责任印制：谢　雨
封面设计：何　杰

图书在版编目（CIP）数据

旅游职业道德 / 魏凯，狄保荣主编. -- 2版. -- 北京：中国旅游出版社，2017.6（2020.11重印）
“十二五”职业教育国家规划教材经全国职业教育教材审定委员会审定
ISBN 978-7-5032-5815-2

Ⅰ. ①旅… Ⅱ. ①魏… ②狄… Ⅲ. ①旅游业—职业道德—职业教育—教材 Ⅳ. ①F590.63

中国版本图书馆CIP数据核字（2017）第091549号

书　　名：旅游职业道德（第二版）

作　　者：魏　凯　狄保荣主编
出版发行：中国旅游出版社
　　　　　（北京静安东里6号　邮编：100028）
　　　　　http://www.cttp.net.cn　E-mail:cttp@mct.gov.cn
　　　　　营销中心电话：010-57377108，010-57377109
　　　　　读者服务部电话：010-57377151
排　　版：北京旅教文化传播有限公司
印　　刷：北京工商事务印刷有限公司
版　　次：2017年6月第2版　2020年11月第3次印刷
开　　本：787毫米×1092毫米　1/16
印　　张：17.75
字　　数：294千
定　　价：35.00元
ＩＳＢＮ　978-7-5032-5815-2